U0523318

越文化研究

绍兴文理学院学报特色栏目论文选

会稽士族、家族与士绅社会

KUAIJI SHIZU JIAZU YU SHISHEN SHEHUI

高利华 主编

中国社会科学出版社

图书在版编目（CIP）数据

会稽士族、家族与士绅社会/高利华主编.—北京：中国社会科学出版社，2019.3
ISBN 978-7-5203-3921-6

Ⅰ.①会… Ⅱ.①高… Ⅲ.①士—群体—研究—华东地区—古代 ②家族—研究—华东地区—古代③士绅—研究—华东地区—古代 Ⅳ.①D691.7②K820.9

中国版本图书馆 CIP 数据核字（2019）第 000258 号

出 版 人	赵剑英
责任编辑	郭晓鸿
特约编辑	陈璐旸
责任校对	王 龙
责任印制	戴 宽

出　　版	中国社会科学出版社
社　　址	北京鼓楼西大街甲 158 号
邮　　编	100720
网　　址	http://www.csspw.cn
发 行 部	010-84083685
门 市 部	010-84029450
经　　销	新华书店及其他书店
印　　刷	北京明恒达印务有限公司
装　　订	廊坊市广阳区广增装订厂
版　　次	2019 年 3 月第 1 版
印　　次	2019 年 3 月第 1 次印刷
开　　本	710×1000 1/16
印　　张	22
插　　页	2
字　　数	282 千字
定　　价	88.00 元

凡购买中国社会科学出版社图书，如有质量问题请与本社营销中心联系调换
电话：010-84083683
版权所有　侵权必究

目 录

六朝会稽士族文化研究

越文化与东晋士风文风 …………………………… 渠晓云（3）

论会稽士族与孙吴政权之关系 …………………… 吴从祥（15）

两晋南朝时期的会稽郡孔氏 ……………………… 张宏璞（26）

会稽大族与两晋士族政治探析 …………………… 姚培锋（34）

浅析会稽郡在东晋南朝民风变迁之因 …………… 朱　帅（51）

略论东晋南朝会稽文人群 ………………………… 袁金祥（67）

云门寺与王氏书法之传承 ………………………… 陈　静（77）

陈郡谢氏在东晋时期的影响 ……………………… 曹瑞珍（87）

六朝会稽虞氏家族述略 …………………………… 吴建伟（100）

中古会稽士族的学术著述及贡献 ………………… 渠晓云（114）

宋明时期文化家族研究

宋代越地的文化家族
　　——以明州鄞县史氏和越州山阴陆氏为中心 ……… 高利华（141）
"家风"与陆游的诗歌书写 …………………… 郭玉琼　李金松（158）
宋元时期绍兴地区文人群体的教育活动 ……… 王遥江　陈国灿（170）
王阳明家族流源新说 ………………………………………… 顾旭明（181）
王阳明的家世及古文献学思想 ……………………………… 戴晓红（192）
徐渭与越外、越中曲家的交往及其对后学曲家的影响 …… 佘德余（202）
感恩与怜才：徐渭与张岱家族关系考 ……………………… 汪永祥（223）
藏书世家山阴祁氏家风及其地域传承 ……………………… 许经纬（234）

晚近士绅社会研究

辛亥前后的浙东士绅与兴学活动 ……………… 蔡　彦　胡军军（247）
绍兴先贤在五四运动中的作用 ……………………………… 林文彪（261）
蔡元培与近代绍兴人才群 ……………………… 苏莉莉　徐嘉恩（269）
"老中国"形象的空间与场域展示
　　——越文化空间中的鲁迅小说"场域设置" …………… 黄　健（285）
鲁迅：越"名士文化"之个案分析 …………………………… 陈　越（299）
近代旅沪绍兴帮钱庄研究 …………………………………… 陶水木（312）
清末民初绍兴商业合伙形态研究 …………………………… 颜　志（328）

六朝会稽士族文化研究

越文化与东晋士风文风*

渠晓云**

摘　要：东晋士风文风表现出闲淡自然的形态，与西晋的士风文风完全不同。论者以为这种闲淡自然固然与玄学的影响、东晋门阀政治密切相关，但与其产生的地域会稽不无关联，可以说它表现了越文化的另一面。

关键词：东晋士风文风；闲淡自然；越文化

从广义上讲，文化是一个社会创造的物质文明和精神文明的总和。但是这样的概念太过宽泛而失去了它在学术研究中的价值。然而，无论在社会科学领域还是在人文科学领域，给文化一个准确的定义，是一件非常困难的事情，以至威廉斯认为文化是英语中两三个最为难解的词之一[①]。文化的多义性逐渐被人们认识，任何一个普遍性的定义都不可能涵盖文化所有的内涵。不同的语境如民族主义、女性主义、马克思主义、文学批评、

---

* 基金项目：本文为2005年浙江省教育厅资助项目（项目编号：20050029）。
** 渠晓云（1974— ），女，山西临县人，绍兴文理学院人文学院讲师，文学博士。
① ［英］威廉斯：《关键词：文化与社会的词汇》，刘建基译，生活·读书·新知三联书店2005年版，第101页。

通俗文化等，强调的是文化的不同侧面。因此，在文化研究中，首要的任务是厘清文化所处的学术语境，并进一步确定研究对象和方法。

一 越文化的研究取向及其意义

20世纪八九十年代人文学科出现了文化转向，文化研究迅速成为学术界的热点。各种学科包括人类学、社会学、文学、语言学等，纷纷与文化发生关系，从而使文化研究呈现出多彩的局面。那么，越文化研究作为地域文化研究，应该有什么样的取向？越文化不可能囊括文化研究的所有内容，它必然有自己特定的研究对象。论者以为，越文化应将目光主要放在以下两个方面。

第一，借鉴人类学的研究方法，以建立民族志的方式来建地方志，深入田野作业，考察越地"传统的器物、货品、技术、思想、习惯及价值"[①]，以及现存的民风民俗、具有文化内涵的地名等。格尔兹认为，"典型的人类学方法，是通过极其广泛地了解鸡毛蒜皮的小事，来着手进行这种广泛的阐释和比较抽象的分析"[②]。这种广泛的阐释和抽象的分析就是在进行文化阐释。文化在格尔兹看来就是人自己编织并悬挂于其中的意义之网[③]。对越地上述资源的文化阐释即构成了越文化研究的第一个主要内容。

目前已经有很多学者在这一方面做了有益的尝试。例如，日本著名学者木山英雄对于绍兴堕民的传说、堕民生活的三埭街的地理位置、建筑乃

[①] [英]马林诺夫斯基：《文化论》，费孝通译，华夏出版社2002年版，第2页。
[②] [美]格尔兹：《文化的解释》，纳日碧力戈等译，上海人民出版社1999年版，第24页。
[③] 同上书，第5页。

至风水进行了考证与研究①；梁涌对绍兴的日常生活进行了考察,研究了绍兴人的生活方式、思维方式和价值观念,提出了"生活中的越文化的张力"的命题②；侯友兰与徐阳春对绍兴的地名文化进行了梳理,他们从绍兴地名的语言特点、文化因素、文化内涵三个方面对地名进行了考察③。这些研究为越文化的人类学研究打开了一个广阔的研究空间。

第二,对越地传统文化的挖掘和研究,包括越地传统(古代、近现代)文学研究、艺术研究等。在揭示越文化为中华文明做出突出贡献的同时,体察越地的精神特质与人文传统。现代性的一个主要特征就是对传统持有虚无主义的态度。近现代以来,令生产力大幅提升从而极大改变世界的现代化挟带其现代性意识形态从西方汹涌而来,现代中国三种主要意识形态进化史观、民族主义和社会主义都来自西方。传统与现代被割裂。传统的失落使我们在无根地漂泊,从而导致了蔓延在社会各个层次的精神危机。寻找失落的传统刻不容缓。传统需要记忆,需要保存,正如伽达默尔所说:"甚至最真实最坚固的传统也并不因为以前存在的东西的惰性就自然而然地实现自身,而是需要肯定、掌握和培养。传统按其本质就是保存,尽管在历史的一切变迁中它一直是积极活动的。"④ 我们应该从目前的生活情境出发积极展开与传统的对话,透过传统经典本文,体察传统的思维方式,寻求失落的自我,在历史存在中发现自我。

越文化在中国传统文化中占据了非常重要的位置,对整个中国文学、艺术的发展产生过深远的影响。对越文化的考察,首先要辨别其与其他地

---

① [日] 木山英雄:《绍兴"三埭街"——历史与传说》,《文学复古与文学革命——木山英雄中国现代文学思想论集》,赵京华译,北京大学出版社 2004 年版,第 158—190 页。

② 梁涌:《生活中的越文化张力略论》,费君清主编《中国传统文化与越文化研究》,人民出版社 2004 年版,第 338—350 页。

③ 侯友兰、徐阳春:《绍兴地名文化初探》,费君清主编《中国传统文化与越文化研究》,人民出版社 2004 年版,第 307—317 页。

④ [德] 伽达默尔:《真理与方法》,洪汉鼎译,上海译文出版社 1999 年版,第 361 页。

域文化的差异性。差异不仅体现了文化的丰富，而且展现了文化的不同表现方式。只有在具有特殊性的个体之间的对话，才能够真正向着普遍性行进。越文化研究的意义正在于此。本文将目光聚焦于越文化的传统发掘，致力于东晋士人与越文化的特殊关系，以及越文化在中国文学史上扮演的重要角色。

二　越文化的另面

越人历来以尚武、多疑、耿直等鲜明的个性著称。张兵用12个字来概括越文化的特征："尚武爱国，创新进取，奉献自强。"[①] 这种刚烈豪侠之气流淌在一代代越人的血液中，尤其在保家卫国的斗争中表现得淋漓尽致。从越女试剑的故事到爱国诗人陆游，再到人称"鉴湖女侠"的秋瑾，以及被毛泽东称为"骨头最硬""没有丝毫的奴颜和媚骨"的鲁迅，尚武爱国之气生生不息。陈伯海认为这种"略具原始性的质朴、生猛的气质却长期存留下来，积淀于越文化传统的演进之中"。这一特质与中原华夏文明重礼教、尚文饰的特征有明显的区别。这种特质表现在喜生食、重巫鬼等的民俗中，也表现在泼辣大胆的明清山歌、高腔亢厉的绍剧等文化现象中[②]。

古越人缘何会表现出如此好勇尚斗的性格？顾琅川认为越文化的精神个性与地域的环境条件有密切的关系。越地滨江临海，多草泽丘陵，山洪潮汐、虫蛇野兽相继侵袭为害。《汉书·地理志》记载：越人"文身断发，

[①] ［德］伽达默尔：《真理与方法》，洪汉鼎译，上海译文出版社1999年版，第361页。
[②] 陈伯海：《越文化三问》，费君清主编《中国传统文化与越文化研究》，人民出版社2004年版，第61—62页。

以避蛟龙之害"①。古越国人口稀少，环境恶劣，生产方式、生活水准远远落后于中原之地。生存的艰辛是古越人面临的首要问题。内忧之外，又有外患，北部强大的吴国威胁着越国的生存，使之处于种族覆亡的边缘。这种严峻的现实磨砺了古越人的性格，形成"一种强悍、峻烈而轻死的蛮风"②。古越人的性格特质深深影响了越文化的形成与形态。

但是，文化精神从来不会是单向度的，文化的丰富正在于它的多样性。在越人上述文化性格的背后，还有一种人们不太注意的文化特性，那就是东晋南迁士族带来的闲淡自然。潘承玉认为越文化的创造主体并不是单一的。他将越文化的主体分为五类："生于斯终老于斯的越地土著，生于斯却出外谋求发展以至终老不归的越地游子，生于外地但父祖籍贯在越地的越地后裔，由外地迁居于斯的越地新居民及其子孙和暂寓于斯的越地过客。"③ 这些越文化的主体都在越文化的形成中做出了不同的贡献。如果说生于斯长于斯的越人先民开创了越文化，那么越文化的保鲜与发展有赖于其他文化的汇入与融合。只有获得新鲜的血液，文化才会有创造力。越文化是一条奔腾的大河，与其他文化的交融就好像支流不断汇入。

东晋南迁士族正属于"由外地迁居于斯的越地新居民及其子孙"一类。西晋末年，战乱频生，外族入侵，大量士族纷纷南下，其中一大部分就来到了风景秀美的越地。他们的到来给越文化带来了不同于传统古越文化的因子，开创了与古越尚勇好斗的文化特性截然不同的文化面貌，构成了不同于主流越文化的另面。寓情于自然山水之中，东晋士人不仅改变了西晋的士风文风，也为越文化注入了新鲜的血液。正是这些另面文化丰富了越文化，使越文化呈现出立体化、多维化的态势。

---

① 班固：《汉书》，中华书局2002年版，第1669页。
② 顾琅川：《古越文化精神研究》，《绍兴文理学院学报》2004年第4期。
③ 潘承玉：《越文化研究纲要》，《绍兴文理学院学报》2003年第4期。

三 东晋士风文风的转变与会稽佳山水

东晋的士风文风与西晋不同。西晋士人无特操，追逐名利，他们的生活日益苍白，感情日益无力，文学上只有在辞藻排偶上用力；东晋士人则追求闲淡，无意功名，文学上或表现为枯淡或呈现出清新自然。

那么，东晋士风文风的转变原因何在？论者以为，这种变化与玄学有密切的关联。玄学的影响主要表现在以下两方面。一是在文学中直接探讨玄理，从而使作品形成质朴枯淡的风格。这类文学是东晋的主流文学，后世对东晋文学的批判也主要是针对此而言。刘勰说："自中朝贵玄，江左称盛，因谈余气，流成文体。是以世极迍邅，而辞意夷泰，诗必柱下之旨归，赋乃漆园之义疏。故知文变染乎世情，兴废系乎时序，原始以要终，虽百世可知也。"[①] 沈约说："有晋中兴，玄风独振，为学穷于柱下，博物止于七篇，驰骋文词，义殚乎此。自建武暨乎义熙，历载将百，虽缀响联辞，波属云委，莫不寄言上德，托义玄珠，遒丽之词，无闻焉尔。"[②] 沈约指出东晋文学表现的内容是"寄言上德，托义玄珠"，而文风上则失去了遒丽的风格。遒，代表着魏代文学的风骨；丽，是西晋文学的主要风格。东晋文学将二者都抛掉，走向了质朴枯淡的风格。二是玄学的发展使东晋士人的审美情趣发生了重大的转变。他们既无建安士人建不世功业的大志，也无正始士人的愤激，更鄙视西晋士人的追名逐利，他们崇尚的是淡。正如王锺陵先生所说："东晋一代的审美情趣，可以用'玄淡'二字

---

① 范文澜：《文心雕龙注》，人民文学出版社2000年版，第675页。
② 沈约：《宋书·谢灵运传论》，中华书局1974年版，第1778页。

加以概括，而其核心则为'淡'。"①

这种转变还受到东晋特殊的政治环境的影响。门阀政治使士族在政治上享有崇高的地位，同时庄园经济的发展使士族在经济上无忧。门阀政治和庄园经济为士族在生活上提供了充分的自由。东晋士人既无须考虑物质的需要，功名富贵又唾手可得，于是他们便转向精神，重视情性。

还有一点，这种变化与会稽山水有关。这正是本文重点论述的内容。

东晋士人既重性情，便喜在山水游弋中体悟人生。尤其要注意的是，东晋士人所处的山水是江南的秀丽山水，在这种宁静秀美的自然山水的陶冶之下，他们的审美情趣、理性人格发生剧烈转变。东晋士人追求一种旷淡的理想人格，"无论是旷淡，还是简淡，都是门阀士族具有浓厚玄学色彩的理想人格"②。东晋士人热爱山水，崇尚自然，对文学语言形式的要求也以自然为尚。所以，比起西晋文学来，东晋文学要质朴得多，形成了一种淡远清新的风格。东晋的文学理论不多，我们从李充《翰林论》中可以窥探其一二。《翰林论》现在只留下了残缺的几条，如"表宜以远大为本，不以华藻为先""校不以华藻为先""容象图而赞立，宜使辞简而义正""在朝辨政而议奏出，宜以远大为本"③。李充是东晋初期之人，他的文学观念已经不是西晋尚丽的观念。其论中多次提到的"远大"，是指对文学意境的开拓。文学从魏代的动情与气骨，发展到西晋的繁丽；到东晋崇尚"远大"，总体文风表现为一种淡。

相对安定的环境对于文艺的发展是有利的，门阀士族为了维护家族的特殊地位，也特别重视文艺，所以东晋的书法、绘画等艺术都达到了很高

---

① 王锺陵：《中国中古诗歌史》，江苏教育出版社1988年版，第497页。
② 同上书，第501页。
③ 李充：《翰林论》，严可均辑《全上古三代秦汉三国六朝文》，中华书局1999年版，第1767页。

的水平。王羲之的书法、顾恺之的绘画在中国历史上都是第一流的。这些个人的修养如书法、绘画、音乐，同玄谈、文学一样是东晋士族身份的象征与显示。

身处江南的秀美山水，东晋士人重视在山水中陶冶情性。东晋社会，从帝王到僧人都在自然山水中追求一种会心。简文帝司马昱入华林园，顾谓左右曰："会心处不必在远，翳然林水，便自有濠、濮间想也，觉鸟兽禽鱼自来亲人。"① 山水在他们的眼中是一种独立的存在，王徽之说："从山阴道上行，山川自相映发，使人应接不暇。若秋冬之际，尤难为怀。"② 顾恺之说，会稽山川"千岩竞秀，万壑争流；草木蒙笼其上，若云兴霞蔚"③。东晋士人认为山水自然中隐藏着宇宙、人生的真理。因此，士人经常出入于山水，王羲之、谢安、许询、支遁等名士名僧，"出则渔弋山水，入则言咏属文，无处世意"④。如果说竹林名士的放诞出于愤激，中朝名士则真的以纵欲为尚，那么东晋名士则转向为对个人修养的追求、转向山水之乐。

王羲之是东晋士风文风转变的典型。他归隐之后与东土（宁绍平原）人士尽山水之游，"与道士许迈共修服食，采药石不远千里，遍游东中诸郡，穷诸名山，泛沧海，叹曰：'我卒当以乐死'"⑤ 在山水中，王羲之寻到了人生的乐趣。山水一直是王羲之生活的重要部分，他喜爱山水、崇尚山水。当时的会稽郡有佳山水，名士谢安、孙绰、李充、许询、支遁等皆以文义冠世，并筑室东土，与羲之同好。士人用心去亲近山水，在山水中体悟玄理，将山水作为颐养身心之所。戴逵曰："山林之客，非徒逃人患

---

① 徐震校笺：《世说新语校笺》，中华书局1999年版，第67页。
② 同上书，第82页。
③ 房玄龄等：《晋书》，中华书局1993年版，第2404页。
④ 同上书，第2072页。
⑤ 同上书，第2101页。

避争斗。谅所以翼顺资和,剔除机心,容养淳淑而自适者尔。况物莫不以适者为得,以足为至。彼闲游者,奚往而不适,奚待而不足! 故荫映岩流之际,偃息琴书之侧,寄心松竹,取乐鱼鸟,则澹泊之愿,于是毕矣。"①既然山水有这样重要的作用,士人就越发的喜游山水。

永和九年(353)三月三日,王羲之召集同好在会稽山阴兰亭宴集。王羲之召集的这次三月三日的聚会,是一次盛大的集会,共有42人参加。这次集会共辑诗37首,王羲之既然是召集者,诗集序就由他来写。这就是他的散文名篇《兰亭诗序》。这样盛大的宴集在西晋也有过一次,石崇等30人为送王诩还长安,共往金谷涧中,昼夜游宴,在石崇的别业举行金谷诗会,石崇曾作《金谷诗序》。时人将王羲之《兰亭诗序》与之相比。

石崇引以为豪的金谷别业,"或高或下,有清泉茂林,众果竹柏、药草之属莫不毕至",又有水碓、鱼池、土窟,所谓"娱目欢心之物备矣"。众人"或登高临下,或列坐水滨。时琴瑟笙筑,合载车中,道路并作。及住,令与鼓吹递奏。遂各赋诗,以叙中怀"。在石崇等人的眼中,清泉茂林、众果竹柏、药草之属、水碓、鱼池、土窟等山水自然还只是各自孤立的"娱目欢心之物"②,山水只是外在于人、让人娱乐的"物"。

兰亭集会中自然山水则显示了很大的不同。《兰亭诗序》开篇王羲之即点出聚会的时间和事由:"永和九年,岁在癸丑。暮春之初,会于会稽山阴之兰亭,修禊事也。"③ 石崇《金谷诗序》列举了若干可以"娱目欢心"的自然之物后,便将山水抛之脑后,开始了热闹的诗会。王羲之对兰亭诗会的描述则完全不同,自然与诗会是相互交融的。在"群贤毕至,少

---

① 戴逵:《闲游赞序》,严可均辑《全上古三代秦汉三国六朝文》,中华书局1999年版,第2250页。
② 同上书,第1651页。
③ 王羲之:《兰亭诗序》,《晋书·王羲之传》,中华书局1993年版,第2099页。

长咸集"之后,他开始关注山水:"崇山峻岭"是人所处场所,"茂林修竹"与"清流急湍"是人周围环境,"映带左右"象征着人与自然的无言融合。环境交代之后才是诗会的过程:"流觞曲水,列坐其次。虽无丝竹管弦之盛,一觞一咏,亦足以畅叙幽情。"同时,描述诗会的过程中时刻不忘自然:"仰观宇宙之大,俯察品类之盛,所以游目骋怀,足以极视听之娱。"在这一段中,王羲之将诗会的过程与山水的描写始终结合在一起,此种安排富有深意。在这里自然不再是"娱目欢心"的对象,而是诗会中不可或缺、激发人思维和灵感的源泉,是诗人欢畅于其中,并与之对话、与之交融的存在。在这种存在中,人是自然的一个因子,人在其中领悟了生存的真谛。在山水中悟道并乐在其中,对于王羲之及其诗友来说是人生乐事。

王羲之对自己闲适的隐居生活甚为得意。他可以在家中教养子孙享受天伦之乐:"顷东游还,修植桑果,今盛敷荣,率诸子,抱弱孙,游观其间,有一味之甘,割而分之,以娱目前。虽植德无殊邈,犹欲教养子孙以敦厚退让。"衣食之余,与亲人知交时共欢言燕,虽不能"兴言高咏,衔杯饮满,语田里所行,故以为抚掌之资,其为得意,可胜言邪"[1]。王羲之追求从容闲适,他本身又"一往隽气"[2]。他的这种气质表现在散文中形成了自然隽永的风格。这种文风正是东晋士人追求萧散的意趣、崇尚从容闲适的生活在文学中的反映。

孙绰是东晋玄言诗的代表作家,他也善于在山水中悟道,认为山水是写作的源泉。《世说新语·赏誉》:"孙兴公为庾公参军,共游白石山。卫君长在坐。孙曰:'此子神情不关山水,而能作文。'"[3] 在孙绰的眼中

---

[1] 王羲之:《与吏部郎谢万书》,《晋书·王羲之传》,中华书局1993年版,第2102页。
[2] 徐震校笺:《世说新语校笺》,中华书局1999年版,第121页。
[3] 同上书,第261页。

关注山水是创作的前提,所以才会产生卫君长神情不关山水,而能作文的疑惑。孙绰对自己作文非常自信,本传曰:"绰与(许)询一时名流,或爱询高迈,则鄙于绰,或爱绰才藻,而无取于询。沙门支遁问绰:'君何如许?'答曰:'高情远致,弟子早已服膺;然一咏一吟,许将北面矣。'"①

孙绰爱好山水,认为山水可以陶冶精神:"闲步于林野,则寥落之志兴"②"游览既周,体静心闲。害马已去,世事都捐。"③ 当人浸润于自然山水之中,旷远寥廓的自然山水与人内心之澹泊玄虚达到统一时,人便从中得到一种满足。正如黑格尔所说:"正确的观照和纯洁的心智只有在从现象中确实可以看到和感到现象所体现的本质与真理时,才获得满足。"④

东晋士人喜欢山水,或亲临,或神游,都是因为他们在山水的真趣中获得了满足。兰亭集会,孙绰也是参与者,并作有《三月三日兰亭诗序》,王羲之文是前序,孙绰文为后序。在此文中孙绰认为,人处在不同的环境中就会生出不同的情绪来:"情因所习而迁移,物触所遇而兴感,故振辔于朝市,则充屈之心生;闲步于林野,则寥落之志兴。"⑤ 他自己喜欢自然山水:"思萦拂之道,屡借山水,以化其郁结。"这次身处"高岭千寻,长湖万顷"的三月三日集会上,众人"席芳草,镜清流,览卉木,观鱼鸟",这种欢快的聚会使孙绰体悟到万物皆无差别的理趣。

可以说,正是东晋士人发现并挖掘了会稽的明山秀水,使山水逐渐走

---

① (唐)房玄龄等:《晋书·孙绰传》,中华书局1993年版,第1544页。
② 孙绰:《三月三日兰亭诗序》,严可均辑《全上古三代秦汉三国六朝文》,中华书局1999年版,第1808页。
③ 孙绰:《游天台山赋》,李善注《文选》,上海古籍出版社1997年版,第499页。
④ [德]黑格尔:《美学》,朱光潜译,商务印书馆1996年版,第24页。
⑤ 孙绰:《三月三日兰亭诗序》,严可均辑《全上古三代秦汉三国六朝文》,中华书局1999年版,第1808页。

入文学的视野,并开始成为独立的对象被观照,这对之后山水文学的大规模产生具有深刻的意义。同时,正是越地秀美山水促使东晋士人的审美情趣、理想人格发生了转变,他们的风度是真正的魏晋风度。于是,东晋士人与会稽山水碰撞结合,使得越地又生出这样一种闲淡自然的风格,而这种风格在后世发生了巨大的影响,东晋士人的风度更一直成为后世文人心期之所在。

(原文刊登于《绍兴文理学院学报》2005 年第 5 期)

论会稽士族与孙吴政权之关系*

吴从祥**

摘　要：在孙策时期和孙权前期，会稽士人颇受重视，在政治上颇有地位，到了孙权后期以及三嗣主时期，会稽士人在政治中逐渐被边缘化，居高位者很少。孙吴时期会稽士族政治地位的衰微对会稽士族的发展产生了不少影响。一方面导致会稽士族由仕途而转向地方经营，成为地方豪强大族；另一方面导致会稽士族更加重视学术，使得一些会稽世族逐渐向学术世家转变，从而出现了一系列颇有名望的学术世家。

关键词：东吴；孙策；孙权；会稽士族

东汉献帝兴平二年（195），孙策渡江占据吴、会稽等郡，由此开始了孙氏对江东的统治，直至东吴亡国（280），孙吴政权统治江东长达86年之久。自孙策占据江东以来，孙吴政权便与江东世族有着密切的关联。对此学者们做了不少研究，但这些论著大多以吴郡士族为主，较少关

---

* 基金项目：浙江省哲学社会科学重点研究基地（越文化研究中心）课题"六朝会稽贺氏家族研究"（项目编号：13JDYW02YB）阶段性研究成果。
** 吴从祥（1973—　），男，江西九江人，绍兴文理学院人文学院副教授，博士，主要从事先秦两汉文学与文化研究。

注会稽士族与孙氏政权之关系。由于受到历史、地理、政治、经济、文化等因素影响，会稽士族与孙吴政权之关系颇异于吴郡士族与孙吴政权之关系。对此，学者虽有所言及，却未作详论，实有再作探讨的余地和必要。

一

孙策、孙权以及三嗣主（孙亮、孙休、孙皓）统治江东共计86年，其中孙策为会稽太守前后仅6年，孙权统治长达52年之久，三嗣主统治共计28年。在这三个不同时期，会稽士族与孙吴政权的关系呈现出不同的情形。孙策、孙权之父孙坚一生主要征战于江北，其先后讨伐黄巾军和董卓，以军功官至长沙太守、豫章刺史等职，封乌程侯。孙坚主要征战于江北，与江东士族不仅无仇怨，且略有恩惠之举①。孙坚英年早逝却为其子孙策、孙权的发达奠定了一定的基础。孙坚卒后，其子孙策依附于袁术，并从袁术处讨得其父部曲千余人。孙策率其父部曲及其从者数千人，渡江转战，所向皆破，莫敢当其锋。孙策据会稽，自领会稽太守，以亲信为吴郡等郡太守，于是遂有江东。孙策骁勇善战，但军纪严明，不扰于民，颇得百姓拥护。《江表传》："百姓闻孙郎至，皆失魂魄；长吏委城郭，窜伏山草。及至，军士奉令，不敢虏略，鸡犬菜茹，一无所犯，民乃大悦，竞以牛酒诣军。"② 孙策入会稽，亦颇得一些会稽士族拥护。孙策入郡，会稽余姚人董袭迎于高迁亭。钱塘人全柔为会稽东部都尉。孙策到吴，全柔举

---

① 孙坚为长沙太守时，陆康从子作宜春长，为贼所困，孙坚越境救之。详情参见《三国志·吴书·孙坚传》注引《吴录》。据《三国志·吴书·陆逊传》记载，陆康乃陆逊从祖父。可见孙坚对吴郡陆氏家族颇有恩惠。

② （晋）陈寿：《三国志》，中华书局1959年版。

兵先附。入主会稽郡之后，对于旧为官吏的会稽士人，孙策大多予以任用，对于一些名士甚至努力加以笼络。山阴人贺齐时为太末长。建安元年（196），孙策临郡，察贺齐孝廉，拜为永宁长，领都尉事。余姚虞翻曾为原会稽太守王朗功曹，多方为王朗献计。王朗败走，虞翻追随营护。归来后，"策复命为功曹，待以交友之礼，身诣翻第"[1]。《江表传》载："策书谓翻曰：'今日之事，当与卿共之，勿谓孙策作郡吏相待也。'"[2] 孙策对会稽士人的信用，会稽士人亦予以相应回报。《江表传》载，孙策伐黄祖，欲假道豫章，虞翻为孙策游说豫章太守华歆，"讨逆将军智略超世，用兵如神"[3] 华歆从之，遣吏迎孙策。后汉献帝召虞翻为侍御使，曹操为司空辟之，皆不就。

对于一些顽抗和不合作的会稽强宗大族，孙策则采取杀戮的态度。《三国志·吴书·孙韶传》注引《会稽典录》："孙策平定吴、会，诛其英豪"[4]。《三国志·吴书·孙权传》太元二年（252）引《傅子》："孙策为人明果独断，勇盖天下，以父坚战死，少而合其兵将以报仇，转斗千里，尽有江南之地，诛其名豪，威行邻国。"[5] 对此，史籍亦有所记载。《吴录》："时有乌程邹他、钱铜及前合浦太守嘉兴王晟等，各聚众万余或数千。引兵扑讨，皆攻破之。策母吴氏曰：'晟与汝父有升堂见妻之分，今其诸子兄弟皆枭夷，独余一老翁，何足复惮乎？'乃舍之，余咸族诛。"[6] 总体而言，孙策占据会稽时，对会稽士族往往以宽容、笼络为主，以杀戮为辅，以求得会稽士族的合作与拥护。

---

[1] （晋）陈寿：《三国志》，中华书局1959年版。
[2] 同上。
[3] 同上。
[4] 同上。
[5] 同上。
[6] 同上。

二

孙策占据江东前后仅6年便卒,临终时将其位传于其弟孙权,并叮嘱曰:"举江东之众,决机于两陈之间,与天下争衡,卿不如我;举贤任能,各尽其心,以保江东,我不如卿。"① 是时,孙氏虽据有会稽、吴、丹杨、豫章、庐陵等五郡,但形势依然较为严峻。一方面,各郡"深险之地犹未尽从,而天下英豪布在州郡";另一方面,那些追随孙氏兄弟的将士往往"以安危去就为意,未有君臣之固"②。于是孙权以张昭、周瑜等为亲信,努力"招延俊秀,聘求名士",同时"分部诸将,镇抚山越,讨不从命"③。

对于会稽士人,孙权继续沿用其兄政策,用其可用者,杀其顽抗或不合作者。一些先前效力于孙策的会稽士人,如虞翻、贺齐、董袭、全柔等,继续效力于孙权。同时,孙权亦擢用一些会稽名士。吴范,会稽上虞人,以治历数知风气闻于郡中。举有道,诣京都,世乱不行。会孙权起于东南,吴范委身服事。骆统,会稽乌伤人。"孙权以将军领会稽太守,统年二十,试为乌程相。民户过万,咸叹其惠理。权嘉之,召为功曹,行骑都尉,妻以从兄辅女。"④ 阚泽,会稽山阴人。察孝廉,除钱唐长,迁郴令。孙权为骠骑将军,辟补西曹掾。山阴人丁览,仕郡至功曹,守始平长。《会稽典录》:"孙权深贵待之,未及擢用,会病卒,甚见痛惜,殊其

---

① (晋)陈寿:《三国志》,中华书局1959年版。
② 同上。
③ 同上。
④ 同上。

门户。"① 对于不合作者，孙权亦以武力诛之。会稽名士盛孝章，曾为吴郡太守，以疾去官。盛孝章素有高名，孙策忌之，"其人困于孙氏，妻孥湮没，单子独立，孤危愁苦……身不免于幽执，命不期于旦夕"②。孔融荐之于曹操，曹操征为骑都尉，制命未至，为孙权所杀。

经过多年苦心经营，江东形势逐渐好转。建安十三年（208），曹操率领大军南下，孙权已能够从全境抽得数万精兵抗曹，而无多少后顾之忧。曹操败归，孙吴政权变得更加稳定。三年后（211），孙权徙治秣陵（今江苏南京），不久改名建业。由于地缘关系，孙氏政权与吴郡大族逐渐建立亲密的合作关系。建安二十四年（219），陆逊大败刘备，三国鼎立局面正式形成。曹丕、刘备先后称帝，于是孙权亦改号称吴王。自此，东吴政权进入鼎盛时期。随着孙权徙治建业以及国内外形势的变化，东吴政权性质逐渐发生变化。在前期，孙权重用的是江北士族，如周瑜、鲁肃、吕蒙等。到了孙权黄武年间（222—229），随着这些江北英豪先后谢世，孙权被迫起用江东士人③，于是江东士人逐渐在政坛占据主导地位。在孙权后期，东吴政权主要依赖于江东士族，准确地说是吴郡士族，而不是会稽士族。

王莽之乱，许多士人避乱江东，导致"会稽颇称多士"④。东汉时期，会稽的儒学发展颇胜于吴郡，儒师名士数量远胜于吴郡⑤。虞翻易学代表两汉象数易学的最高成就⑥，孔融见而赞曰："睹吾子之治《易》，乃知东

---

① （晋）陈寿：《三国志》，中华书局1959年版。
② （汉）孔融：《与曹公论盛孝章书》，严可均辑《全后汉文》，商务印书馆1999年版。
③ 详情参见王志邦《六朝江东史论》，中国青年出版社1989年版，第21—24页。
④ （宋）范晔：《后汉书》，中华书局1965年版。
⑤ 详情参见吴从祥《东汉吴越名士一览表》，《王充经学思想研究》，中国社会科学出版社2012年版，第82—84页。
⑥ 姜广辉：《中国经学思想史》（第二卷），中国社会科学出版社2003年版。

南之美者，非徒会稽之竹箭也"①。由于受到家学、师法等影响，江东学风较为保守②。这在会稽士族学风中得到更为典型的体现，如虞翻易学集两汉象数易学之大成，贺循家族六世以礼学闻名等。正因如此，会稽士族很好地继承和保持着东汉后期儒士的清议之议与耿直之风。虞翻曾斥责糜芳"失忠与信，何以事君"③；吴范"为人刚直"④；《会稽典录》称魏腾"性刚直，行不苟合"⑤。在创业时期，为了赢得会稽士人的合作与拥护，孙权倾心结交于会稽名士。到了晚期，孙权颇为刚愎自用，对于忠谏之士不仅不予重用，甚至加以打击。保持着耿直与清议之风的会稽士人与孙权之间的关系变得越发紧张，不少会稽名士遭到疏远或流放。吴范曾主动委身服事孙权，并言"江南有王气"，劝孙权自立为王。后论功行封，以吴范为都亭侯。诏临当出，孙权"患其爱道于己也，削除其名"⑥。魏朗性格刚直，前得罪于孙策，赖孙策母救之得免，后困逼于孙权，几为孙权所杀，幸友人吴范救之。对于早年有恩于己的虞翻，孙权亦是如此。"（虞）翻性疏直，数有酒失。（孙）权与张昭论及神仙，翻指昭曰：'彼皆死人，而语神仙，世岂有仙人邪！'权积怒非一，遂徙翻交州。"⑦ "积怒非一"表明孙权对虞翻早存怨恨之心，而此事不过是引火线而已。虞翻被流放交州19年不得归，以致老死南方。此可见孙权对虞翻怨恨之深了。

可见，在孙权后期，由于地缘、士风等原因，孙氏政治与会稽士族之间关系日渐疏远，会稽士族在政治上的地位变得越发无足轻重了。董

---

① （晋）陈寿：《三国志》，中华书局1959年版。
② 详情参见吴晓岚《六朝江东士族的家学门风》，江苏古籍出版社2003年版，第15—17页。
③ （晋）陈寿：《三国志》，中华书局1959年版。
④ 同上。
⑤ 同上。
⑥ 同上。
⑦ 同上。

袭卒于建安十八年（213），吴范卒于孙权黄武五年（226），贺齐卒于黄武六年（227），虞翻卒于嘉禾三年（234），阚泽卒于赤乌五年（242）。随着早年仕于孙氏的会稽士人先后谢世，仕于孙氏政权的多为这些士人的后代，如虞翻诸子、贺齐子孙等，其他会稽士人少有机会仕于朝廷，更遑言居高位了。孙权后期，有三次打击江东世族的大事件：一是黄武四年（225）张温、暨艳事件；二是嘉禾五年（236）吕壹校事事件；三是前后持续达六年（245—250）之久的"二宫构争"事件。前二者主要目的是打击吴郡大姓，并未涉及会稽士族。"二宫构争"指的是居东宫的皇太子孙和与居鲁王宫的第四子鲁王之间争夺帝位继承权的斗争。支持太子孙和的主要以吴郡世族为主，有陆逊、诸葛恪、顾谭、朱据、滕胤、施绩、丁密等人；支持鲁王的则以江北士人为主，有步骘、吕岱、全综、吕据、孙弘等[1]。卷入这次权力之争的北方士人和吴郡士人众多，而会稽士人仅有尚书丁密、中书令孙弘二人卷入其中。丁密乃丁览之子。据《吴录》记载，孙弘是会稽人[2]，其为人"佞伪险诐"[3]。《三国志》中二人无传，可见乃平常之辈。

从以上分析可以看出，在孙权前期，会稽士人政治地位虽逊于江北士人和吴郡士人，但涌现了一些较为重要的人物，如董袭、虞翻、贺齐、骆统、阚泽等；至孙权后期，由于地缘、士风等原因，孙权与会稽士人关系日渐疏远，会稽士人在政治之中逐渐被边缘化，不仅为官者数量日减，并且地位亦日降，少有居高位者。

孙权卒后，三嗣主孙亮、孙休、孙皓统治江东共计28年。在此期间，会稽士族政治地位进一步被边缘化。三嗣主时期，位居高官的会稽士人屈

---

[1] 详情参见《三国志·吴书·孙和传》注引殷基《通语》。
[2] （晋）陈寿：《三国志》，中华书局1959年版。
[3] 同上。

指可数。《会稽典录》载,丁览之子丁固"历显位,孙休时固为左御史大夫,孙皓即位,迁司徒"①。钟离牧,会稽山阴人,孙休时为平魏将军、扬武将军,领武陵太守。贺齐之孙贺邵,孙休即位,出为吴郡太守,孙皓时迁中书令,领太子太傅。《会稽典录》载,山阴朱育,孙休时仕郡门下书佐,"后仕朝,常在台阁,为东观令,遥拜清河太守,加位侍中"②。此外,虞翻诸子、谢渊等亦仕于朝。

三

从以上分析可以看出,在孙吴时期,会稽士人的政治地位呈渐次递降趋势。在孙策时期和孙权前期,会稽士人颇受重视,会稽士人与孙氏政权关系较为密切。到了孙权后期以及三嗣主时期,因地缘、士风等原因,孙氏政权与会稽士人关系日渐疏远,会稽士人在政治中逐渐被边缘化,不仅出仕人数少,并且位居高位者极少。孙吴时期会稽士族政治地位的变迁对此后会稽士族的发展产生了很大的影响。下面分三部分予以论述。

(一) 会稽士族政治地位的边缘化

如上所述,在孙吴时期,会稽士族在政治中逐渐被边缘化。这一结果导致了两晋时期会稽士族政治地位的进一步边缘化。西晋灭吴后,吴郡士人和会稽士人皆沦为亡国之余,但二者地位依然并非完全平等。平吴之后,晋武帝司马炎对东吴之地的基层地方政府采取不触动的措施。"其牧

---

① (晋)陈寿:《三国志》,中华书局1959年版。
② 同上。

守已下皆因吴所置"①。如上所说，在孙吴时期，吴郡士人的政治地位显然高于会稽士人，晋朝的这一措施进一步维护了这一现实。虽然采取了一些防范措施，但江东叛乱依然不时出现。华谭献计曰："所安之计，当先筹其人士，使云翔闾阎，进其贤才，待以异礼。"② 晋武帝善之，乃下诏征陆喜等15人，加陆喜为散骑常侍。其后，陆机、陆云、顾荣等亦被征至洛阳。陆喜为陆逊弟之子，陆机、陆云两人为陆逊之孙，顾荣乃顾雍之后，此数子皆为孙吴时期占据重要政治地位的吴郡世家之后。而会稽士人却无一人被征聘。这显然与孙吴时期吴郡陆氏、顾氏拥有很高的政治地位有关。直至陆机、顾荣等人举荐，会稽名士贺循方征至洛阳。其后吴郡士人顾秘、陆晏（陆机之弟）、张翰、张瞻等先后得以出仕。而会稽士人依然少有得以出仕者。到了东晋时期，会稽士人为东晋王朝的建立立下了汗马功劳，可是，会稽士族政治地位依然逊于吴郡士族。东晋时期，会稽士族仅有虞氏、孔氏在政坛较为活跃。吴郡士族，如陆氏、顾氏、张氏地位依然较高，如陆玩官至司空，位三公，顾众、顾和、陆纳皆居高官。可见，两晋时期，会稽士族地位的沉沦与其在孙吴时期政治地位的下降密切相关，是东吴时期地位下降继续发展的结果。到了南朝，会稽士族地位依然不如吴郡士族，其原因亦与此有关。

（二）会稽士族从政治向地方转变

如上所说，孙吴、两晋时期，会稽士族在政治上逐渐边缘化，他们出仕机会较少，为高官机会更少。于是，当吴郡士族热衷于政治时，会稽士族则逐渐转向于地方经营。在东吴时期，吴郡士族拥有大量私人部曲，如陆逊拥有部曲五千人，朱桓拥有部曲万口，而会稽士族几乎没有。孙吴时

---

① （唐）房玄龄：《晋书》，中华书局1974年版。
② 同上。

为将的会稽士人有贺齐、董袭、骆统、阚泽等。阚泽家世农夫，贺齐少为郡吏，皆出身低微，董袭、骆统等皆未有部曲之记载。到了晋代，会稽士族则拥有强大的经济基础。西晋末年，石冰叛乱，贺循却能合众应之，平定叛乱，迎还故会稽相张景。王含、沈充叛乱，虞谭能"于本县招合宗人，及郡中大姓，共起义军，众以万数"①。虞喜虽为人赞为"守道清贞，不营世务，耽学高尚，操拟古人"②，却以藏户当弃市。东晋末期，会稽余姚虞亮因贪财而被诛，"公（刘裕）既作辅，大示轨则，豪强肃然，远近知禁。至是会稽余姚虞亮复藏匿亡命千余人，公诛亮"③。到了南朝时期，会稽士族更加富足。《宋书·孔灵符传》："灵符家本丰，产业甚广，又于永兴立墅，周回三十三里，水陆地二百六十五顷，含带二山，又有果园九处。"④《南齐书·虞悰传》："治家富殖，奴婢无游手。"⑤《梁书·良吏传·沈瑀传》："县大姓虞氏千余家，请谒如市，前后令长莫能绝。"⑥ 不仅如此，会稽士族的强大，甚至影响到东晋时期流寓会稽的北方士族的地域分布，南渡北方士族往往避开地方士族势力强大的地域，而选择"会稽土著豪门士族势力薄弱的剡溪——上虞江流域的剡、始宁、上虞诸县"⑦。可见，到了两晋时期，会稽士族在地方拥有强大的力量，这与会稽士族自东吴以来失意于政治，从而用心于地方经营有关。

（三）会稽士族向学术世家转变

如上所说，自东吴以来，会稽士族在政治上逐渐被边缘化，此后这种

---

① （唐）房玄龄：《晋书》，中华书局1974年版。
② 同上。
③ （梁）沈约：《宋书》，中华书局1974年版。
④ 同上。
⑤ （梁）萧子显：《南齐书》，中华书局1974年版。
⑥ （唐）姚思廉：《梁书》，中华书局1973年版。
⑦ 王志邦：《六朝江东史论》，中国青年出版社1989年版。

情形一直未能得到根本改变。政治的边缘化,一方面使得会稽士族从政坛淡出,而向地方豪强转变;另一方面也使得会稽士族继续保持良好的家学、师法,向着学术世家转变。在孙吴时期,贺氏以武功而闻名,贺齐及其子皆为名将。后贺齐之孙贺邵以耿直而获罪,贺邵之子贺循少罹家难,流放海隅。于是,贺循弃武习文,勤于经学,终成一代礼学大师。贺循早卒,故未能给其家族带来多少庇护,致使其子孙在仕途并不发达。正因如此,其家族保持着良好的礼学传统,六世以礼学见长,成为著作的礼学世家,至梁代出现了贺玚、贺琛这样的礼学大家。又如,余姚虞氏。虞翻以易学闻名于世,其子弟在仕途颇为通达。到了晋代,除了虞潭一支在仕途上较为显赫之外,其余各支在仕途皆差强人意,却保持着良好的学术传统。虞喜多次不应征聘,专心经传,著述多种。虞预雅好经史,著《晋书》《会稽典录》《诸虞传》等。这使得虞氏逐渐转变成为学术世家。这些学术世家的形成与会稽士族在政治上不得意密切相关。总而言之,在孙策时期和孙权前期,会稽士人颇受重视,在政治上颇有些地位,到了孙权后期以及三嗣主时期,会稽士人在政治中逐渐被边缘化,居高位者很少。孙吴时期会稽士族政治地位的衰微导致会稽士族由官场而转向地方经营,成为地方豪强大族,另外导致会稽士族更加重视学术,使得一些会稽士族逐渐向学术世家转变,从而出现了一系列颇有名望的学术世家。

(原文刊登于《绍兴文理学院学报》2014年第3期)

两晋南朝时期的会稽郡孔氏

张宏璞*

摘　要：会稽孔氏是两晋南朝时期江南地区的世家大族。从两晋南朝的史籍中梳理出孔氏一族的人物、事迹和世系，有助于进一步了解六朝世家大族的发展状况、会稽郡的开发及其在当时的经济地位。

关键词：两晋南朝；会稽郡；孔氏；宗族；越文化

会稽郡地处东南沿海，东汉末年的战乱，北人南迁，加以孙吴建国后实行"复客制度"和"世袭领兵"制度，会稽也同孙吴所统治的其他地方一样，世族地主势力迅速膨胀起来，著名的有：余姚虞氏、山阴贺氏等等[①]。及至两晋，特别是永嘉之乱以后，更有许多北方大族迁至会稽，王、谢两姓，便是人所共知的大族。

对于中世纪会稽世族的研究，王、谢两姓已有专著，而其他姓氏，除了方志及《绍兴历代名人》有零星涉及外，还没有系统梳理。本文所述的

---

* 张宏璞（1959—　），女，吉林省吉林市人，绍兴文理学院图书馆助理馆员。
① 唐长孺：《孙吴建国及汉末江南的宗部与山越》，《魏晋南北朝史论丛》，生活・读书・新知三联书店1957年版。

孔氏，是根据现有史料按年代和世系逐条胪述的，祈请识者指正。

孔氏，是两晋南朝时期会稽郡"四姓"之一。《世说新语》卷8《赏誉》篇中说道："会稽孔沈、魏𫖮、虞存、谢奉并是四族之俊。""四族"，指一个郡里最著名的一些世家大族，如吴郡指的是顾、张、朱、陆四姓，会稽则指的是孔、魏、虞、谢。这是指当地土著大族。会稽郡的王、谢两姓，是北方迁来，是侨姓大族①。

会稽郡孔氏最早见于史籍的是孔愉。根据《晋书·孔愉传》的记载，他的先世居于梁国，"曾祖潜，太子少傅，汉末避地会稽，因家焉"。这里说的梁国，指的是东汉孝明帝子梁节王刘畅的封地，在今河南商丘一带。也就是说，会稽孔氏是东汉末年由北南迁的宗族。其传还说道，孔愉祖父孔竺是孙吴豫章太守，父亲孔恬是孙吴湘东太守，从兄孔侃为大司农，俱有名江左。由此可见，孔氏从孔潜迁来会稽以后，是个世代做官的家族。

根据史籍记载，从孔潜以后，孔愉这一支所出人物较多，他支也出了从兄孔侃、从弟孔群及孔群侄子孔严等几个留名青史的人物。

孔愉，字敬康，父母早亡，由祖母抚养成人。他与同郡的张茂（字伟康）、丁谭（字世康），称为"会稽三康"，有名于时。孙吴为司马氏所灭，孔愉一度曾迁到西晋的京城洛阳。晋惠帝末年，中原大乱，他东还会稽，隐新安山（今浙江淳安西）多年。至司马睿来到江东，应召为丞相掾，参丞相军事。这时他已50岁。后为中书郎，因谏元帝远王导而亲刁协，出为吴兴太守。不久又入为侍中、太常。至成帝初，为尚书左仆射，是当时东晋朝廷中的重臣。最后，他出为会稽内史，回到故乡任职。他在会稽内史任中，看到句章（今浙江余姚南）有汉代旧的水利设施已经毁废，重新加以修复，溉田200余顷，使之成为良田。在郡三年，在山阴湖

---

① 吕思勉：《门阀之制》，《两晋南北朝史》（下册）．开明书店民国三十七年（1948）版。

南侯山下构建住宅，弃官居之。有人送来数百万金，皆被辞让。咸康八年（342），孔愉75岁病逝，赠车骑将军、开府仪同三司，谥曰贞。

孔愉有一弟名祗，为郡功曹史，其后代无闻。

孔愉有三子，长曰訚，官至建安（治今福建建瓯市）太守。訚子孔靖（《晋书·孔愉传》作"静"），字季恭。郡察孝廉，曾为太子舍人、司徒左西掾。东晋末年，孙恩于会稽起兵反晋，刘裕率兵征讨，多次来到会稽，季恭"曲意礼接，赡给甚厚"。刘裕当政时，提拔他为会稽内史，并领本国中正，后为吴兴太守、尚书右仆射、本州大中正。不久随刘裕北伐，从平关、洛，刘裕建立宋国，曾命他为尚书令，靖辞不受，乃拜侍中、特进、左光禄大夫。但他辞去所有职务东归会稽，到刘宋永初三年（422）死于家乡，享年76岁。靖是会稽孔氏中继其祖父孔愉之后又一个居于高位的官僚。

孔愉次子汪，在东晋孝武帝时官至侍中。当时会稽王司马道子当政，小吏茹千秋因进赂得官，"买官贩爵，聚资财累亿"[1]，孔汪多次上书孝武帝进行揭发，但不听。迁太常卿，出为广州刺史，甚有政绩，太元十七年（392）卒。

孔愉三子安国，比诸兄小30余岁，史称"汪既以直亮称，安国亦以儒素显"，东晋孝武帝时为侍中、太常，安帝时为会稽内史，后为尚书左右仆射。义熙四年（408）卒。

孔汪、孔安国的后代，史书无载。而孔季恭《宋书》有传。季恭长子山士，曾为侍中、会稽太守，元嘉二十七年（450）卒官。在他为会稽太守期间，因其小弟道穰逼掠良家子女，故以白衣领郡。

山士弟灵符，宋文帝元嘉末为南郡太守、吏部郎，后迁郢州刺史、丹

---

[1] 《晋书·会稽文孝王道子传》。

阳尹。他看到故乡山阴民多田少，土境偏狭，建议徙山阴无地之家至余姚、鄞、鄮三县耕垦。这一建议虽然引起了朝廷争论，但孝武帝还是听从了他的建议，由山阴向东徙民，使东部三县得到了开发。据《宋书·孔季恭传附灵符传》记载，"灵符家本丰，产业甚广，又于永兴立墅，周回三十三里，水陆地二百六十五顷，含带二山，又有果园九处"，是当地最大的地主之一。他因圈占了这么多的土地、山泽，被人检举，他却不如实报告，一度被罢免了官职。到刘宋前废帝景和年间（465），因"犯忤近臣"被鞭杀。二子湛之、渊之，亦赐死。到宋明帝时，才追赠灵符为金紫光禄大夫。

灵符弟灵运，位著作郎，其子瑗之，萧齐时曾为吴令、临海太守。当时官场贪黩之风甚盛，他罢郡还京，只给齐武帝贡献生姜20斤，[①] 帝嫌少，后知其为清官，没有追究。隆昌元年（494），出为晋熙王长史、江夏内史，行郢州事（在今湖北江陵一带），实际上是让他设法除掉晋熙王萧铄。但他不同意这种做法，不食而死。

瑗之子臻，为齐太子舍人、尚书三公郎。臻子幼孙，[②] 为梁无锡令。幼孙子奂，州举秀才，射策高第。侯景之乱，朝士多被拘执，奂被迫为景将侯子鉴掌书记，救活被掠士庶甚众。侯景平，奂曾为丹阳尹丞及扬州治中从事史。及陈霸先受禅，为晋陵（今江苏常州市）太守，清白自守，被百姓号为"神君"。陈文帝征入朝为御史中丞、领扬州大中正、五兵尚书。陈宣帝时，迁吏部尚书，掌用人之权。他"性耿介，绝诸请托"。后主时在东宫，欲用江总为太子詹事，而孔奂却不同意，为后主所不喜。后主至德元年（583）卒，年70余。

孔奂有子三人：绍安、绍薪、绍忠。绍忠有才学，位至太子洗马。

[①] 《南史·孔靖传附孔跨之传》作"二千斤"，应误。
[②] 《陈书·孔奂传》作"稚孙"。

在孔愉这一宗族分支中，还应有孔稚珪一支。按《南齐书·孔稚珪传》："祖道隆，位侍中。父灵产，泰始中罢晋安太守。"萧道成当政时，灵产被擢迁为光禄大夫。所以说孔稚珪这一支属孔愉的宗脉，因为其父灵产同灵符、灵运同一个行辈，又都是刘宋末年、萧齐初年的官吏。但令人怀疑的是：在《宋书·孔季恭传》中说到，季恭长子山士为会稽太守时，因"小弟驾部郎道穰逼掠良家子女，白衣领郡"。这道穰又与孔稚珪祖父道隆同辈，都是"道"字辈。所以在这里只好存疑了。

孔稚珪少有美誉，州举秀才，曾在宋末为萧道成记室参军。丁父忧去官，与兄仲智还居其父山舍。后为本郡中正。齐武帝永明中为廷尉，参预法令的审定，上律文20卷，录叙1卷。至齐明帝初年为南郡（今湖北江陵）太守。北魏连年南侵，他建议与魏通和，以减少百姓兵役和死伤。没有被采用。他性好山水，善饮酒，不乐世务。齐东昏侯永元元年（499）为都官尚书、太子詹事，三年卒。年55。在清代严可均所辑的《全齐文》中，收有孔稚珪的文章多篇。《北山移文》收入梁昭明太子所编的《文选》中，清吴楚材的《古文观止》中亦收有此篇。稚珪的后代，史书不见记载。

会稽孔氏除孔愉一支所出历史人物较多外，还有从兄侃、从弟群及群侄严两支都曾出过不少人物。

《晋书·孔愉传附从子坦传》说道："坦，字君平，祖冲，丹阳太守，父侃，大司农。"《南史·孔休源传》也说道："（孔）冲即开府仪同三司愉之世父也。"这里所说孔冲，据后人考证，东晋丹阳长官称尹，无太守，应是豫章（今江西南昌市一带）太守之误[1]。这也就是说，孔冲是孔愉的从伯，孔侃是孔愉同辈的从兄。

孔侃子孔坦，东晋元帝时为太子舍人，迁尚书郎，建议对州举秀才、

---

[1] 《梁书·孔休源传校勘记（一）》，中华书局1973年版。

郡察孝廉进行策试。后因胡人相诬，疑典客令胡默有所偏助，将加大辟，独坦不同意，由是被谴，弃官回乡。王敦起兵反晋，沈充自吴兴响应，孔坦与右将军虞潭在会稽将兵讨伐沈充。沈充败，孔坦为扬州刺史王导请为别驾，继迁尚书左丞。苏峻反，攻入台城，孔坦奔依荆州刺史陶侃，陶侃与江州刺史温峤联军，攻灭苏峻。孔坦被命为吴兴内史。因饥荒，运家中米以赈穷乏。晋成帝咸康元年（335），北方石赵皇帝石勒死，内部相争，石聪等请降，坦致书石聪，鼓动他与晋军一起北伐，但因东晋朝廷没有决心而罢。后迁侍中，因忤王导，改任廷尉，病笃，作《临终与庾亮书》，陈述自己希望北伐中原，"四海一统"的愿望。他这两封书信，充分地表达了自己慷慨激昂的心情，因而成为历史上的名篇。死后，追赠光禄勋。

孔坦有子曰混，但史籍上没有记载。而《南史·孔休源传》提到，孔休源是孔冲的"八世孙""曾祖遥之，宋尚书水部郎；父佩，齐通直郎"。[①] 这也就是说孔遥之同孔坦、孔混同出一支，都是孔冲的后代。而且，孔混同孔遥之还应是同辈人，是从兄弟的关系。

孔休源11岁而孤，齐明帝建武四年（497）州举秀才，为侍中范云、尚书令沈约所赏识。因"谙练故实"，多记诵晋、宋的起居注，人号为"孔独诵"。后迁尚书左丞、少府卿兼行丹阳尹事。又出为晋安王府长史、南郡太守，在州甚有治绩，"平心决断，请托不行。"为梁武帝所称许。梁武帝普通年间（520—527），授宣惠将军、监扬州事。在州昼决辞讼，夜览坟籍，威望甚高。中大通四年（532）卒，享年64岁，谥曰贞子。长子云章（《梁书》作"云重"），位东扬州别驾，少子宗范（《梁书》作"宗轨"）位中书郎。

《孔愉传》中还曾说道，他的从子孔严和孔严的叔父孔群。

[①]《梁书·孔休源传》作"父佩，齐庐陵王记室参军，早卒"。

孔严，字彭祖。他的祖父孔奕，全椒令（？）；父伦，黄门郎。严少仕州郡，殷浩临扬州，请为别驾，迁尚书左丞。时朝廷欲重用殷浩，用以对抗上游的桓温，孔严说浩应以大局为重，屈伸相和，平济天下。哀帝立，以严为扬州大中正，不就。海西公太和年间（366—371），拜吴兴太守，秩中二千石，"善于宰牧，甚得人和"。太和五年（370）卒于家。

严有三子，长子道民，宣城内史；次子静民，散骑侍郎；幼子福民，太子洗马。三子皆死于孙恩之乱。

孔群，按排行是孔愉的从弟，曾为御史中丞，"志尚不羁"，性嗜酒。王导曾劝说他戒酒，说："卿恒饮，不见酒家覆瓿布日月久糜烂邪！"他却说："公不见肉糟淹更堪久邪！"他还同亲友说："今年田得七百石秫米，不足了曲蘖事！"卒于官。

孔群子沈，何充曾荐沈于王导，辟丞相掾，不就。与虞球、谢奉等为会稽的名士。沈子窑，位至吴兴太守、廷尉。窑子琳之，妙善草隶，为尚书左丞，扬州从事史。东晋末年，迁侍中。刘裕建宋，为御史中丞，曾上书奏劾尚书令徐羡之御下无大臣体，羡之使琳之弟琚之前来解释，却为琳之拒绝。后领本州大中正、祠部尚书，以不治产业为人所称道。卒赠太常。琳之子邈，官至扬州从事史。邈子觊，口吃，好读书，曾为秘书监、御史中丞、江夏内史，居贫俭素，性嗜酒。觊弟道存，从弟徽，都能经营产业，家丰，请假东还，绵绢纸席十余船，经江夏，觊责以身为官员，却东作贾客，尽烧却。宋孝武帝大明八年（464），徙司徒左长史，以弟道存代为江夏内史。465年前废帝立，为寻阳王子房长史、行会稽郡事。到465年宋明帝即位，晋安王刘子勋起兵于浔阳（今江西九江），明帝遣都水使者孔璨东至会稽慰劳，孔璨却游说觊起兵回应子勋，约同吴郡太守顾琛以及吴兴、义兴、晋陵三郡一起起兵。但东面的这些军队先后为明帝所遣之吴喜军队击败。上虞令王晏这时也起兵声讨孔觊，攻入郡城，郡民缚孔觊送晏，斩之。其弟道存，曾为南郡太守，亦随晋安王子勋起兵，兵败被杀。

以上所述，是会稽孔氏见于史籍的，并能列出世系的人物。至于知其是会稽孔氏，但不知其行辈的，有萧梁时的孔佥，是一位通五经的儒生，生徒数百人，曾为国子助教、五经博士、尚书祠部郎，出为海盐、山阴二县令，死于家。另一位孔子祛，少贫好学，通经术，尤明古文尚书。梁武帝撰《五经讲疏》及《孔子正言》，专使子祛检阅群书，官至通直正员郎、中书通事舍人，曾著《尚书义》20卷，《集注尚书》30卷。

《南史》的《隐逸传》，还提到山阴孔道徽的事略。其父孔祐，隐于四明山。道徽亦隐居南山，齐豫章王辟为西曹书佐，守志不仕。道徽兄子孔总，为县令所荐，除竟陵王侍郎，亦不至。南朝最后一个王朝是陈，立国仅33年，为隋所灭，亡国之君即历史上著名的昏君后主陈叔宝。他荒于酒色，不恤政事，宠信左右佞人。他常使张贵妃、孔贵人等与江总、孔范等夹坐宴会，号曰"狎客"。孔范即出自会稽山阴孔氏。《南史·恩幸传》记载：他的曾祖孔景伟是南齐散骑常侍，祖孔滔梁海盐令，父孔岱未列官名，只说"历职清显"。孔范因"容止都雅，文章赡丽，又善五言诗"，为后主所赏识。孔范官至都官尚书。他还同后主的孔贵人拉上关系，结为兄妹，因而后主对他言听计从。他建议削弱大将兵权，放松江防，使隋军很快攻入建邺（今江苏南京），后主出降，他亦被隋军俘至长安。隋文帝杨坚以为孔范等"邪佞于其主，以至亡灭，皆投之边裔"（《隋书·炀帝纪》）。流放在何处，史无记载。

因孔范一支，史籍上只记属于会稽山阴孔氏，但与孔愉等几支的关系厘不清楚，有待进一步了解。

（原文刊登于《绍兴文理学院学报》2010年第5期）

会稽大族与两晋士族政治探析[*]

姚培锋[**]

摘　要：两晋时期的南北大族是司马氏政权的基本政治力量，与大族势力的结合成为该政权的特质，这一现象在会稽大族中表现得非常明显。西晋政权以北来大族为重，故会稽大族的政治地位已不及前朝。进入东晋后，随着世族地主经济的持续发展，东晋统治者为了稳固其政权，不得不拉拢会稽大族，以取得他们的支持。会稽士族官僚群体的形成，便较为典型地反映了大族势力与政权之间的这种关系，体现出两晋政权的士族政治本质。

关键词：会稽郡；两晋政权；世家大族；官僚群体；士族政治

两晋王朝是司马氏建立的政权，从265年司马炎代魏建晋至420年刘裕代晋建宋，前后共历155年。其中，建都于洛阳的西晋王朝（265—317），名义上是一个南北统一的政权，但社会动荡不安；建都于建康（今

---

[*] 基金项目：本文系浙江省社科联课题"六朝会稽郡研究"的阶段性成果（课题编号：05B87）。

[**] 姚培锋（1963—　），男，浙江嵊州人，副教授，从事古代政治制度史和浙江地方史研究。

江苏南京）的东晋王朝（317—420），则是一个偏安江南的政权。两晋时期的社会矛盾十分复杂，民族斗争此起彼伏，及至东晋时北方已沦为周边各族统治者争夺的区域。

两晋政权是在大族的支持下建立起来的，对世家大族的依赖和眷顾，使该政权明显地拥有士族政治的性质。

两晋时期的会稽郡，是当时北来大族在江南的集聚地。会稽大族虽是继孙吴以来在原有大族的基础上发展起来的，但西晋时，会稽大族的政治地位已不及前朝，甚至曾一度遭受打击。及至东晋，随着世族地主经济的进一步发展，司马氏为了在江南建立起稳固的政权，便不得不拉拢会稽大族，以扩大统治基础。这一时期会稽士族官僚群体的形成，可以说是会稽大族政治地位提高的具体表现，它较为典型地反映了会稽大族势力与司马氏政权之间，在政治、经济利益上的一致性。因此，考察两晋时期的会稽大族，不仅有助于进一步认识两晋政权的士族政治本质，而且通过对这一问题的研究，也可以揭示会稽地方政治势力的影响，为进一步研究六朝会稽社会提供有价值的参考。

一

关于会稽大族的情况，据《三国志·吴书》记载，出于会稽郡而知名当代的有22人，加上《三国志》注引《会稽典录》中只留其名不载其事的人物，总计30余人。在这些人中，除个别出身比较低微、其后无闻外，如阚泽"家世农夫"[①]，以后再不见有山阴阚姓的活动。而大多数会稽大

[①] （晋）陈寿：《三国志》卷53《吴书·阚泽传》，中华书局1959年版。

族，至西晋时仍在当地保有名门望族的显赫地位，其中著名的如余姚虞氏，山阴贺氏、丁氏、魏氏、孔氏、谢氏等。现分为六部分略述于后。

第一，余姚虞氏。当山遐于东晋初为余姚令时，"江左初基，法禁宽弛，豪族多挟藏户口，以为私附。遐绳以峻法，到县八旬，出口万余"。县人虞喜以藏户，罪当弃市，山遐欲绳之以法，为豪强所切齿，结果是虞氏等当地豪强不仅没有得到应有的惩治，山遐却因此受到陷害，"竟坐免官"①。这件事虽发生在东晋初期，但虞氏一族从三国孙吴时起，就一直是当地的大族。《晋书》卷91《儒林传》中有《虞喜传》，说他在西晋末，即郡"察孝廉，州举秀才""又释《毛诗略》，注《孝经》，为《志林》三十篇，凡所注述数十万言，行于世"。按其家世，传称："虞喜字仲宁，会稽余姚人，光禄潭之族也。父察，吴惩虏将军。"这里提到的虞潭，亦有传，说是"吴骑都尉翻之孙也。父忠，仕至宜都太守"。吴亡后，潭"州辟从事、主簿，举秀才，大司马、齐王冏请为祭酒，除祁乡令，徙醴陵令"。西晋末，曾参予平定张昌、陈敏、杜弢等起义。东晋初，"为冠军将军，领会稽内史"，参予平定了王含、沈充及苏峻之乱。成帝咸康（335—342）中，"进卫将军""追赠左光禄大夫，开府、侍中如故，谥曰孝烈"②。虞潭的祖父虞翻，《三国志·吴书》中亦有传，传中说到，虞翻在东汉末王郎为会稽太守时，被辟为功曹，孙策攻取会稽，仍然留任。后来还任过富春长、骑都尉等职，因诤谏触怒孙权，被贬至交州。虞翻有11个儿子，其中虞汜、虞忠、虞耸、虞昺都名噪当时。虞汜，翻第四子，孙吴孙休时为交州刺、冠军将军、余姚侯，卒于位。虞忠，翻第五子，为吴宜都太守，司马氏征吴时死于夷道。虞耸，翻第六子，吴亡入晋，曾为河间

---

① （唐）房玄龄：《晋书》卷43《山涛传附山遐传》，中华书局1974年版。
② （唐）房玄龄：《晋书》卷76《虞潭传》，中华书局1974年版。

相。虞昺，翻第八子，吴亡入晋，曾为济阴太守①。虞潭即虞忠之子，虞翻之孙。虞潭子啸父，在东晋孝武帝时官至侍中、会稽内史。这里，还要提及的是虞喜之弟虞预，《晋书》卷82有《虞预传》。虞预曾为余姚县功曹、会稽郡主薄。317年晋元帝立国江东后，曾为琅邪国常侍、秘书丞、著作郎，著有《晋书》40余卷、《会稽典录》20篇、《诸虞传》12篇。其书行于当时，后皆佚。可见，虞氏家族历孙吴、两晋而不衰，是会稽郡中奕世官宦的豪族。

在《晋书》卷78《孔愉传》中附有其从弟孔群及群子孔沈的传。孔愉、孔沈皆山阴孔氏。孔沈曾被何充推荐给王导，辟为丞相司徒掾、琅邪王文学，并不就。又说："是时，沈与魏顗、虞球、虞存、谢奉并为四族之俊。"孔沈是东晋初年的人物，所以这里指的"四族"，应是"永嘉之乱"前的会稽大族。在所指的"四族"中，虞氏前已述及，是会稽余姚的大族，自三国至东晋代有显宦。虞球、虞存，据《世说新语校笺》载："球字和琳，会稽余姚人。祖授，吴广州刺史。父基，右军司马。球仕至黄门侍郎。"② 同书卷3《政事》引孙统语曰："存字道长，会稽山阴人也。祖阳，散骑常侍。父伟，州西曹。存幼而卓拔，风情高逸，历卫军长史、尚书吏部郎。"虞球是余姚人，虞存是山阴人，是否与虞潭同出一族尚不得而知，但两人皆应是会稽郡的大族分子。

第二，山阴贺氏。贺齐是三国时孙吴的名将，与全琮、吕岱等齐名，官至后将军、假节领徐州牧。贺齐子贺达、贺景，史称"皆有令名，为佳将"③。贺达子质，位至虎牙将军。贺景子邵，孙皓时曾为中书令，后为孙皓所杀。贺邵子循，西晋时州举秀才，为武康令，曾参与周玘等讨平石冰

---

① 傅振照、王志邦、王致涌：《会稽方志集成》卷4《虞预〈会稽典录〉》，团结出版社1992年版。

② 徐震：《世说新语校笺》卷8《赏誉（引《魏氏谱》）》，中华书局1984年版。

③ （晋）陈寿：《三国志》卷60《吴书·贺齐传》，中华书局1959年版。

之乱。司马睿为晋王时,"表为侍中,道险不行"。即位后,"为中书令,加散骑常侍,又以老疾固辞"。于是"改拜太常,常侍如故",循借故推辞,"惟拜太常而已"。传中称他为"当世儒宗"。循子隰,东晋康帝时官至临海太守[1]。由上可知,山阴贺氏自三国至两晋,几代任官,显然是会稽的大族。

第三,山阴丁氏。自三国时丁览为吴始平长,其子固,至孙皓在位时官至司徒。固子弥,入晋后,官至梁州刺史[2]。弥子潭,"初为郡功曹,察孝廉,除郎中,稍迁丞相西阁祭酒"。元帝即位后曾为广武将军、东阳太守,后累迁左光禄大夫、领国子祭酒、本国大中正。潭子话,在东晋位至散骑侍郎[3]。丁氏家族历代皆居显位,实是山阴的世家。

第四,山阴孔氏。据《晋书·孔愉传》所述,愉曾祖孔潜,原先居于梁国(今河南商丘县南),于东汉末,"避地会稽"。孔潜之子孔竺,为吴豫章太守,竺子恬,为湘东太守。孔愉为孔恬子。吴亡后孔愉北迁至洛阳,西晋末归还乡里,后从司马睿创建东晋政权,至成帝时,为尚书仆射。孔愉从父孔冲曾为丹阳太,冲子侃曾为大司农。故传称孔愉家族"俱有名江左"。孔愉有三子,长子誾,位至建安太守,誾子即孔季恭,曾在东晋安帝时任会稽内史,累迁尚书左仆射,加后将军;次子汪,官至征虏将军、广州刺史;三子安国,也曾为会稽内史、领军将军,后历尚书左右仆射。孔氏一族,除孔愉一房外,孔侃子孔坦曾为吴郡太守、吴兴内史;孔伦子孔严,曾为尚书左丞、吴兴太守。严亦有三子:长子道民,宜城内史;次子静民,散骑常侍;三子福,太子洗马。另外,还有前面曾引到过的会稽四族中的孔沈,即孔愉从弟孔群之子。沈子㴑,位至吴兴太守、廷

---

[1] (唐)房玄龄:《晋书》卷68《贺循传》,中华书局1974年版。
[2] (晋)陈寿:《三国志》卷57《吴书·虞翻传》,中华书局1959年版。
[3] (唐)房玄龄:《晋书》卷78《丁潭传》,中华书局1974年版。

尉。廞子琳之,为吴兴太守、侍中。会稽孔氏可谓是历东汉至两晋的世家大族。

第五,会稽魏氏。《后汉书》卷97《党锢传》中有魏朗传,"魏朗字少英,会稽上虞人也。少为县吏。"东汉时因抨击宦官集团,知名海内,列为"八俊",官至河内太守。朗孙魏腾,刚直不阿,以忤孙策之意,策将杀之,赖孙策母吴夫人出面救而获免,后曾为山阴令、鄱阳太守[①]。至于《晋书》卷78《孔沈传》中所说的魏顗,《世说新语》只说"魏长齐雅有体量,而才学非所经"。《世说新语校笺》卷25《排调》引《魏氏谱》说:"顗字长齐,会稽人。祖胤,处士。父说,大鸿胪卿。顗仕至山阴令。"另外,《世说新语校笺》卷8《赏誉》有记:"魏隐兄弟少有学义……总角诣谢奉,奉与语,大悦之,曰:'大宗虽衰,魏氏已复有人。'"并引《魏氏谱》曰:"隐字安时,会稽上虞人,历义兴太守、御史中丞。弟迈,黄门郎。"谢奉是孝武帝时人。也就是说,自东汉后期至东晋时期,会稽上虞魏氏一直是当地有名望的大族。

第六,山阴谢氏。最早见于典籍的是谢夷吾。据《后汉书》卷120上《方术·谢夷吾传》载:"谢夷吾字尧卿,会稽山阴人也。"传中说他"少为郡吏,学风角占候。……举孝廉,为寿张令,稍迁荆州刺史,迁钜鹿太守"。三国时,有谢渊兄弟。《太平御览》516引《会稽典录》:"谢渊,字休德,山阴人,其先钜鹿太守夷吾之后也。世渐微替,仕进不继。至渊兄弟,一时俱兴。兄咨,字休度,少以质行自立于局见称,官至海昌都尉。渊起于衰末,兄弟修德,贫无戚容,位历建威将军。"谢渊之名,又见于《三国志》卷58《吴书·陆逊传》,其传注引《会稽典录》作"稍迁至建武将军"。按这一记载,似乎谢夷吾之后,山阴谢氏一度"仕宦不继",直

[①] (晋)陈寿:《三国志》卷63《吴书·吴范传》,中华书局1959年版。

至东汉末孙吴初才又重新兴达。检阅典籍，东汉末至三国孙吴时还有山阴的谢煚。《三国志》卷50《吴书·妃嫔传》载，"吴主权谢夫人，会稽山阴人也。父煚，汉尚书郎、徐令"。谢煚之子谢承，曾任五官郎中、长沙东部都尉、武陵太守等职，撰《后汉书》百余卷。并注引《会稽典录》说，谢承"子崇，扬威将军；崇弟勖，吴郡太守，并知名"。入晋后，又有谢沈，亦会稽山阴人，"曾祖斐，吴豫章太守。父秀，吴翼正都尉。沈少孤，事母至孝，博学多识，明练经史。郡命为主簿、功曹，察孝廉，太尉郗鉴辟，并不就"。后曾为尚书度支郎，迁著作郎，撰《晋书》30余卷、《后汉书》100卷及《毛诗》《汉书外传》等①。至于《孔愉传》中所说"四族之俊"中的谢奉，《世说新语校笺》卷6《雅量》引《晋百官名》曰："谢奉字弘道，会稽山阴人。"又引《谢氏谱》曰："奉祖端，散骑常侍。父凤，丞相主簿。奉历安南将军、广州刺史、吏部尚书。"以上所说的谢夷吾、谢渊、谢咨是直承关系，谢煚、谢承、谢崇、谢勖也是祖孙相承。至于谢沈、谢奉与谢渊、谢煚之间的关系，不见明确记载。但从现存资料来看，都出自山阴，是三国至西晋时山阴的大族，与"永嘉之乱"后南迁的陈郡谢氏是有区别的。

上面所说虞、孔、贺、丁、魏、谢诸姓，都是两晋以前就已属于会稽的，旧有的大族，它不同于"永嘉之乱"后从北方迁来的大族。这说明，自汉魏以来会稽旧有大族直至东晋时，在当地仍保有很高的政治地位。这种相对稳定的政治地位，既是世族地主经济持续发展的结果，也与两晋政治有密切关系。

这里还需补充说明的是：在三国孙吴政权中，会稽钟离牧家族曾名重一时，但入晋后不见于记载，只有《隋书》卷33《经籍志二》中有钟离

---

① （唐）房玄龄：《晋书》卷82《谢沈传》，中华书局1959年版。

岫撰的《会稽后贤传记》二卷，其书今佚。《会稽方志集成》辑出孔愉、孔坦、孔群、丁潭及谢仙女五，根据辑出人物的时代，钟离岫亦应是东晋时期人。钟离氏在两晋南朝世族地主经济稳定发展时，却在会稽没有什么记述，可能是与钟离牧兄弟子侄在孙吴时领兵戍守武陵、西陵，钟离恂在晋灭吴时战死西陵有关。此后，钟离氏就再也无人入仕于司马氏政权了。

二

西晋统一南北，社会只稳定了十余年，至290年晋武帝死，惠帝继位，便立即发生了长达16年之久的"八王之乱"（291—306）。分封的诸王为了争夺帝位，不惜征召周边少数民族首领参战，从而导致了"永嘉之乱"（311），北方地区成了各族统治者的战场，社会生产遭受极大的破坏。而此时的江南，由于"永嘉之乱"，包括王谢等大族在内的北方汉民却大量南迁，出现了江南历史上的一个大发展时期。如此南北政治格局，为江南社会的稳定和经济的进一步开发提供了极为有利的条件。特别是江南世族地主经济的发展，为两晋政权的延续提供了可靠的保证，也为东晋政权偏安江南奠定了必要的物质基础。

关于晋"永嘉之乱"后北方人口大量南迁的问题，前辈学者已多有论述，谭其骧先生在《晋永嘉丧乱后之民族迁徙》一文中曾做过统计，认为自永嘉南渡到刘宋时期，南渡人口约有90万，占南方编户的1/6[①]。这里90万的数字，仅是指政府编户而言，并没有把世家大族荫附的人口统计在内。如果把这些荫附人口计算在内，南渡人口数就一定更大了。北方大量

---

① 谭其骧：《晋永嘉丧乱后之民族迁徙》，《长水集》，人民出版社1987年版。

人口南迁，其流向大致是："我国北方东部的人民，迁移到我国南方的东部；我国北方西部的人民，迁移到我国南方的西部。"其中以侨寓今江苏、山东、安徽为最多。侨治丹徒（今江苏镇江）的南徐州就有22万人，其地原有人口20万，这就是说侨寓人口比当地原有人口还要多2万[①]。如何安排这么多流入的人口，又如何加强对江南的统治，对于东晋政权来说这是一个至关重要的问题。为安定社会，增强东晋政权的控制力，东晋统治者便竭力拉拢北来大族，让他们参预中央和地方的政权；设立侨州、侨郡，并以豁免调役来优待北来的流民，使这些人能在南方站稳脚跟。这些政策无疑起过很好的作用。司马睿能在江南平稳地建立起政权，就是因为取得南北大族和人民共同支持的结果。

但时间一长，这些政策不可避免地带来一系列消极的后果。对北来流民减免调役，势必影响国家的收入，户口混乱，造成与原有江南人户的矛盾；优待北来大族，使之在政权中居于主要地位，于是出现了南北大族的矛盾。为解决这些矛盾，东晋政权对前者采取"土断"的政策，取消优待，一律用乡里组织编制起来，以便政府控制剥削对象。对于后者，在南北大族几次冲突后，以王、谢为首的北来大族，为避免与南方力量最强的江东大族的对抗，便从长江边和太湖流域，率其宗族、乡里、宾客、部曲继续向南迁徙，把庄园、别墅安置到浙东会稽一带（史称"东土"，即今宁绍平原）。"南渡的世族如琅邪王氏、陈郡谢氏、太原王氏、高平郗氏、太原孙氏、陈留阮氏、高阳许氏、谯国戴氏、鲁国孔氏等，他们的田业，多集中在东土一带。"[②] 这里需要强调的一点是，北方大族进入会稽郡后，当地并未设置侨县，这样做的好处是有利于南北大族的融合，也有利于通过北来大族对当地土地的进一步开发。因此，北方大族带领部曲、私附进

---

① 王仲荦：《魏晋南北朝史》，上海人民出版社2003年版。
② 同上。

入宁绍平原，与会稽大族一起共同开发，在很大程度上促进了会稽郡社会经济的发展。

琅邪王氏、陈郡谢氏是东晋、南朝最著名的北来大族，他们先后在会稽圈山占地，长期寓居于此。见于记载的如王导孙王穆之、王羲之叔父王翼、王彬两房的后代王胡之、王裕之、王镇之。王羲之及其子王徽之居于山阴更为人所熟知。陈郡谢氏中，"高卧东山"的谢安就居于会稽的上虞县，其子谢琰、其孙谢混亦居于会稽，谢安的侄子谢玄及玄孙谢灵运，皆居于始宁（今上虞县南）。王、谢自此成为会稽最有影响的北来大族。

前面曾说到东晋以前会稽就有谢氏，为当地大族，是东汉时谢夷吾的后代。陈郡谢氏是"永嘉之乱"后迁入的。两个谢姓的关系，有人认为"毫不相关"①。但有人根据《阳夏谢氏宗谱》及《盖东谢氏族谱》的记，以为阳夏谢氏和会稽谢氏、上虞谢氏都是谢夷吾之后。西汉末年，谢夷吾的祖父谢宜礼从陈郡阳华迁至会稽山阴，传承了8代，再由谢景隽携子谢缵重返阳华定居，"完成了一次历史的大来回"②。谢缵在曹魏元帝（260—265年在位）时曾出任典农中郎将，谢氏才开始崭露头角。谢缵子谢衡在"永嘉之乱"后迁至东山，再落脚会稽，谢衡就是谢安的祖父。

王、谢两家迁至会稽后，王家子孙营理"舍亭山"（在余杭）③或"颇营田园之资"④，谢家中谢安孙谢混之妻晋陵公主改嫁时，"田业十余处，僮仆千人"。公主死后"资财巨万，园宅十余所，又会稽、吴兴、琅邪诸处，太傅（谢安）、司空琰（谢安子谢琰）时事业，奴僮犹有数百

---

① 王春灿、陈秋强：《谢安家世》，北京出版社2003年版。
② 同上。
③ （唐）李延寿：《南史》卷24《王裕之传》，中华书局1975年版。
④ （梁）沈约：《宋书》卷93《隐逸·王素传》，中华书局1974年版。

人"①。谢玄之孙谢灵运,是南朝著名的山水诗人,移籍会稽,"修营别业,傍山带江,尽幽居之美""因父祖之资,生业甚厚。奴僮既众,义故门生数百,凿山浚湖,功役无已"。会稽东郭有回踵湖,灵运求决以为田,想占为己有,因"此湖去郭近,水物所出,百姓惜之",为太守孟顗所阻,"又求始宁岯崲湖为田,顗又固执",没有得手。②

北来大族从沿江的丹阳郡、吴郡、吴兴郡向南迁徙到"东土",无疑加剧了这一地区的土地兼并。他们占山圈湖,把大量的土地据为己有,势必加剧这一地区的阶级矛盾。因为在他们不断扩大土地占有的同时,当地的大族亦同样在原有的基础上进行掠夺。例如,会稽原有大族孔氏,孔季恭曾为会稽内史,其子山士又为会稽太守。山士小弟驾部郎道穰曾"逼略良家子女",使山士受到"白衣领郡"的处分。季恭另一子灵符,刘宋前期曾为丹阳尹和会稽太守,是会稽郡的一位世族大地主,史称他"家本丰,产业甚广,又于永兴立墅,周围三十三里,水陆地二百六十五顷,含带二山,又有果园九处"③。永兴县即今杭州萧山市,当时是会稽郡的属县。孔家不仅在山阴广有田产,又在永兴占田圈湖,扩大地盘。可见,当时南北大族在会稽是大量圈占土地,并极力发展世族地主经济的。

正是南北大族在会稽大肆兼并土地和侵占山泽,从而建立起一座座大庄园(或称田庄),以致到刘宋初年,会稽郡有些县已成为民多地少的地区了。《宋书·孔季恭传灵符附传》中还说道,南朝刘宋孝武帝大明年间(457—464),"山阴县土境褊狭,民多田少,灵符表徙无资之家于余姚、鄞、鄮三县界,垦起湖田"。孔灵符的这一建议,曾引起朝官的争议,有

---

① (梁)沈约:《宋书》卷58《谢弘微传》,中华书局1974年版。
② (梁)沈约:《宋书》卷67《谢灵运传》,中华书局1974年版。
③ (梁)沈约:《宋书》卷54《孔季恭传灵符附传》,中华书局1974年版。

的提出要招募一批无业之民前往开垦,待粗有修立,然后再迁;也有建议宜给迁徙者一些资助才能迁民开垦。但最后宋孝武帝还是接受孔灵符的建议,"从其徙民,并成良业"。

山阴地狭,徙民东迁,这当然是东晋、南朝大土地所有制发展的结果①。但这一现象,也正说明了东晋、南朝之初,以山阴为中心的会稽郡已得到了比较充分的开发,由永兴、山阴、剡县逐渐向东,一直到今宁波市的辖区都得到了开垦。如果我们再深一步探讨,那就会发现东晋及南朝之初,不仅是会稽郡的一些属县得到了进一步开发,而由会稽郡再向南,今台州地区的一些地方也成了北来大族圈占山林泽地的对象。上面说到"移籍会稽"的谢灵运,除了在会稽求田问舍以外,还曾"自始宁南山伐木开径,直至临海,从者数百人。临海太守王琇惊骇,谓为山贼,徐知是灵运乃安"②。始宁,按《宋书·州郡志》所载,是分上虞南乡建立的,由上虞南乡至临海县界,大约有150公里。我们是否可以这样推测,北来大族沿长江南岸、太湖流域,进而向南到达"东土",继而又东向宁波,南向台州,逐步扩大范围,到处建立起他们的庄园、别墅,以至于完全成了江南的豪门地主。

两晋政权是在大族的支持下建立起来的,政治上"举贤不出世族,用法不及权贵",是该政权的基本政策;而在经济上,则更是维护大族的利益。例如,东晋政权给予北来大族以各种优待,而对待一般编户则进行残酷的掠夺和剥削。又如,对农户除了征取租税和口税外,还有调役。按两晋政权规定,男丁每年只服20日调役,但实际上调役的名目很多,如兵役、工役,还有抽去为国家运送物资的"运丁",加上频繁的临时征发,这些都成为百姓的沉重负担。东晋孝武帝时,范宁就说:"古者使人,岁

---

① 唐长孺:《三至六世纪江南大土地所有制的发展》,上海人民出版社1957年版。
② (梁)沈约:《宋书》卷54《孔季恭传灵符附传》,中华书局1974年版。

不过三日,今之劳扰,殆无三日休停。"因为役重,"人不堪命,叛为盗贼"①。可见,士族政治是两晋政权阶级统治实质的客观反映。

三

会稽大族在孙吴政权时已拥有相当的政治地位了。但也有研究者认为,会稽大族仍不满当时的境遇,要求提升自身在孙吴政权中的地位②。会稽大族产生的这种不满,显然是因为会稽郡的虞、魏、孔、贺、谢等大族在政权中的地位不如吴郡顾、张、朱、陆的缘故。及至孙吴灭亡,不仅会稽大族,就连整个江南大族在西晋政权中的地位已大大降低了。所谓"扬州无郎,而荆州、江南乃无一人为京城职"③,就是指江南大族已失去了原有在孙吴时的地位,很难得到西晋当权者的信任。因此,同是会稽大族,在西晋与东晋时期的政治地位和影响是不同的。而且,会稽大族作为地方政治势力与司马氏政权之间,也出现了政治关系的微妙变化。出现这种情况,显然是与两晋政权依靠的对象有关。

西晋政权主要依靠的是北方大族,所任用的高官也多是北方大族分子,对南方大族以防范为主,这样也就降低了江南大族的政治地位。至西晋末年,中原大乱,波及江南。江东大族周玘起兵镇叛,"三定江南",这是因民族矛盾尖锐,江南大族害怕一些军人抢占地盘,并招引胡骑南下,危及自己的经济利益,故与北来大族共同支持司马睿建立起东晋政权,用以抗衡北方胡族及军阀如果说西晋时期江南大族在统治集团中受到排挤的

---

① (唐)房玄龄:《晋书》卷75《范宁传》,中华书局1974年版。
② 牟发松:《社会与国家关系视野下的汉唐历史变迁》,华东师范大学出版社2006年版。
③ (唐)房玄龄:《晋书》卷68《贺循传》,中华书局1974年版。

话，那么，至东晋时，司马睿政权为了取得江南大族的支持，便不得不拉拢江南大族了，如对江南的顾荣、纪瞻、贺循、薛兼、周玘等大族分子，都委以显职。但因司马睿主要是依靠南渡的北方大族建立起政权的，所以在东晋初期，北来大族仍然占有优势。琅邪郡王氏中的王敦、王导便是这个政权的支柱，故史称"王与马、共天下"[①]。对于江南大族，东晋政权虽加以招揽，但在中枢机构中并不占主要地位，甚至遭到疑忌。《晋书》卷58《周处传子玘附传》即说："（周）玘宗族强盛，人情所归，帝疑惮之。"然与西晋时期毕竟不同，东晋政权对江南大族显然要重视得多。例如，周玘在东晋之初曾想起兵诛杀朝中执政者，因谋泄忧愤而死，元帝虽知其谋，仍进爵为公。周玘曾对其子周勰说："杀我者诸伧子（吴人称中州人为'伧'），能复之，乃吾子也。"并认为"时中国亡官失守之士避乱来者，多居显位，御吴人，吴人颇怨"，伺机起兵叛乱，亦因谋泄而止。"元帝以周氏奕世豪望，吴人所宗，故不穷治，抚之如旧。"[②]

江南大族势力以太湖流域一些大姓为最强，吴郡的朱、张、顾、陆等姓以及宜兴周氏、吴兴沈氏，在当地皆有很深的根基。东晋统治者要建立起偏安的政权，当然要取得江南大族的支持，但又不能让其势力过于膨胀，造成尾大不掉，威胁到中央。所以，东晋政权对待太湖流域的大族，一方面是多方拉拢，隐忍其叛逆行为；另一方面是进行分化、离间，削弱其势。王敦即曾听信钱凤的策动，联合吴兴的沈充，灭掉了宜兴周氏。后来王敦起兵反晋失败，沈氏亦跟着遭到屠灭。这些都说明南北大族之间在政治、经济利益上的争夺，使初建的东晋政权造成内部的不安为缓和南北大族之间的矛盾，以稳固东晋政权的统治，北来大族由太湖流域向南发展，相继迁入"东土"。

[①] （唐）房玄龄：《晋书》卷67《郗鉴传子附传》，中华书局1974年版。
[②] （唐）房玄龄：《晋书》卷58《处传孙勰附传》，中华书局1974年版。

北方大族流寓会稽，不仅对会稽的经济开发起到很大的作用，而且对当地大族的进一步发展也产生了一定的影响。但是，促使会稽大族势力增长的根本因素，应当是世族地主经济的发展和司马氏为稳固东晋政权所采取的策略。关于经济上的原因，另文已作分析，而政治上的关系，则主要表现为会稽郡士族官僚群体的出现。前已述及西晋时扬州人在洛阳任职的官僚很少，至东晋初，司马睿任用了顾荣、纪瞻、贺循、周玘等人，用以取得江南大族的支持，其中出于会稽的只有贺循一人。但随着时间的推移，东晋政权为取得江南大族更多的支持，会稽籍的大族分子在政权中人数就越来越多，如会稽原有大族余姚虞氏、山阴贺氏、丁氏魏氏、孔氏、谢氏等子弟相继在朝中任职。同样，北来大族弟子则仍然享有很高的地位，如在会稽的琅邪王氏，著名的当然首推王羲之及其子王徽之，还有王导孙王穆之，羲之堂兄弟王胡之，王胡之从孙王镇之等。又如，谢氏最著名的当是谢安及其子谢琰、孙谢混，谢安侄子谢玄、侄女谢道韫等。根据史籍记载，迁入会稽的还有北地（今甘肃庆阳）傅玄孙子傅敷，"永嘉之乱，避地会稽，元帝引为镇东从事中郎"[1]。高平（今山东巨野）郗氏，太尉郗鉴子郗愔，在简文帝时，"以年老乞骨骸，因居会稽"[2]。西晋冯翊太守太原孙楚之孙孙统、孙绰，渡江后"家于会稽"，孙统曾为余姚令，孙绰则是东晋时期著名的文学家。北来大族寓居会稽的，如太原王濛，汉、魏"世为大族"[3]，是东晋哀帝哀靖王皇后之父，其孙女王皇后是孝武帝的皇后，时居于会稽。东晋时由中原迁入会稽的还有陈留尉氏（今河南尉氏）阮籍一家的族人。阮裕，为阮籍族弟，咸和（326—334）初为尚书郎，去职还家后"居会稽剡县"的剡山，后为国子祭酒、金紫光禄大夫[4]。

---

[1] （唐）房玄龄：《晋书》卷47《傅玄传孙敷附传》，中华书局1974年版。
[2] （唐）房玄龄：《晋书》卷67《郗鉴传子附传》，中华书局1974年版。
[3] 徐震：《世说新语校笺》卷2《言语（引〈王长史别传〉）》，中华书局1984年版。
[4] （唐）房玄龄：《晋书》卷49《阮籍传族子裕附传》，中华书局1974年版。

著名的艺术家谯国（今安徽亳县）戴逵，亦在东晋时"徙居会稽之剡县"。孝武帝时，"以国子祭酒、加散骑常侍征之"。

可见，到东晋时，会稽郡不仅有本地大族如虞、孔、贺、丁、魏、谢等弟子在司马氏政权中任职，而且北来大族如王、谢、傅、郗、孙、阮、戴等弟子也在朝中出任显职，他们与当地大族已逐渐形成一个整体，或者说就是一个利益共同体。这样一个庞大的士族官僚群体在会稽大族中形成，无疑反映了东晋时期南北大族已经融合，而且表明会稽大族已成为一股强大的政治势力，与北来大族一起共同支撑起东晋政权。

此外，会稽大族在文学、艺术、宗教等方面的卓越成就，对东晋政权也产生了相当的影响。孙绰所作的《天台山赋》一文，一直为后人传诵。孙绰"居于会稽，游放山水"①并与高阳（今属河北）许询、沙门支遁相善。许询，是曹魏时领军许允的玄孙，也是东晋时居于会稽的著名文人，简文帝称他的五言诗"妙绝时人"，《续晋阳秋》称"（许）询，（孙）绰并为一时文宗"②。是东晋时玄言诗的两位代表作家。在艺术上，戴逵善鼓琴、作画，他首创干漆夹纻雕塑法，并擅长雕塑佛像。他在会稽山阴灵宝寺作木雕无量寿佛一尊及胁持菩萨两尊，听人意见后加以修改，前后费了3年时间，妙绝当时。又如王羲之父子，史称"书圣""小圣"，更是尽人皆知。在佛教方面，亦有许多名僧，见于慧皎《高僧传》的名僧就有竺法潜、竺法友、竺法蕴、康法识、竺法济、支遁、于法兰、于法开、于法威、竺法崇、释道宝、竺法义、史宗、帛僧光、竺昙猷、慧开、慧真等。其中以支遁最为著名，他与谢安、王洽、刘惔、殷浩、许询、王羲之、郗超、孙绰、王修、王坦之、何充等大官僚多有往来。他还曾"注《安般》《四禅诸经》及《即色游玄论》、《圣不辩知论》、《道行旨归》、《学道诫》

---

① （唐）房玄龄：《晋书》卷56《孙楚传孙绰附传》，中华书局1974年版。
② 徐震：《世说新语校笺》卷4《文学（引〈续晋阳秋〉)》，中华书局1984年版。

等"，与许询于山阴宣讲过《维摩经》①。支遁不仅精通佛经，同时以佛理与当时流行于士大夫中的玄学相结合，以佛理入玄言，在玄谈中标新理立异义，受到当时名士们的推崇。

  综上所述，会稽大族与两晋政权是封建政治共同体中的两个方面。一方面，会稽大族的发展，是在两晋社会特殊的历史条件下，地方政治势力增长的必然反映。会稽大族之所以能在两晋政权中，尤其是东晋时期依然保有显赫的地位，显然是在世族地主经济发展的前提下，司马氏集团出于政权稳固的需要，而有意识地调节南北大族的矛盾，并拉拢江南大族共同参与政权的结果。会稽士族官僚群体的形成，便是这一结果的反映。它不仅反映了两晋政权的士族政治本质，而且标志着以大族为核心的江南地方政治势力的增长。另一方面，两晋政权对会稽大族态度的前后差异与变化，也表明了会稽大族与两晋政权之间，既有其利益的一致性，也有相互冲突和斗争。

（原文刊登于《绍兴文理学院学报》2008年第4期）

---

① （梁）释慧皎：《高僧传》卷4《晋剡沃洲山支遁》，中华书局1992年版。

浅析会稽郡在东晋南朝民风变迁之因

朱 帅[*]

摘 要： 会稽郡作为与当时国都建康相重的大郡，有"东扬州"之美誉。自汉以来迁入的士人日益在当地扎根，与晋末永之乱到南朝迁入的北方士人共同构成当地的上流社会，对当地百姓生活带来巨大影响。会稽民风也在东晋南朝这一时期，经历由尚武转为崇文的过程，此文就这一现象进行探究，从主客观角度辩证唯物主义地分析其原因。

关键词： 会稽郡；民风；崇文

绍兴是一个有着浓厚文化底蕴的地区，回眸历史，我们却发现并非自古以来当地就有崇文一俗，恰恰相反，在封建社会的前期，会稽很长时间内民风轻悍好斗，保持尚武传统。

远古时期，绍兴地区生活着于越部族。至春秋，为越国辖地。公元前472年，勾践迁都琅琊，绍兴便成为于越族活动中心。当时吴越两国长年交战不已，越人"水行而山处，以船为车，以楫为马，往若飘风，去则难

---

[*] 朱帅（1985— ），女，浙江新昌人，2006年在中央民族大学历史系2003级基地班就读。

从，锐兵任死"①。可见其尚武好斗，鄙视恻隐忘仇。不仅如此，越大夫谏曰："望敌设陈，飞矢扬兵。履腹涉尸，血流滂滂。贪进不退，二师相当。破敌攻众，威凌百邦。臣之事也。"② 如此慷慨激昂的言辞，正体现出越大夫以杀敌战场，以死相拼为己任。由于尚武，故重视兵器制造。越剑以其工艺精良称誉天，"有于越之剑也，柙而藏之，不敢用也，宝之至也"③。公元前334年（战国越王无强九年），越为楚败，归入楚。公元前222年（始皇二十五年），秦将王翦南渡长江，平定楚国，在于越故地设会稽郡，治吴县，共26县，在绍兴地区设山阴县。时光荏苒，五六百年间会稽民风依旧。西汉时，刘邦分封同姓王，"患吴、会稽轻悍，无壮王以镇之，诸子少，乃立（刘）濞"④。129年（东汉顺帝永建四年），吴、会分治，以钱塘江为界，北置吴郡，南置会稽郡，治山阴，辖13县。208年（东汉献帝建安十三年），设新都郡，包括始新（后淳安县）、新定（后遂安县）2县⑤。256年（三国吴太平元年），会稽郡东置临海郡⑥。260年（三国吴永安三年），会稽郡南置建安郡⑦。266年（三国吴宝鼎元年），置东阳郡⑧。此后，会稽郡辖绍兴、宁波两地。371—372年，东晋文帝子道子封邑，改会稽郡为会稽国，一直稳定至589年（隋开皇元年）。东晋南朝，会稽郡，治山阴，辖上虞、余姚、句章、鄞、鄮、始宁、剡、永兴、诸暨⑨。虽其辖区经历由大到小的变革，但民风依然。晋室南渡之前，全国经济、政治、文化的中心在中原地区，南方被认为是蛮夷之地，保存着强

---

① （汉）赵晔：《吴越春秋》卷10《勾践伐吴外传》，江苏古籍出版社1986年版，第151页。
② （汉）赵晔：《吴越春秋》卷7《勾践入臣外传》，江苏古籍出版社1986年版，第94页。
③ （清）王先谦：《庄子集解》卷4《刻意》，中华书局1987年版，第133页。
④ 《史记》卷106《吴王濞传》，中华书局1962年点校本，第2821页。
⑤ 《三国志》卷47《吴书二·孙权传》，中华书局1959年点校本，第1115页。
⑥ 《三国志》卷48《吴书三·孙亮传》，中华书局1959年点校本，第1153页。
⑦ 同上书，第1159页。
⑧ 同上书，第1166页。
⑨ 《晋书》卷15《地理志下》，中华书局1974年点校本，第461页。

烈的部族性质，断发文身、图腾崇拜、血亲复仇等，都体现出其民风的轻悍尚武。

然而，西晋末的永嘉之乱引发了中国第一次大规模的北人南迁，这次移民活动给整个中国特别是南方带来翻天覆地的变化。永嘉之乱后，出现多次大规模的北人南迁，至5世纪末南朝宋泰始年间（465—471）才告一段落，但小规模南迁仍时有发生。东晋南朝时大量北人南迁，使整个江南地区（包括以太湖为中心，北临长江，东绝大海，西至皖南宣城，南及浙江宁绍金衢长江下游一带）人口剧增。会稽郡与江苏镇、常地区相接，地理位置优越，完全具备移民条件。西晋太康元年（280），会稽户30000，为扬州第四大郡①。此后100多年间，会稽人口一直呈上升之势，东晋后期，会稽占扬州人口1/3多，为扬州甚至东晋第一大郡。到刘宋时，会稽户55228②。相比之下，其所在的扬州在晋时户311400，宋时相应的扬州和江州仅户195329，降低很多。甚至京师所在丹阳郡，也从51500户下降到41010户。刘宋时户口隐漏十分严重，在这种情况下户口大幅度增长恰恰说明实际人口增长幅度更大，这种增长的合理解释即得益于外来移民。会稽郡的首县山阴（今浙江绍兴）更是一个突出的例子，元嘉十七年（440），该县户30000③，等于西晋整个会稽郡户数。若非移民，则没有更合理的解释。

当地移民中不仅有王、谢等大族，而且亦有其他北方移民迁入，正如山东琅邪王氏的重要人物王羲之"初渡浙江，便有终焉之志。会稽有佳山水，名士多居之，谢安未仕时亦居焉。孙绰、李充、许询、支遁等皆以文义冠世，并筑室东土，与羲之同好"。去官后，"与东土之士尽山水之游，

---

① 《晋书》卷15《地理志下》，中华书局1974年点校本，第461页。
② 《宋书》卷35《州郡志一》，中华书局1974年点校本，第1030页。
③ 《宋书》卷81《顾觊之传》，中华书局1974年点校本，第2079页。

弋钓为娱"①，可见他始终居于会稽。王随之及子镇之、弘之的家在上虞县，弘之筑室于始宁②。陈郡阳夏谢氏的重要人物谢安一直"寓居会稽"③，直到40余岁才出山。谢氏的另一支谢冲也"家在会稽"④，其子方明后任会稽太守，并卒于此任，自然住在会稽的同样还有其他，与王羲之交游的许询是高阳新城人，直到六世孙许亨仍居于永兴之究山⑤。太原中都（今山西平遥西南）人孙统、孙绰兄弟南渡后都定居于会稽。庐江人何子平"世居会稽"，推其曾祖晋侍中何楷很可能已迁入会稽。宋时有樵郡人戴逵因"会稽剡县有名山，故世居剡下"，鲁郡鲁人孔淳之也住该县⑥。齐时公孙僧远居会稽剡县。⑦

移民的迁入，同样伴随着南北文化的冲撞和融合，其中民风作为文化的表现形式，也在潜移默化。当时，整个南方民风变迁的主要趋势由轻悍尚武转向怯懦崇文，而会稽郡作为显要大郡，已有"今之会稽，昔之关中"之称，同样经历民风巨变，成为当时的典型。东晋末，孙恩、卢循起义时，"海盐令鲍陋遣子嗣之帅吴兵一千，请为前驱"，晋军主帅刘裕辞曰："贼兵甚精，吴人不习战，若前驱失利，必败我军，可在后为声援。"⑧南朝时，江南之风更与往大相径庭，社会上层柔靡脆弱，出现梁士大夫指马为虎的可笑之事。社会下层百姓亦不轻死，梁时外敌入侵吴兴，并未遭到当地人任何反抗。唐人记载前史也说"宣城、毗陵、吴郡、会稽、余杭、东阳，其人君子尚礼，庸庶敦庞，故风俗澄清，而道教隆洽，亦其风

---

① 《晋书》卷80《王羲之传》，中华书局1974年点校本，第2101页。
② 《宋书》卷92《王镇之传》卷93《王弘之传》，中华书局1974年点校本，第2282页。
③ 《晋书》卷79《谢安传》，中华书局1974年点校本，第2072页。
④ 《宋书》卷53《谢方明传》，中华书局1974年点校本，第1522页。
⑤ 《陈书》卷34《文学·许亨传》，中华书局1974年点校本，第458页。
⑥ 《宋书》卷93《隐逸·孔淳之传》，中华书局1974年点校本，第2283页。
⑦ 《南齐书》卷55《孝义·公孙僧远传》，中华书局1974年点校本，第956页。
⑧ 《宋书·武帝纪》，中华书局1974年点校本。

气所尚也"①。而正是这一时期的北人南迁，在会稽郡民风变迁过程中起着至为重要的作用，其地民风由轻悍好勇转向敦庞尚礼，由尚武转向崇文，真乃判若天渊，迥然如之两地。

从辩证唯物主义的角度来审视历史，会稽民风变迁是在主客观两方面因素的共同作用下完成的。主观意识形态的转变与客观条件的成熟，使得尚武与崇文之间实现自然的转变。

主观上，魏晋之际，玄风始炽。传统士人在摆脱经学所铸的精神枷锁后。开始重新审视与探索人生。他们的思想观念与心态变化都集中体现在玄学这一新兴的思想意识形态之上。

玄学之"玄"，出自《老子》："玄之又玄，众妙之门。"玄学创始人王弼在《老子指略》中明确有记：夫"道"也者，取乎万物之所由也；"玄"也者，取乎幽冥之所出也；"深"也者，取乎探颐而不可究也；"大"也者，取乎弥纶而不可极也；"远"也者，取乎绵邈而不可及也；"微"也者，取乎出微而不可睹也。然则，"道""玄""深""大""远""微"之言，各有其义，未尽其极者也。

在王弼眼中，玄学是一种"玄远之学"，超脱世俗，不以物务累心，不关乎实际，异于具体实际之外，达到"冥默无有"的状态。若说西晋时玄学仍处于发展之中，那么在东晋南朝偏安江左相对稳定的环境中，玄学则趋向成熟与完善。

玄学不是孤立单纯的思想意识形态，其表象是对先秦老庄道家的推崇与宣扬，自身又结合儒家传统，通过对道儒两家的吸收与改善，从而形成更符合时局，能被士人更广泛接受的思想学派。这对当时风行的佛教也影响重大，两者有相通的思想，玄学可为佛教阐释经义时所用，故而玄学与

---

① 《隋书》卷31《地理志下》，中华书局1973年点校本，第887页。

佛教在不断协调中共同发展。纵观整个东晋南朝，会稽郡民风由尚武到崇文的漫长演变过程中，玄学无时无处不渗透其中，影响转变上层士人与下层百姓的观念与信仰。下面分两部分予以论述。

第一，士人隐逸崇文。

玄学包含道家老庄思想，道家本身就宣扬"天道无为"的思想，表现为主观境界的逍遥乘化，自由自在，而非具体于某种客观事物。东晋南朝时，玄学发展更体现出飘逸洒脱、超凡脱俗的境界，进一步表现老庄自然而逍遥，自由甚至放纵的精神。深入剖析，玄学的美学精神是不容忽视的一点。士人追寻之美为尽善尽美，堪称"唯美"。他们有着常人难以想象的对美狂热的推崇与向往，竭力把理想的唯美世界与世俗生活的物欲横流结合，以达到兼善齐美的境界。这直接表现在他们生活中，即生活方式的选择——隐逸而居。玄学的美学精神影响士人的隐逸地点与形式的选择。首先，隐逸地点多为山林幽美之地。广泛分布在江南的广大区域，相对集中在寻阳、会稽、建康及其周围地区。"其地川泽沃衍，有海陆之饶，珍异所聚"①，江南山水之美跃然纸上。其中，会稽隐逸之士更是比比皆是，如表1所示。

表1 东晋南朝时会稽隐逸之士一览（史料出自《晋书》《宋书》《南史》等）

朝 代	姓 名	籍 贯	概 况
东晋	王羲之	会稽山阴	朝廷公卿皆爱其才，频招为侍中，吏部尚书，皆不就。复授护军将军，又推迁不就

---

① 《隋书》卷31《地理志下》，中华书局1973年点校本，第887页。

续表

朝代	姓名	籍贯	概况
	王献之	同上	父王羲之，高迈不羁，闲居终日。工草隶，善丹青
	王徽之	同上	父王羲之，性卓荦不羁，不综府事，雅性放诞，好声色
宋	谢灵运	会稽	以疾东归，多宴集宾客，游娱山水之间，修营别业，傍山带江，尽幽居之美
东晋	谢敷	会稽	性澄清寡欲，入太平山十余年，召为主薄，台徵博士，皆不就
东晋	戴逵	谯周人，后徙居会稽剡县	性高洁，常以礼度自处
宋	戴颙	世居剡县	父逵，兄勃，并隐遁有高名。及兄勃并受琴于父，勃制五部，颙制十五部，又制长弄一部，并传于世
东晋	阮裕	陈留尉氏人，居会稽剡县	有肥遁之志
南朝	朱百年	会稽山阴	携妻孔氏入会稽南山，伐樵采箬为业。时为诗咏，往往有高胜之言
齐	辛普明	侨居会稽	会稽士子高其行，当葬兄，皆送金为赠，后至者不复受
南朝	孔道微	会稽山阴	隐居南山，终身不窥都邑

显然，当时会稽郡的北方侨姓大族都崇尚隐逸生活，寄情于山水，甚至包括极负盛名的王谢两家也选择会稽，这多半与当地风景之秀丽有关。正如王羲之的《兰亭集序》中所书"此地有崇山峻岭，茂林修竹，又有清流激湍，映带左右"①，如此青山绿水，正是士人追寻的唯美之地。在此隐逸，可使自然之美净化内心，精神之美超越世俗，达到玄学中的美学境界。

隐逸方式不同于以往。"古之辞世者或被发阳狂，或污身秽迹，可谓艰矣。"② 这种山林之隐，必须忍受艰苦生活，时人少有坚持，而更多的则是朝隐或真正的田园之隐。朝隐把出世与入仕相结合，既不失利禄又可获得隐逸的清高，而田园之隐则真正淡泊名利，达到返璞归真最高境界。会稽隐逸之士的生活也体现出对玄学美学精神的追求，他们以新的观念来寻求自由。支遁对"逍遥"有新的理解，认为是一种潇洒飘逸，优游自得，务实而不失超脱，任性而不坠鄙俗，呈现出最佳的美学境界。而其直接表现无疑是文学、绘画、音乐、雕塑、书法等艺术，玄学这一彻底的解放思想，为艺术创作带来很大的灵感，亦使隐逸多一份文雅与高尚。士人"引以为流觞曲水，列坐其次，虽无丝竹管弦之盛，一觞一咏，亦是以畅叙幽情"③。这种吟诗作对的生活方式是一种群体现象，他们沉醉于会稽郡的如诗如画般美景之中，生活的重心和主要内容都变得以文为主。

另外，这种崇文传统更有家承，使其根深蒂固而源远流长。例如，琅邪王氏的家学以书法为主，王导临摹三国钟繇手书《宣示表》，练成一手漂亮的行书、草书，在其领导下王氏子弟练书法成风，几乎人人写得一手好字。子辈中王恬、王洽、王劭、王荟皆善书法，"书圣"王羲之为王导

---

① 《晋书》卷80《王羲之传》，中华书局1974年点校本，第2102、2099、2101、2102页。
② 同上。
③ 同上。

从子,有子七人,其中知名者五人,王玄之、王凝之、王徽之、王操之、王献之在书法上都有成就。王洽之子王珣、王珉亦善书法。王珉曾代王献之为长兼中书令,二人齐名,世谓献之为"大令",珉为"小令"①。陈郡谢氏也是文学俊秀辈出,有名的"乌衣之游"就是谢氏群从兄弟的文学聚会。时"混风格高峻,少所交纳,唯与族子灵运、瞻、晦、弘微以文义赏会,常共宴处,居在乌衣巷,故谓之乌衣之游"②。人称"大谢"的谢灵运和"小谢"的谢朓在文学史上占有相当重要的地位,谢弘微子谢庄"七岁能属文",谢庄之子谢朓"十岁能属文",被称作奇童。谢朓侄谢览为文甚工,被梁武帝誉为国之英华,谢览弟谢举"年十四,尝赠沈约诗,为约所赏"。更为了得的是,谢氏女子也不甘落后,谢道韫就是著名的才女③。

这些士人作为社会上层,以正统的身份和较高的文化素养使南方人趋之若鹜,竞相效仿,可谓引领当时社会风尚,如谢灵运就有"奴僮既众,门生皆百。在会稽亦多门徒,惊动县邑"④。他们生活方式和生活情趣的转变已对整个社会的民风产生巨大的影响,并对会稽郡民风转为尚文起了引导和推动作用。作为主流社会的群体,他们选择隐逸崇文的生活或许基于当时社会形势、心理因素等多种因素,但不可否认的是,他们客观呈现给世人的生活状态,即寄情山水,以文会友。这一点上,不仅是南北士人的相互影响,在这些雍容华贵、风流倜傥的外来名士之前,当地南方土著士人难免自惭形秽,进而钦慕效仿,《世说新语》中有许多侨姓士人如王导、谢安等人的言行作风,为南人所崇拜模仿。其中最典型的是言语,原本语言因地而异,无优劣高下之分,但南方士人鄙弃母语,换操中原洛音。"齐宋南士最达者多弃吴语,易言之,即求贵达必先与侨姓士人同流一气,

---

① 《晋书》卷65《王导传附王珉传》,中华书局1974年点校本,第1758页。
② 《南史》卷20《谢弘微传》,中华书局1975年点校本,第550、551页。
③ 《南史》卷20《谢弘微及附传》,中华书局1975年点校本,第549—564页。
④ 《宋书》卷67《谢灵运传》,中华书局1974年点校本,第1775,1768,1779,1760页。

虽语言末节，亦相模仿。"① 可见，北方侨姓士人对南方士人影响之甚。作为士人整体对当时社会亦影响广泛，这点，我们从当时世人冠于他们的这些雅号中亦可看出，王羲之的"书圣"，王献之的"亚圣"，既曰为圣，可见对其书法造诣的肯定与尊崇。社会对于这些以追求玄学之美学精神的上层士人是十分景仰的，其隐逸崇文的生活方式也成为世人的楷模。

第二，佛道风靡一时。

东晋南朝前期的太平道和天师道主旨是对不合理现实的抗争，主要流行于下层群众中。民间道教经过葛洪、陆修静、陶弘景的改造，把儒家忠孝德行和道教长生成仙相结合，逐渐演变为理论和制度上都较完备的官方道教。在其影响下以吞丹养生为名寻求长生不老，实则损害身体，造成弱不禁风。

另外，佛教至迟在孙吴时传入越地，到东晋南朝影响扩大。玄学的兴盛，在思想领域为佛教中国化与进一步发展传播提供难能可贵的机缘。作为道家的新发展，其关于有无之辨、体用之辨、言义之辨的理论都可以用来解释佛教思想。两者的相通之处在于，玄学以探究精神与宇宙本体上的同一性为理论的重要宗旨，而佛教则通过追求精神与宇宙本体上的同一性而超越本体，他们之间相互渗透又相互影响。因此，佛教在中国化的过程中，必然带上玄学的烙印，呈现出玄学化的特点。为扩大影响，一方面，佛教拉拢上层士人，许多名僧与士人往来频繁，如东晋名士孙绰与名僧竺道潜和支道林交往中，深受佛教影响，写下《道贤论》《喻道论》等文章用玄学来阐述佛经。清谈名士精研佛经，为玄学"崇本""尚无"论说发展了新的生命与人性观。当时士人收执麈尾，口吐清音谈论玄学成为一种时尚，恰恰说明佛教玄学化已完全为上层士人所接受，并孜孜不倦地深化

---

① 周一良：《魏晋南北朝史论集》，中华书局1963年版，第63页。

与丰富其理论。另一方面，佛教又简化其道来教化大众，针对受教育水平极低甚至没有受过教育的下层百姓来说，佛教艰涩的理论未免不切实际，因此就用鬼神轮回说来驱诱他们，使人们相信只有皈依佛门才能解除轮回之苦或来世改变命运，这对迫切要求改变苦难命运的普通民众更有吸引力。因此，当时社会上层和下层皆佞佛成风，梁代首都建康就"佛寺五百余所，穷极宏丽，僧尼十余万，资产丰沃，所在郡县，不可胜言"①。

细观佛教教义便可发现，大多与暴力尚武相对立。基本戒条"五戒十善"，即"五戒，不杀，不盗，不淫，不欺，不饮酒。十善，身不犯杀、盗、淫，意不嫉、痴、恚，口不妄言、绮语、两舌、恶口"。显然，在这里不杀都列在首位，佛法不仅要求行动上约束，而且要在心理上克制欲望和冲动。

会稽一地位于京都附近，又为当时大郡，所受影响当然甚巨。谢灵运的始宁祖宅结构宏伟，"面南岭建经台，倚北阜筑经堂，傍危峰立禅室，临浚流列僧房"，从佛堂修筑的讲究和规模上可见其信佛之深。王羲之世奉天师道，为寻仙药，"与道士许迈共修服食，采药石不远千里"②，"（羲之）辞荣养生，每造远，弥日忘归，诗书往复，多论服饵"③，其对服食仙药的兴趣与追求可见一斑。

当地不论上层士人，还是下层百姓，都已深迷佛道。如果说民间道教被官方道教取代，使原尚武之风失去精神支柱之一，那么佛教广泛流布与深入，促成这一地区传统尚武之习的彻底崩溃与瓦解。宗教信仰作为主观意识形态范畴的表现，影响人生观、价值观，对于人的行为控制起十分重要的作用。当时统治阶级清楚地看到这点，明白要从根本上控制百姓，须

---

① 《南史》卷70《循吏·郭祖琛传》，中华书局1975年点校本，第1721页。
② 《晋书》卷80《王羲之传》，中华书局1974年点校本，第2102、2099、2101、2102页。
③ （宋）李昉：《太平御览》卷669《服饵上》，中华书局1984年版。

从思想上麻痹和说服，使之心甘情愿地顺从统治。官方道教的长生仙药，非但不会强身健体，只会使人更加虚弱，没有强健的体魄自然失去尚武的客观条件，佛教玄学化则使人们从根本上深信尚武杀戮为十恶不赦之事，从而自觉放弃。

因此，可以清楚地看到，当时玄学的盛行从主观思想上影响着人们的追求，不论是外在表现隐逸崇文，还是内在思想的沉迷佛道，都使人们告别尚武杀戮的野蛮时代，迈入更为文明的以文会友、吟诗清谈的新生活。如果说，内因的推动是决定因素，那么外因的存在则为弃武崇文提供良好的条件。客观上，当时经济的飞速发展与战略地位的相对和平，则为会稽人民提供多一份可能，使人们有更多时间与心境来弃武崇文。下面分两个部分论述。

第一，经济飞速发展。

当时整个南方经济突飞猛进，经过东晋南朝的开发后，南北差距日益缩小，到隋唐后，南方终于超越北方实现经济重心的南移。会稽为王畿之地，发展位于前列。

首先，当地士人纷纷营建山墅。或供地主生活起居、赏心悦目之馆宇楼台山亭水榭，内部设施或简或繁无固定规模，但供消遣用，或是农业生产基地，包括水田陆地、山林池泽、竹木果园及供劳动者居住和使用的田舍农具。东晋王羲之与安石"东游山海，并行田视地利。语田里所行，以为抚掌之资"①。谢氏也不甘落后，谢混田业十余处，谢混夫妇死后，"遗财千万，园宅十余所，又会稽、吴兴、琅琊诸处太傅安、司空琰时事业，奴僮犹数百人"②。南朝宋灵运于会稽立墅，"北山二园，南山三苑。寻山

---

① 《晋书》卷80《王羲之传》，中华书局1974年点校本，第2102、2099、2101、2102页。
② 《南史》卷20《谢弘微传》，中华书局1975年点校本，第550、551页。

陟岭,必造幽峻,岩嶂千重,莫不备尽。临川太守王琇惊骇,谓为山贼"①。再看孔氏更是有过之而无不及,"尚书坞在县东南三十三里,宋尚书孔稚珪之山园也"②。孔灵符产业甚广,于会稽永兴立墅,"周回三十三里,水陆田地二百六十五顷"③。这些山墅营建之初虽是出于士人享乐生活的奢侈品,却客观上为经济的发展创造了三大有利条件。其一,开发利用山林川泽,垦辟许多原来方大族势力薄弱的地方。其二,促进水利设施建设。谢灵运打算把会稽东郭回踵湖和始宁坯嶂湖"决以为田",事虽未成,但其重视农田水利的计划确是显而易见的。其三,兴修交通路线。始宁墅"所居之处,自西山开道,迄于东山",组织大量人力物力"自始宁南山伐木开径,直到临海(今浙江临海东南),工程数百里之遥,蔚为壮观。"如此营建山墅,正反映出当地封建地主土地私有制的发展程度已日渐成熟。

其次,农业进一步发展。会稽当时已是东晋政权重要的粮食产地和赋税基地,与鄱阳湖、洞庭湖和王畿所在的太湖地区并为四大农业基地。正如"江南之有国盛矣,外奉京赋,内府充实,止于荆扬二州。既扬部分析,境及江南,考之汉域,惟丹阳、会稽而已。会土带海傍湖,良畴亦数十万顷,膏腴上地,亩值一金"。北方旱田作物南移,更是丰富农作物种类,促进粮食品种和产量的增加。南朝宋谢氏大族谢灵运在其会稽始宁县田庄中,广种麻麦粟菽。④ 不仅是上层社会,在普通百姓中也是很常见的。会稽山阴郭原平在宋文帝死后,为表示哀痛,日食麦饼一枚,如此五日。⑤齐梁间人贺琛,会稽山阴人,家贫,常往返诸暨贩粟以养母。⑥ 可见,会稽一带已以粟麦为主食之一。南齐时傅琰为会稽令,二野父争鸡,琰各问

---

① 《宋书》卷67《谢灵运传》,中华书局1974年点校本,第1775、1768、1779、1760页。
② 《太平寰宇记》卷96《江南东道越州会稽》。
③ 《宋书》卷54《孔季恭传附孔灵符传》,中华书局1974年点校本,第1533页。
④ 《宋书》卷67《谢灵运传》,中华书局1974年点校本,第1775、1768、1779、1760页。
⑤ 《宋书》卷91《孝义·郭子平传》,中华书局1974年点校本,第2245页。
⑥ 《南史》卷62《贺附贺深传》,中华书局1975年点校本,第1509页。

何以食鸡,一人云粟,一人云豆。乃破鸡得粟,罪言豆者。①粟已成为家禽饲料,可见北方作物在会稽的普及之广。

另外,手工业和商业也十分繁荣。剡县为当时矿冶业中心之一,"剡县有三白山,出铁,常供戎器"②。南朝时冶炼技术有所突破,上虞人谢平创"杂炼生𨰔法"可炼出纯度较高的钢,他和余姚的陈胤叔同为炼钢"绝手"。郡治山阴商业繁荣,当时城内许多豪商"冒豪强之名,拥护贸易之利,凌践贫弱之人",出现"店肆错乱,商沽没漏"。

经济是社会安定的物质保障,反观过去会稽尚武盛行,其中一个重要因素就是社会经济发展水平低下。在生活无法温饱的条件下,又何谈诗书礼仪呢?早期的战争多以掠夺为目的。然而,东晋南朝当地经济于南方诸郡中位于前列,加上北方作物的南传普及更是丰富了当地食物品种选择。虽然物质文明进步与精神文明提高在若干古老文明中并未体现出正比上升的趋势,但从人类历史发展的总体来看,一般情况下,物质生活的保障和丰富一定程度上带来精神世界的安逸与平和。

第二,环境相对和平。

会稽所在地处于腹心地带,相对于其他各地少战争,环境相对和平。荆州、江州等上游州镇和南兖、南徐等两淮地区,分别承受来自西方和北方敌国的军事压力。如此烽烟迭起,鸣镝屡响的战场,尚武之风不易改变。至南朝中后期,仍是西部"风俗出骑射"③"江淮兵劲,其锋难挡"④。而会稽远离边境,虽内乱亦时起,但短期的动荡对历史长期发展并未造成很大影响。长期安定的和平环境,对地区民风起到一定软化作用。

可见,自然地理环境的安逸对改变尚武民风提供客观外部条件,会稽

---

① 《南史》卷70《循吏·傅琰传》,中华书局1975年点校本,第1706页。
② (宋)李昉:《太平御览》卷46《江东诸山》,中华书局2000年版。
③ 《南齐书》卷25《张敬儿传》,中华书局1972年点校本,第464页。
④ 《梁书》卷32《陈庆之传》,中华书局1973年版,第463、464页。

之民有和平的环境自然静心习文，告别过去杀戮的动荡生活。在太平盛世之下，教育事业得以顺利发展。东晋南朝，教育事业日益受到国家和民间重视，南朝尤甚。统治者自身好文，"盖时主儒雅，笃好文章"[1]。在全国兴办学校，会稽也是几个重点地区之一。"至梁武创业……建立国学，总以五经教授，五经博士各一人。于是以平原明山宾，吴郡陆琏，吴兴沈峻，建平严植之，会稽贺玚补博士，各主一馆。馆有数百生，给其饩廪，其射策通明经者，即除为吏。于是怀经负笈者云会矣。""又选学生遣就会稽云门山，受业于庐江何胤，分遣博士，祭酒，到州郡立学。"[2] 同时，会稽亦是造纸中心，剡溪一带的藤纸了改进蔡侯纸的原料来源和制作方法，使其成本降低产量大增。王羲之任会稽内史时一次把郡库存9万张送予谢安。[3] 藤纸作为公私之间最普遍的应用纸，时人范宁曾说"士纸不可以作文书，皆令用藤纸"[4]。纸是文化传承的重要载体之一，造纸技术的进步有力地推进会稽文化事业的发展。学校、纸张等客观条件的具备，统治者的大力号召，使会稽好学之士纷纷涌现。国子助教孔佥是山阴人，"犹好其学，（国子博士崔）灵恩先习《左传》服解，不为江东所行，乃改说杜义。每文句常审服以难杜，遂著《左氏条义》以明之"。另一名助教虞僧诞是余姚人，"又精杜学，因作《申杜难服》以答灵恩，世并传焉"[5]。

教育事业的发展，使当地有系统完备的培养文人体系，这对文风盛行的形成作用是显而易见的，也是十分直接的。学校、纸张的大批出现，为文化传播提供良好的载体，大批文人的出现，有力地证明其措施的有效和民风整体的崇文倾向。

---

[1] 《南史》卷72《文学传》，中华书局1975年点校本，第1762页。
[2] 《南史》卷71《儒林传》，中华书局1975年点校本，第1730页。
[3] （宋）李昉：《太平御览》卷605《纸》，中华书局2000年版，第2724页。
[4] 同上。
[5] 《南史》卷71《儒林·崔灵恩传》，中华书局1975年点校本，第1739页。

会稽民风的转变，大约由东晋开始到南朝结束。民风作为社会心理状态和群体意识的外在表现，其变迁的原因是复杂多样的，并且是一个缓慢的渐变过程，反映出旧的群体意识结构坍塌和传统文化的瓦解。客观外因促使事物的发展变化，主观内因的改变最后促成这一历史的飞跃。会稽郡飞速发展的经济，相对和平的环境，加上隐逸崇文的士人、风靡一时的佛道，这些因素相互影响，共同推进东晋南朝时会稽这片古老土地上的民风由尚武转为崇文，并延续影响后代。稽山长青，鉴水长流，绍兴文风盛行不绝，涌现出许多文人雅士，如宋之陆游，明之徐渭，清之章学诚，声名赫赫的蕺山学派之师刘宗周先生，甚至民族之魂鲁迅先生，都是绍兴青山绿水下颗颗永不熄灭的耀眼星辰。

绍兴作为一个历史悠久的文化古城，在经济飞速发展的今天，同样面临着各种机遇和挑战。古城保护的重要一面，就是对其文化的传承和发扬，正如鲁迅先生所说的"取其精华，去其糟粕"。东晋南朝时期，大量士族的迁入，是绍兴民风转变和文化发展的重要时期。通过探索民风变迁的原因，我们可以更深刻地了解思考历史，这对于我们研究区域文化发展和古城保护有着积极的意义，有助于规划出绍兴更美好的明天，使其继续熠熠生辉。

（原文刊登于《绍兴文理学院学报》2006 年第 5 期）

略论东晋南朝会稽文人群

袁金祥*

摘　要：东晋南朝时期，会稽地区形成了一个由外籍和本土文化名人组成，几代家门相承、师友相传，并有大致相同精神追求的文人群体。该群体的出现，有赖于会稽深厚的文化沉积、富庶的经济条件和优美的自然环境。会稽山水对文人的生活、交游、创作都产生了重要影响。会稽文人深受般若、老庄濡染，儒学与佛法玄理交融，成为时尚。

关键词：会稽文人群；家庭文人集团；师友集团；山水；佛法玄理

会稽自古以来就是一个钟灵毓秀、群英荟萃的人才渊薮。史书载："晋迁江左，中原衣冠之盛，咸萃于越，为六州文物之数，高士文人，云从景合。"[1]在这样丰厚的文化土壤中，东晋南朝会稽地区形成了一个独具特色的文人群落。其成员既有宦游、隐居会稽的外籍文化名人谢安、谢灵运、王羲之、戴逵等，也有乡贤孔愉、孔奂、孔稚珪、魏颛、虞喜、虞预、

---

* 袁金祥（1974— ），男，浙江诸暨人，浙江政法管理干部学院基础部助教。
[1] （明）田王官：《新昌县志·风俗篇》，《天一阁藏明代地方志选刊》，1964。

虞寄、贺循、谢沈等。这一文人群对于当时会稽文化乃至整个东南文化的发展起着导夫先路的重要作用。本文拟就与这一文人群相关的一些问题，分别加以论述。

一　会稽文人群产生的条件

　　会稽的历史可以追溯到远古时代。《史记·夏本纪》称：十年，帝禹东巡狩，至于会稽而崩可见"会稽"这一称呼在夏禹时代就已出现。到了秦始皇二十五年，"王翦遂定荆江南地，降越君，置会稽郡"。① 汉高祖时，会稽地区一度为荆王国、吴王国辖地。汉孝景帝四年（前153），又恢复了会稽郡的建置。其后，会稽之名基本未变，一直到隋朝。

　　东晋南朝会稽郡属地计有山阴（今绍兴县）、永兴（今杭州市萧山区）、诸暨、上虞、余姚、句章（今宁波市南，包括鄞县一部分）、始宁（今上虞县一部分）、剡（今嵊州市）、鄞、鄮（今鄞县一部分）十县。② 其地"上应牵牛之宿，下当少阳之位，东渐巨海，西通五湖，南畅无垠，北渚浙江，南山攸居，实为州镇"。③

　　悠久的历史铸就了会稽地区深厚的文化沉积。会稽是南中国文明的发源地之一。余姚河姆渡遗址透射出灿烂的文明曙光。当时那里的先民创造了辉煌的史前文化。春秋时五霸之一——越国就立国会稽，其人才辈出，为春秋诸国之冠。到了两汉，会稽多士的记载更是不绝于史。才秀之士，如王充作《论衡》，赵晔为《诗细》俱名重一时。汉末，虞翻的《易注》，

---

① （汉）司马迁：《史记》卷六，中华书局1974年版。
② （梁）沈约：《宋书》卷三十五，中华书局1974年版。
③ （梁）萧子显：《南齐书》卷十四，中华书局1974年版。

孔融观后赞曰："闻延陵之理乐，观吾子之治《易》，乃知东南之美者，非徒会稽之竹箭也。"① 而与其同时代的阚泽、贺邵、任奕之流俱以文才见重。

西晋前后，为躲避北方纷纭四起的战火兵燹，"四方贤士大夫，避地江南者甚众"②。一方面，由于建康附近已被张、朱、陆、顾等旧吴大族所据，而会稽地区吴人势力较弱，易于侨居；另一方面，散见于史籍的斑斑血迹（如宋文帝之于谢灵运）也从一个侧面解释了北方文人纷纷寓居会稽的原因。在这里，他们纵情于会稽的佳山胜水，固然有其追求仁智之乐的情结，但更主要的还是一种政治上的避世行为。可以说这是一种不得已的举措。当然，衍化到南朝，文人们也就习惯于优游山水，咸以忘怀自逸了。随着北方文人源源不断到来，东晋南朝时，会稽地区已深深地感受到中原文化的濡染，成为东南文化重地。

与此同时，会稽地区的经济迅速地发展起来了。会稽地区属于典型的南方水乡。境内河道纵横，港汊密布，"土境褊狭，民多田少"③。从三国时代开始，孙吴政权就注意开发会稽，兴修水利。赤乌三年（240），孙权就曾下诏："诸郡县治城郭，起谯楼，穿堑发渠。"④ 永嘉之乱前后，北人大量南迁。这不仅给会稽地区增加了大量的劳动力，而且带来了北方先进的农耕工具和生产技术。

由于当时会稽的土著大族已占据了境内大部分肥田沃野，北来的侨民只能转向未开发的滩涂荒地，如孔灵符徙无资之家于余姚、鄞、鄮三县界，垦起湖田……并成良业。⑤ 王羲之"东游山海，并行田视地利"⑥。这样，

---

① （晋）陈寿：《三国志》卷五十七，中华书局1974年版。
② （晋）陈寿：《三国志》卷十三，中华书局1974年版。
③ （梁）沈约：《宋书》卷五十四，中华书局1974年版。
④ （晋）陈寿：《三国志》卷四十七，中华书局1974年版。
⑤ （梁）沈约：《宋书》卷五十四，中华书局1974年版。
⑥ （唐）房玄龄：《晋书》卷八十，中华书局1974年版。

经过土著与侨民的长期经营，东晋南朝会稽地区出现了"今之会稽，昔之关中"①的局面。

不仅如此，会稽地区的手工业和商业也得到了很大的发展。手工业的发展主要表现在造纸业、制瓷业和钢铁冶炼业方面。会稽的剡溪和余杭的由拳均是藤纸的著名产地。上虞、山阴、余姚、鄞等地烧制青瓷的窑址密布。而《太平御览》卷六六五引梁朝陶弘景的话，说会稽郡的上虞县有一个叫谢平的人，善做"刚（钢）朴"，号称"中国绝手"。民间私人钢铁冶炼已达如此水平，可以想见当时会稽地区冶炼业的发展程度。由于当时江左有劝农之诏，无抑商之令，也由于其便利的水上交通条件，会稽地区的商业繁盛一时。史书载："吴兴无秋，会稽丰登，商旅往来，倍多往岁。"②

农业、手工业和商业的发展，使得会稽地区"最号富实，常为本根之地"③。而经济的发展又为文人群的活动与文化的繁盛提供了基础条件。上文已经提及，北方文人侨居会稽的主要原因本不在会稽的山水，但会稽山水之佳独步江东，这些文人到达会稽后，便不能不为蕴藏真性的江南山水所吸引而流连忘返，甚至"便有终焉之志"。④会稽山水的风情，顾长康誉为："千岩竞秀，万壑争流，草木蒙笼其上，若云兴霞蔚。"⑤而王子敬更为推崇会稽山水，他说："从山阴道上行，山川自相映发，使人应接不暇，若秋冬之际，尤难忘怀。"⑥这种山水环境表现在文化上就陶冶出一大批以山铸魂，以水表意，以诗寄情的文人。

正是在这种深厚的文化沉积、富庶的经济条件和优美的自然环境中，会稽文人群迅速形成并发展起来了。

---

① （唐）房玄龄：《晋书》卷七十七，中华书局1974年版。
② （梁）萧子显：《南齐书》卷四十六，中华书局1974年版。
③ （宋）沈作宾、施宿：《嘉泰会稽志》卷一，民国十五年（1926）影印清嘉庆本．
④ （唐）房玄龄：《晋书》卷八十，中华书局1974年版。
⑤ 余嘉锡：《世说新语笺疏》，中华书局1983年版。
⑥ 同上。

二 会稽文人群的主体构成：家族文人集团和师友集团

东晋南朝是一个世家大族在政治和社会上占据优势地位的时期。世家大族，如南迁的王、庾、桓、谢，会稽本土的虞、魏、孔、贺等均显赫一时。这些世家大族有一个共同的特点，即在拥有经济、政治实力的同时，他们本身也多具有较高的文化修养。为了保证门第不衰，以求爵位蝉联、文才相继，他们在不同程度上都有诗礼传家的家庭文化传统。在浓重的文化氛围和严谨的家庭训教中，世家大族特有的文化精神、审美情趣和家传技能得到了继承和发扬。多位人才并出一门，几代文风不绝者在会稽地区比比皆是，如始宁谢氏、余姚虞氏、剡县戴氏均是兄弟子侄同为文化名人的家庭。其中若论家学影响之厚远，首推侨居山阴的琅邪王氏，即王羲之这一支系。

史称：（羲之）画复精绝，妻郗氏亦工书。有七子，献之最知名，元之、凝之、徽之、操之并工草。① 而其七世孙南朝永兴寺僧人智永也精通书法。王氏一门之所以能出这么多的书法大家，一方面得益于他们能"详察古今，精研篆素"②，通过转益多师而自成一家；另一方面其族人的言传身教也起了重要作用。例如王献之，献之幼学父书，次习于张芝，后改体制，另创其法，终成一代巨匠。王氏家庭又擅长文章，在艺术性文章中，以王羲之《兰亭序》最为有名。理论性文章方面，则有不少书法专论传世，据《二十五史补编·补晋书艺文志》记载，王羲之著有《草书势》《笔陈图》《笔势论》《书论》，王献之著有《书诀》，王僧虔著有《书赋》等。

---

① （宋）沈作宾、施宿：《嘉泰会稽志》卷十四，民国十五年（1926）影印清嘉庆本。
② （唐）房玄龄：《晋书》卷八十，中华书局1974年版。

在土著家族之中，善属文者当推会稽孔氏。孔氏家族号称"累世能文"。《嘉泰会稽志·人物卷》记载当时会稽文人共 29 人，孔氏一门独占 13 人，几近一半，著名者，晋有孔愉、孔群、孔坦、孔严、孔汪、孔安国、孔沈，宋有孔㻛之，齐有孔逷、孔琇之、孔稚珪，梁有孔休，陈者孔奂。其中独领风骚的当数孔稚珪。

《南齐书·孔稚珪传》言其"风韵清疏，好文咏"，"居宅盛营山水，凭几独酌，旁无杂事，门庭之内，草莱不剪，中有蛙鸣"。孔稚珪诗文并绝，其《北山移文》传诵至今。其诗清丽飘逸，如《旦发清林寺》云："孤征越清江，游子悲路长。二旬倏已满，三千眇未央。草杂今古色，岩留冬夏霜。寄怀中山旧，举酒莫相忘。"孔氏风流大抵若是。

在家族文人集团兴起的同时，由于文人交游过程中的相互吸引，一些师友集团也纷纷出现。"会稽有佳山水，名士多居之，谢安未仕时亦居焉，孙绰、李充、许询、支遁等皆以文义冠世，并筑室东土，与羲之同好。尝与同志宴集于会稽山阴之兰亭。"[1] 而"灵运既东，与族弟惠连、东海何长瑜、颍川荀雍、泰山羊璿之以文章赏会，共为山泽之游，时人谓之'四友'"[2]。

所有这些文人因师因友而成的咏吟行游集团加上世家大族文人集团就构成了会稽文人群的主体。

三　会稽文人群与山水

自然地理环境是造就区域文化个性特征的重要因素之一。所以，沈德潜在《归愚文钞余集》中说："余尝观古人诗，得江山之助者，诗之品格

---

[1] （唐）房玄龄：《晋书》卷八十，中华书局 1974 年版。
[2] （梁）沈约：《宋书》卷六十七，中华书局 1974 年版。

每有其所处之地。"刘勰也指出："若乃山林皋壤，实文思之奥库。……然屈平所以能洞监《风》《骚》之情者，抑亦江山之助乎？"① 可见，山水林泉、沃野皋壤会对文人的生活、交游、创作产生重大影响。

会稽文人群深受山水影响。佳山胜水成就了一代会稽文人，如孔稚珪、谢惠连、虞骞、孔欣等，其中最为出色的无疑当推谢灵运。

谢灵运的诗、文源于行游中直接的生活体验和感受。史载："郡有名山水，灵运素所爱好，遂肆意遨游，偏历诸县，所至辄为诗歌以致其意。"② 他的诗逐步摆脱了当时风行的玄言诗体，通过对山野草木、水石谷稼之事真切而有新意的描叙，形成了如初发芙蓉般自然可爱的艺术风格，表现了一种天然资质的美。

在始宁期间，谢灵运寄情山水，一路行游一路诗，写下了大量优美的山水诗作，如《石壁精舍还湖中》《过始宁墅》《道路忆山中》等。他的许多写景名句，如"林壑敛暝色，云霞收夕霏""白云抱幽石，绿筱媚清涟""游舟千仞壑，总辔万寻巅"等都流传至今。

在出游的暇余，谢灵运又"修营旧业，傍山带江，尽幽居之美"③。同时在其居处周围清丽山水的刺激下，他成功地写出了《山居赋》。

值得注意的是，东晋南朝时期，"修营别业，尽幽居之美"的非独谢灵运一人。湖光山色中，会稽文人纷纷选择自己的息影之处，王羲之蕺山筑墅，孙愔侯山结宅，郗愔居于罗壁山巅，戴逵隐于剡溪侧翼均为显著之例。

在山水的感召下，文人们又频繁聚游。东晋时，谢安与支道林、王羲之、许询共游处，出则渔弋山水，入则谈说属文。④ 而《水经注·浙江水》

----

① 龙必琨：《文心雕龙全译》，贵阳：贵州人民出版社1992年版。
② （宋）沈作宾、施宿：《嘉泰会稽志》卷十四，民国十五年（1926）影印清嘉庆本。
③ 同上。
④ （唐）房玄龄：《晋书》卷八十，中华书局1974年版。

所记载的谢灵运兄弟游若耶溪的掌故，更是充分地说明了佳山胜水对于文人的吸引力。其文如下："东带若耶溪……溪之下孤潭周数亩，甚清深，有孤石临潭，乘崖俯视，猿狖惊心，寒木被潭，森沈骇观，上有一栎树，谢灵运与从弟惠连常游之，作连句，题刻树侧……"

至于王子猷雪夜访戴逵[①]以及王羲之等41人的兰亭集会[②]更是千古佳话。

由山水之乐而引发文人间的宴集交游。这种交游聚会的影响不仅及于文人间的相互标举、互通声气，而且及于当时的文学活动方式与创作面貌。在这里，山水的意义已不仅仅在于作为诗人吟咏的对象，作为文人生活、交游的胜地，更为重要的是，它以广阔画面和清灵内蕴开拓了诗人的意境和诗歌的题材，为文人创作提供了一种新的审美情趣和艺术方法。谢灵运始倡的山水诗，使得中国诗坛开始了由玄言诗向写景诗的转化。这种新体裁的出现、发展对以后的唐诗产生了深远的影响。

四 会稽文人群与道教、佛家

魏晋以来，士族文人大都安于逸乐，"在不安宁的大世界中，过着他们私人安宁的小世界生活，他们需要一种学理上的解释与慰藉"[③]。在这种背景下，孔孟儒学与老庄玄学慢慢融合，表现在文人的精神追求方面，东晋名族大都信奉天师道。《晋书·王羲之传》称："羲之既去官……与道士许迈共修服食，采药石，不远千里。"该传所附的《王凝之传》也称："王

---

① 余嘉锡：《世说新语笺疏》，中华书局1983年版。
② （唐）房玄龄：《晋书》卷八十，中华书局1974年版。
③ 钱穆：《国史大纲》，商务印书馆1996年版。

氏世事五斗米教，凝之信道弥笃。孙恩攻会稽，僚佐请为之备。凝之不从……方入靖室请祷，遂为孙恩所害。"痴迷到不惜身死，道教的影响可见一斑。

也正是在这个时候，印度的般若类经籍源源不断地传入中国。本来，佛法倡"空"，与士大夫以家国天下为己任的精神追求是格格不入的，但是魏晋以来日盛一日的老庄玄学，却使得佛教的传播成为可能。正如道安在《鼻奈耶序》中所说："（佛经）以斯邦人老庄教行，与方等经兼忘相似，故因风易行也。"这样在文人中佛教的影响也迅速地扩大了。

会稽多佳山水，这不仅吸引名士定居，而且吸引了大批注重灵气与悟性的佛教徒驻留。寺院纷纷出现，著名的有光相寺、淳化寺、明觉寺等。浙江佛教（主要为"即色家"，其代表为支遁）一般偏尚玄谈义理，注重义解的探讨。《续高僧传·慧思传》称"江东佛法，弘重义门""佛化虽隆，多有辩慧"。佛法玄理与老庄玄学悄然融合，一方面许多佛学家都借老庄学说阐述佛教理论，而另一方面佛教的经籍，特别是佛教的般若经教义又大量被玄学所汲取，转化为玄学的一部分。于是，文人清淡，般若、老庄互相唱和，佛法玄理闪烁其间。

寺院，如许询舍山阴宅建祇园寺，舍永兴宅建崇化寺等[1]。此外，他们还撰述了许多有关佛学的著作，孙绰传世之作《喻道论》《道贤论》即为一例。

尽管如此，绝大多数会稽文人还是仅把佛法融入玄学解释作为一种新的时尚，他们谈论佛法的目的仅在于借助般若教义虚幻空无之质、清朗澄澈之意、悠远高致之韵来提高自己的玄学谈论水平。佛教经籍仅是他们谈玄析理之资。但是，文人与僧人之间的往来还是很密切的。他们之间"以

---

[1] （宋）沈作宾、施宿：《嘉泰会稽志》卷十四，民国十五年（1926）影印清嘉庆本。

诗鸣和，共栖林下，禅课之余，以读书吟咏为娱"。与会稽文人最相融洽的是支道林。

支道林（支遁）善清谈。王濛把他同王弼相比，称叹："（林公）导微之功，不减辅嗣。"① 支道林在会稽与当时名士王羲之、谢安、孙绰、许询等多有往来。《世说新语·文学篇》载："王羲之作会稽……支语王曰：君未可去，贫道与君小语。因论《庄子·逍遥游》。支作数千言，才藻新奇，花烂映发，王遂披襟解带，留连不能已。"

在佛法义理的濡染下，会稽文人大抵善谈玄理。不仅如此，佛法义理还给文人提供了一种新的写作题材。佛教掌故、佛理的入诗入文，使得当时文人的诗赋文章平添了一份空灵清新的魅力，增加了诗赋文章的含蓄美。檀道鸾在《续晋阳秋》中说："东晋佛理尤盛行，许询、孙绰作文辞，玄言外加佛语。"而从谢灵运的《辨字论》《佛影铭》中，也可以看到佛学对文学的影响。

综上所述，东晋南朝在会稽地区形成了一个由外籍和本土文化名人组成的，几代家门相承、师友相传，并有大致相同的精神追求的文人群。一方面，他们继承和维持了从先秦到两汉长期积淀而成的区域文化传统；另一方面，他们也在广泛的交融中汲取了各方面的营养，扩大了视野，推进了文化的发展。尽管从会稽地区文化发展史的整体来看，东晋南朝处于其低谷时期，但是会稽文人群及其弘扬的文化为此后浙东文化学术的繁荣奠定了基础。

（原文刊登于《绍兴文理学院学报》2001年第4期）

---

① 余嘉锡：《世说新语笺疏》，中华书局1983年版。

云门寺与王氏书法之传承

陈 静[*]

摘 要：云门寺与王氏书法传承渊源极深，晋时为王献之故宅，陈隋间王羲之七世孙智永居云门寺，藏《兰亭序》真本并授法于虞世南。唐贞观中，唐太宗于云门寺赚得《兰亭序》并大加推崇，从此确立了《兰亭序》"古今法帖第一"的地位。云门寺自东晋至唐以来一直是王氏书法的重要传承之地。

关键词：云门寺；王献之；智永；虞世南；唐太宗；《兰亭序》

浙江绍兴县平水镇平江村有一座千年古刹——云门寺。云门古寺始建于东晋义熙年间（405—418），因位于云门山而得名。云门寺原是王献之的故宅。宋《嘉泰会稽志》云门山条记："云门山在县南三十里，旧经云晋义熙二年中书令王子敬居此，[①]有五色祥云见，诏建寺，号云门。"淳化寺条记："淳化寺在县南三十里中书令王子敬所居也，义熙三年有五色祥

---

[*] 陈静（1971— ），女，浙江绍兴人，绍兴文理学院兰亭书法艺术学院文博馆员。
[①] "晋义熙二年中书令王子敬居此"一说有误，王献之卒于太元十一年即公元386年，义熙二年是公元406年，此时王献之已去世20年，是不可能住在那儿的。

云见，安帝诏建云门寺。会昌毁寺，大中六年观察使李褒奏再建，号大中拯迷寺，淳化五年十一月改今额。"以上两条对于云门寺建寺的年代，一说"义熙二年"，一说"义熙三年"，应该是传抄有误所致，究竟孰非并不重要，关键在于两条均记云门寺是晋王献之旧居。云门古寺自建寺之始至唐的400年间，一直与王氏书法有着解不开的缘，是王氏书法的重要传承之地。

一　云门寺是王氏书法家传之地

王献之字子敬，生于东晋康帝建元二年（344），永和七年（351），随父王羲之定居会稽。王献之大约在升平四年（360），与郗昙之女郗道茂成婚，云门旧居应当是王献之成家之后的居所。《晋书》记王献之"起家州主簿、秘书郎，转丞"，但何年任何职没有明确记载。王玉池先生认为王献之出仕时间的上限应在服阕以后的兴宁二年（364），这年王献之21岁。[1] 献之做官以后，由于受到王羲之的好友谢安的关照，仕途一直很平顺。除了太元六年（381）至九年（384）守吴兴郡三年外，其余时间一直在京都建康任职。[2] 期间，咸安二年（372）王献之被迫与妻子郗道茂离婚，尚简文帝三女儿新安愍公主。所以，云门故居当是王献之成家之后至进京为官之前的居所。尽管居住时间不长，但王献之应当在这里度过了他人生中一段美好的时光。至明代，云门仍留有"王子敬山亭""王子敬笔仓"等遗迹。[3]

---

[1]　王玉池：《王献之书法艺术》，北京体育大学出版社2002年版。
[2]　刘涛：《中国书法史·魏晋南北朝卷》，江苏教育出版社2009年版。
[3]　《嘉泰会稽志》记有"王子敬山亭""王子敬笔仓"条目，《万历绍兴府志》《康熙会稽县志》等载录的《云门寺图中》，就标示有这些遗迹的位置。

王献之与新安愍公主生有一女，名神爱。隆安元年（397），神爱立为安帝皇后，虽然此时王献之已去世11年了，仍然得到了莫大的荣耀，他被追赠为侍中、特进、光禄大夫、太宰。因此，王献之在云门的故居才会被安帝下诏建寺，号"云门寺"。

王献之是一位天才的书法家，在少年时代就表现出了非凡的书法才能。虞龢《论书表》说他七八岁，父亲王羲之乘其不备，从后掣其笔而不脱，叹曰："此儿书，后当有大名。"又说他少年时代就能在白壁上"取帚沾泥汁书方丈一字，观者如市，羲之见叹美"。王献之一生耽好书艺，秉承王氏书法又别开生面，以外拓的笔法和妍媚、骏爽的独特书风开创了一个全新的书法时代。作为王献之早年的居住地，云门寺的一亭一池、一草一木，似乎都带着这位天才书法家的气息，引来后人的无限追忆和缅怀。

王献之之后，承王氏书法的是王羲之的七世孙智永，而智永尽其一生研习书法的地方，正是云门寺。智永在世时间在510—610年，[①] 历经梁、陈、隋三朝，近百岁乃终。据《兰亭记》记述，王羲之写成《兰亭序》后，自己非常珍爱，留付子孙传掌，一直传到智永手中。智永与侄子孝宾一起出家，出家后孝宾改名为惠欣。智永叔侄同时出家，当时尚佛至极的梁武帝为褒扬此事，便下诏改云门寺为永欣寺。两人初落发时俱在会稽嘉祥寺，后来移居云门寺。智永出家，似乎不全为崇佛，更像是为了寻求一方保存和研习祖传书法的清修之地。以下三点可证明这种猜测。

第一，智永初落发时在嘉祥寺，后移居云门寺，究其原因，据《兰亭记》说是因为云门寺离右军墓地较近，便于拜扫的缘故。其实不然，《兰亭记》云"右军之坟及右军叔荟已下茔域并置山阴县西南山三十一里兰渚

---

① 陆景林：《绍兴书画史》，西泠印社出版社2007年版。

山下",即现在的绍兴县兰亭镇境内。而嘉祥寺位于府城西首,① 离右军墓三十几里,沿山阴道步行一个多时辰便到,走水路乘船则更便捷。云门寺位于县南三十里的秦望山下,考察今之地形,从云门寺到兰渚山下,可绕秦望山而行,也可翻越秦望山到达,两者路程步行均需两个多时辰。因为会稽山势地形,自晋以来并无大改。因此,智永从嘉祥寺移居云门寺,到兰渚山下的王羲之墓拜扫,实则远之。

第二,嘉祥寺亦王氏先祖王荟所创,历来高僧纷至,法市兴隆,佛学鼎盛,为当时江南佛教之中心。而云门寺则相对偏远而冷清,《梁书》列传第四十五《何点弟胤传》:"胤以会稽山多灵异,往游焉,居若邪山云门寺。……胤以若邪山处势迫隘,不容生徒,乃迁秦望山。"智永舍兴隆之地而居清冷之所,可见其意在书法而非佛法。

第三,智永居云门寺后,"便立志书札,起楼于所居之侧,因自誓言,书不成不下此楼"。后果然登阁临书,30年不下楼,"所退笔头置大簏中,簏受石许,而五簏皆满""后取笔头瘗之,号'退笔冢'"。② 这自然有些夸张,但说明智永出家之后并未投身佛事,而是醉心于自己的书法事业之中。又据《宣和书谱》载,时御府所藏智永墨迹有:草书《常侍帖》《故旧帖》《参军帖》《春雨帖》《至通法师帖》《临王羲之言宴帖》《千文》7件,真草《月仪》《月仪献岁帖》《小字千文》《千文》7件等,共23件。这绝对不是智永所书的全部墨迹,但23件中没有一件佛经,这不得不让人疑惑,智永是否曾经书写过经文。再看其书风,鲜媚多姿,全不类一般佛经抄本,绝无寂静淡泊抑或冷峻苦修的意味。熊秉明先生认为他是"一个过着僧徒生活而献身纯艺术的书法家"③,确实如此。查阅《续高僧传》

---

① (梁)释慧皎:《高僧传》(卷五),中华书局1992年版。
② (宋)沈作宾:《嘉泰会稽志》,复印本,1926。
③ 熊秉明:《中国书法理论体系》,天津教育出版社2002年版。

《法苑琼林》等佛教史传，均无智永任何记载，而在书法史书、评传中，却时时可见对他的褒扬。《翰墨志》说他："克嗣家法，居永欣寺阁三十年，临逸少真草千字文，择八百本散在浙东，善保家传，亦可重也。"《宣和书谱》评他："学书以羲之为师法，笔力纵横，真草兼备，绰有祖风。"《嘉泰会稽志》记他"妙传家法，精力过人，隋唐间工书者鲜不临学"。包世臣在《艺舟双楫·述书下》中认为"唐韩方明谓八法起于隶字之始，传于崔子玉，历钟王以至永禅师者，古今学书之机栝也"。

智永居云门寺，是王氏书法传承中极其重要的一环。他在永欣寺临成王羲之《真草千字文》800余本，分施于浙东诸寺各一本。这800余本《真草千字文》的散发对于普及王字意义非凡。《千字文》是南朝梁武帝取王羲之书拓1000字，命周兴嗣编次的蒙学教材。经过战乱和自然的损失，到陈隋间王羲之的真迹已大为减少，且多被秘藏而不为世人所见。智永对王羲之《千字文》的大量临摹与散发，无疑使更多的人接触到了王字。虽然智永写《千字文》是为了给寺中抄经的僧徒作范本之用，但《千字文》在俗世中的影响更大。唐代张旭、孙过庭、欧阳询、褚遂良、怀素等人都曾临习过。在敦煌文书中就有贞观十五年（641）蒋善进临写的残本，可见其在唐朝就很流行。由于独存王氏典范，优美而又极合标准，且流传较多，智永《千字文》成了后世书家习得王氏笔法的最佳范本。宋苏轼《跋叶致远所藏禅师千字文》就说："永禅师欲存王氏典型，以为百家法，故举用旧法，非不能新意求变态也，然其意已逸于绳墨之外矣。"所以，陈隋以后，书法家们开始通过智永墨迹来探寻王氏笔法。

智永书法虽"妙传家法""绰有祖风"，但与王羲之书法相比，又有自己独特的面貌。日本东大寺藏的《真草千字文》墨迹本多以为是智永所作，就此本《千字文》来看，智永书法在用笔上继承了王羲之的谨严沉稳，变化统一，露峰起笔且略带曲折，行笔间有侧峰取妍，结体偏长，书风多姿而鲜媚。值得注意的是，智永《千字文》楷书略带行书笔意，行笔与结体同王羲之《兰亭序》如出一辙，这使其与贞观中面世的《兰亭序》正好对接，从而为唐代以《兰亭序》为标准的王氏书法风貌的开创垫下了基础。关于智永《千字文》和《兰亭序》的关系，后面再论。

二 云门寺是虞世南向智永学习书法的地方

智永是书法史上承上启下的人物，是力承王氏书法，又把书法传授给虞世南，从而启发了唐代书法家的第一代人物。而虞世南向智永学习书法的地方，也在云门寺。

虞世南是"初唐四家"之一，在世时就负有书名，曾奉敕于弘文馆教示楷法，史评其书法"下笔如神，不落疏慢，无愧世珍"。[①] 关于虞世南学书一事，《旧唐书》虞世南传记有："同郡沙门智永善王羲之书，世南师焉，妙得其体，由是声名藉甚。"《宣和书谱》说"释智永善书得王羲之法，世南往师焉，于是专心不懈，妙得其体，晚年正书遂与王羲之相先后。"虞世南是余姚人，当时余姚和山阴同隶属会稽郡，故二人为同郡，"世南往师"则说明虞世南是去智永处学习书法了。虞世南太建十三年（581）后入建安王府为法曹参军，其学书应在此之前。581 年，智永 70 岁左右，教授虞世南书法时应在六七十岁时，此时智永已结束登阁临书，书艺臻熟。于是虞世南往而学习，得智永真传。虞书承王氏书法精髓，法度严谨，外柔内刚，潇散洒脱，为后世楷模。

[①] （唐）窦臮：《述书赋·下》，《四库全书》第八一二册，子部，上海古籍出版社 1987 年版。

虞世南对王氏书法的传承与推动有直接和间接两方面的贡献。在直接的传承上，他将书法传授给其外甥陆柬之，《书品后》称："柬之学虞草书，用笔则青出于蓝。"颜真卿《怀素上人草书歌序》有"羲、献兹降，虞、陆相乘"的说法。而虞世南对王氏书法的间接推动，作用更大。作为王氏书法的嫡传人，虞世南入唐之后深受唐太宗李世民的倚重，是唐太宗事实上的书法老师。唐太宗自称书学右军"心摹手追，此人而已"。①而实际上他的王书是向虞世南学的。米芾《书史》就说："太宗力学右军不能至，复学虞行书。"《宣和书谱》记"先是释智永善羲之书，而虞世南师之，颇得其体，太宗乃以书师世南，然尝患'戈'脚不工，偶作'戬'字，遂空其落戈，令世南足之"。虞世南对于唐太宗的影响之大是显而易见的。太宗与虞氏"每机务之隙，引入谈论，共观经史"②。并称："虞世南于我，犹一体也。"③虞世南死后，太宗更悲叹"虞世南死后，无人可以论书"④。所以，唐太宗喜好并倡导王羲之书法，与虞世南的顾问不无关系。上有所好，下必效之，唐太宗时代，王氏书法被追捧到了极致，尤其是在《兰亭序》真迹重现之后。

三 云门寺也是《兰亭序》真迹走入世人视野之地

唐贞观（627—649）中，《兰亭序》被智永密藏的事，终被痴迷王氏书法的唐太宗得知，太宗于是设计赚取，《兰亭序》惊现于世。

自晋至唐贞观中期，从未见有《兰亭序》手迹的正式记载，当年梁武

---

① （唐）房玄龄等：《晋书》卷八十《王羲之传》，中华书局1974年版。
② （宋）王溥：《唐会要》卷六十四，中华书局2006年版。
③ 顾廷龙：《命魏王泰祭尚书虞世南手敕》，《全唐文》卷九，上海古籍出版社2002年版。
④ （唐）刘昫等：《旧唐书》卷八十《褚遂良传》，中华书局1975年版。

帝与陶弘景论王羲之真迹，陶列举王羲之《乐毅论》《黄庭经》等十几通书帖，独未论及《兰亭序》。可见，一直以来《兰亭序》手迹并无外人知晓。那，唐太宗又怎么会如此准确地知道兰亭真迹的下落的呢？此事史无记载，但有一个人值得一提，那就是虞世南。虞世南入云门寺向智永习书，接触过《兰亭序》手迹的可能性极大。后虞世南与唐太宗关系密切，虞世南曾入云门寺学书之事，唐太宗不会不知，即使《兰亭序》真迹在云门寺的消息不是从虞世南处所得，太宗向虞世南求证也是在所难免的。当然此事无从考证，不过，虞世南是同时与唐太宗和《兰亭序》手迹亲近之人，确是事实。

关于唐太宗赚取《兰亭序》的事，唐人有两种记录。一是刘𣫚《隋唐嘉话》，此书记载："王右军《兰亭序》，梁乱出在外，陈天嘉中为智永所得。至太建中，献之宣帝。隋平陈日，或以献晋王，王之不宝。后僧果从帝借拓。及登极，竟未从索。果师死后，弟子僧辨得之。太宗为秦王日，见拓本惊喜，乃贵价市大王书兰亭，终不至焉。及知在辨师处，使萧翼就越州求得之，以武德四年（621）入秦府。贞观十年，乃拓十本以赐近臣。"二是出于何延之《兰亭记》的记述，《兰亭记》篇幅较长，其大概内容如此：《兰亭序》传至王羲之七世孙智永禅师手中，智永临终时把包括《兰亭序》在内的先人及自己的所有遗作全部交付给了弟子辨才。辨才谨遵师命，宝藏所寝方丈梁上。至贞观中，唐太宗锐意学二王书，访募真迹备尽，唯有《兰亭序》未获得。后来得知在辨才处，于是三次召见询问，辨才始终不肯承认手上有兰亭序真迹。太宗无奈，只能听从房玄龄建议，派监察御史萧翼前往越州以计取之。萧翼假扮鬻蚕种的潦倒书生至永欣寺，骗取了辨才的信任，伺机窃取了《兰亭序》，交与太宗。

以上两则对太宗赚取兰亭的记述虽详略不同，事件发生的时间、经过也各不相同，但《兰亭序》是由唐太宗派遣萧翼从越州永欣寺辨才处取得，两文记述却是一致的。也就是说，《兰亭序》真迹就是在云门寺，终结它的家族秘传历史而走入世人视野的。《兰亭序》的惊现，确立了唐代以《兰亭序》为标准的王氏书法风貌，并把王氏书法在世人心中的地位推到了前所未有的高度。

唐太宗得到《兰亭序》之后，不仅朝夕晤对，反复临摹，还命供奉拓书人赵模、韩道政、冯承素、诸葛贞等人各拓数本以赐皇太子和诸王、近臣。由于唐太宗的亲自实践与分赐重臣，《兰亭序》一时之间成为第一法帖，大臣中的善书者无不以《兰亭序》为最佳范本，把临写《兰亭序》当作自己的日课。所以，今天我们仍能看到欧阳询、虞世南、褚遂良等人的《兰亭序》临本。真迹亡佚，今人只能透过这些临本去猜度《兰亭序》的真正体征。流传至今的冯承素摹本被普遍认为是最接近《兰亭序》真迹的墨迹本，其姿媚之态与留传的王羲之其他墨迹的浑厚凝重确有天壤之别，倒是与智永《千字文》的书风一致，而且两本中许多字的取法与结体也惊人地相似（见下图）。

《兰亭序》的和、兰、群、暎、流

智永《千字文》的和、兰、群、暎、流

因此，自清阮元、李文田始，就有不少学者怀疑《兰亭序》的真伪，近现代学者论辩之声更不绝于耳。郭沫若于1965年发表《由王谢墓志的出土论到〈兰亭序〉的真伪》一文，从书法发展的情况分析，认为晋代书法基本上是隶书体，《兰亭序》则与唐以后的楷法一致，与隶书笔意完全不同，为后人智永所伪托。熊秉明著《关于兰亭真伪问题的一个假定》和《智永千字文和冯摹兰亭》等文，从字迹上讨论《兰亭序》的特点，认为《兰亭序》是智永所临。① 史树青则认为《兰亭序》根本就是唐太宗"命欧阳询、褚遂良等，根据褚遂良鉴选的王羲之墨迹，即陈隋以来与智永的书体相近的文字，包括智永《千字文》在内，集成"②的。不见真迹，讨论《兰亭序》真伪的问题终是空中楼阁。但那么多人把《兰亭序》与智永及其《千字文》联系在一起，正好说明了两者之间的相承关系。不管《兰亭序》是真是假，在唐人的心目中，《兰亭序》就是王氏书法的标准。要不然，唐怀仁在集王羲之《三藏圣教序碑》中，怎么会多次用到《兰亭序》中的字？

《兰亭序》被赚，是云门寺的损失，却是王氏书法的幸运。从云门寺走出的《兰亭序》，被誉为"古今法帖第一""天下第一行书"，王羲之也被尊为"书圣"，王氏书法由此被推上了前所未有的高峰。

（原文刊登于《绍兴文理学院学报》2011年第3期）

---

① 熊秉明：《中国书法理论体系》，天津教育出版社2002年版。
② 史树青：《鉴宝心得——从〈萧翼赚兰亭图〉谈到〈兰亭序〉的伪作问题》，山东画报出版社2007年版。

陈郡谢氏在东晋时期的影响

曹瑞珍[*]

摘　要：东晋时期，世家大族相继把持着政权，陈郡谢氏也是其中一个。它在当时独特的历史环境中完成了历史赋予它的任务，为东晋政权的巩固与进一步发展做出了相当的贡献，也形成了一些负面影响。

关键词：陈郡谢氏；东晋；影响

魏晋南北朝时期，世家大族相继出现，门阀政治发展到了鼎盛时期，在很大程度上左右着当时的司马氏政权。陈郡谢氏是继琅邪王氏、颍川庾氏、谯国桓氏之后又一个权倾朝野的大族，只不过它在独特的社会环境中被赋予了不同的历史使命，对东晋中期政权的稳定与巩固做出了巨大的贡献。

---

[*] 曹瑞珍（1970—　），女，浙江金华人，金华艾青中学一级教师。

一　谢氏家族的兴起

魏晋南北朝是一个群雄并立、战乱纷繁的时代。西晋的统一如昙花一现，此后，它就陷入了"八王之乱"之中。后琅邪王司马睿重建晋政权于建康，史称"东晋"。东晋享国的 103 年中，世家纷繁迭起，相继把持朝政，陈郡谢氏也是其中交互更替中的一个势力。

陈郡谢氏家族中第一个在正史中有单独传记的人物是谢鲲。谢鲲"少知名，通简有高识，不修威仪，好老易，能歌善鼓琴"[①]，受当时社会习尚的影响，在思想上他也表现出由儒入玄的趋向。谢鲲曾一度依附东海王司马越，追随王敦，后因讨伐杜弢有功而封为咸亭侯，其高洁的人品和对儒家传统的继承，为谢氏家族进入仕宦之旅开导了先河。谢鲲之子谢尚，在继承父亲遗爵的基础上，又有了一番事业的开拓。庾冰死后，谢尚接其职督豫州四郡，领江州刺史，后又转西中郎将，督扬州之六郡诸军，豫州刺史、假节、镇历阳。在某种程度上，谢尚这一系列权力的获得是当时统治阶级各势力之间角逐的结果。此外，谢尚从弟谢万、谢奕等也都有一定的军事实力。在谢尚死后，谢奕、谢万相继担任封疆大吏，掌握着豫州的军政实权。正是家族中人蝉联要位，为谢氏家族进入东晋高门做了重要的铺垫。而真正把谢氏推向鼎盛之期的是谢安和谢玄。开始，谢安因其家族中尚有仕宦之人，纵情于当时的名士清谈之中，并因其"神识沈敏，风宇条畅"[②]而日益成为当时的风云人物，傲居名士之首。这样，他在社会名士群中为其家族成为望族打下了坚实的基础。

[①]　《晋书》卷四十九《谢鲲传》，中华书局 1982 年版。
[②]　《晋书》卷七十九《谢安传》，中华书局 1982 年版。

两晋时期门阀政治发展到了极盛，士人们多尚清玄之谈，仰慕倜傥风流、俊逸洒脱的气质情调，在当时的这种社会环境中，一个新兴门户要保护和加强家族利益需要三个条件相辅相成。首先，家族中要有仕宦之人，并且要享有优越的政治地位；其次，要有一定的社会影响力，这就需要有相当数量的名士；最后，家族还要有坚实的经济基础来支撑其门面。[1] 在以上三方面中，谢鲲、谢尚、谢奕、谢万等完成了仕宦上的准备；以谢安为主体的其他谢氏子弟，如谢万、谢奕等共同努力获得了一种名士群体效应，完成了第二个条件；而在聚敛物资方面，谢氏子弟亦毫不逊色。史载谢石"聚敛无厌，取讥当世"[2]。《宋书·谢弘微传》明确讲，"资财百万，园宅十余所"，还有会稽、吴兴、琅琊诸处的田产，皆是"太傅、司空琰时事业"。[3]

谢氏家族在淝水之战前后一段时期权力达到了鼎盛时期，淝水之战后一年（384），谢安为太保，都督扬豫等十五州诸军事。但后来，因会稽王司马道子专政"而奸谄颇相扇构"，[4] 被迫出镇广陵（今江苏扬州）以避之。在后来的孙恩起义中，谢氏一门遭到屠杀，其势力也日趋衰落。

二 谢氏家族在东晋时期的正面影响

东晋偏安江南，皇室权力衰微，这一方面与东晋皇室本身的情况相关。东晋时，君主多早死，幼主继位，帝位频繁易人，太后临朝称制或舅氏辅政的现象颇多。另一方面东晋因为处于江南一隅，北方未能统一，也

---

[1] 曹文柱：《东晋时期陈郡谢氏锁谈》，《北京师范大学学报》1997年第2期。
[2] 《晋书》卷七十九《谢安传》，中华书局1982年版。
[3] 《宋书》卷五十七《谢弘微传》，中华书局1982年版。
[4] 《晋书》卷七十九《谢安传》，中华书局1982年版。

常受到来自北方贵族势力的威胁，而其统治的江南地区也总是爆发各种动乱或起义，如王敦之乱，苏峻、祖约之乱等。而此时的门阀政治已有了相当深厚的根基，曹魏时的九品中正制、西晋时的占田制、荫客制等成了培育门阀大族的一方沃土，使其在东晋时发展到了鼎盛之期。这样，皇室衰微，天子之宝座就不可能不引起有权势的世族的垂涎。东晋初期，王敦谋位，而晋元帝面对王氏却无可奈何，含恨而终；苏峻发动叛乱，攻入建康，把成帝赶出皇宫，天天辱骂。桓温掌权时，废帝司马奕另立简文帝司马昱，颇有问鼎之心。在桓温阴谋篡位的过程中，谢安为维护晋室做出了不可磨灭的功勋。在挫败桓氏家族的谋位企图之后，以谢安为代表的谢氏家族完成了代替桓氏执掌朝政的局面，并且在执政期间做出了以下四个方面的政绩。

第一，维护皇权，阻止桓温篡位。谢安于升平四年（360年，时年41岁），出仕任桓温府司马。后因弟谢万丧事离开，旋起为吴兴太守。废帝太和四年（369）以前，安被征拜侍中，迁吏部尚书。

桓温既负其才力，久怀异志，欲先立功河朔，还受九锡，夺取帝位。他借北伐之机，树其威名。但第三次北伐失败之后，其名顿减。而桓温的参军郗超以为欲重建威望，谋取帝位，当行废帝之事。桓温纳其言，于是于咸安元年（371），桓温废司马奕而立简文帝司马昱。

此后，为进一步扫清其篡位之途，他又杀东海王三子及其母，废武陵王三子，免新蔡王司马晃为庶人。在削宗室的同时，又除掉了殷氏、庾氏等当时的望族。司马昱虽被立为晋帝，在桓温的淫威之下却也忧心忡忡，咏庾阐诗"志士痛朝危，忠臣哀主辱"以叙其哀。[①] 后简文帝死，年幼的孝武帝即位，桓温即"大陈兵卫，将移晋室，呼安与王坦之，欲于坐害

---

① 《晋书》卷九《简文帝纪》，中华书局1982年版。

之"①，最高统治集团内部争权夺利之势一触即发。若桓温之图谋得逞，东晋政权可能会在内耗中消亡，社会生产、人民生命财产亦将遭到重大的损失。在这关键时期，谢安表现出了极大的忠诚和临危不乱的胆识。

史载："桓公伏甲设馔，广延朝士，因此欲诛谢安、王坦之。王甚遽，问谢曰：'当作何计？'谢神意不变，谓文度曰：'晋阼存亡，在此一行。'相与俱前。王之恐状，转见于色；谢之宽容，愈表于貌，望阶趋席，方作洛生咏，讽'浩浩洪流'。桓惮其旷远，乃趣解兵。"② 如此一场潜在的惊心动魄之局，被谢安的清洒举动一挥而去。的确，在历史的某一个关键的镜头中，个人特别是一个颇有影响力的人物，他的一举一动，神情仪容，直接关系着历史的进程。历史是不能假设的，但若我们假设一下，如果谢安也像王坦之那样，惧惮于桓温的权势，那么东晋的历史或许就不再如我们所知道的这样了。桓温阴谋失败后，因病回镇姑孰（今安徽当涂县），但回姑孰后，他仍不忘谋位，讽朝廷加九锡，晋廷"使（中书侍郎）袁宏具草（九锡文）。安见，辄改之，由是历旬不就"③。《晋书》卷七六《王彪之传》也说道："温讽朝廷求九锡，袁宏为文……时谢安见其文，又频使宏改之，宏遂逡巡其事。"不管是谢安自己修改九锡文，还是让袁宏修改，目的即在于拖延时日。在谢安与王彪之坚决而巧妙的制止之下，桓温九锡未加终于病死。他篡位的一切阴谋均以失败告终。谢安在保全东晋司马氏政权中起了相当关键的作用，避免了一场权力纷争。

第二，协调世族间的利益，任人唯贤。桓温死后，谢氏势力超过了桓氏，但桓氏仍有较大的势力。当时世族门阀政治所形成的权力构成是一种"共天下"的局面。谢安当时虽"以时望辅政，为群情所归"④，但世家大

---

① 《晋书》卷七十九《谢安传》，中华书局1982年版。
② 同上。
③ 同上。
④ 同上。

族希望维持一种均衡的权力分布,而不愿一家独占天下之权柄。谢安顺应了这种心理,未趁桓温之死剪除桓氏势力,相反,"安以父子皆著大权,恐为朝廷所疑,又惧桓氏失职,桓石虔复有沔阳之功,虑其骁猛,在形胜之地,终或难制,乃以桓石民为荆州,改桓伊于中流,石虔为豫州",这样"以三桓据三州,彼此不怨,各得其所"①。谢安在处理大族的关系上,不专权以立私党,而是尽量协调他们之间的势力均衡,避免了权力失衡带来的一些隐患,所以在谢安执政期间未发生因拥兵自重或权力分配不均所造成的叛乱或起义。他实践了自己"镇以和靖,御以长算"的治国方针。②

此外,谢安执政后,为辅佐朝政,巩固晋政权,提拔了一批有才识的人才。徐邈"姿性端雅,勤行励学,博涉多问,以慎密自居"③,谢安推荐他补中书舍人,后迁中书侍郎。邈亦"每被顾问,辄有献替,多所匡益"④。史称徐邈"莅官简惠,达于从政,论议精密,当时多咨禀之,触类辩释,问则有对"⑤。太元(376—396)之初,晋廷决定建设一支强大的军队,以内强根本,外御强秦。朝廷求文武良将,"安乃以玄应举"⑥。中书侍郎郗超"虽素与玄不善,闻而叹之,曰:'按违众举亲,明也。玄必不负举,才也。'"⑦谢玄"识局贞正,有经国之才略"⑧,后来他组建了北府兵,屡建奇功。

谢安的女婿王宝国,又是安同僚王坦之的儿子,"少无士操,不修廉

---

① 《晋书》卷七十九《谢安传》,中华书局1982年版。
② 同上。
③ 《晋书》卷九十一《徐邈传》,中华书局1982年版。
④ 同上。
⑤ 同上。
⑥ 《晋书》卷七十九《谢安传》,中华书局1982年版。
⑦ 同上。
⑧ 同上。

隅"①。谢安恶其为人,"每抑而不用"②。后来司马道子辅政,重用王宝国,肇起祸端,终至乱政。从上可以看出,谢安提拔人才,并非唯亲是用,而以其德才兼而用之,体现出其公正、唯贤是用的择才标准。

第三,改革制度,增加收入。谢安执政时,前秦苻坚已经统一了北方,并且对东晋虎视眈眈。东晋政权处于外敌的威胁之中,为准备未来的战争,谢安进行了一系列经济方面的改革以增强晋政权的应战能力。

首先,废度田税制为度口税。《晋书·食货志》说:"孝武太元二年,除度田收租之制,王公以下口税三斛,唯蠲在役之身。"太元八年(383),王公以下口税5斛。从绝对税额看,比西晋每户课田50亩,税4斛,显然是增加了。不过,它明确地指出了"王公以下"都得纳税,在一定程度上改变了两晋户调式终世族及其荫庇人员不纳税的规定。其次,又规定了"唯蠲在役之身",这样,收税面更宽了,收粮也更多了。

王夫之在《读通鉴论》中认为:"太元元年,谢安录尚书事,除度田收税之制,度田收租者,晋之稗政,鲁宣公税亩之遗弊也。安罢之,可谓体天经以定民制矣。"又说:"而惟度民收租,而不度其田……有余力而耕地广,有余勤而获粟多者,无所取盈;窳废弃地者,无所蠲减,乃民益珍其土而竞于农。其在强豪兼并之势尤便也。田已去而租不除,谁敢以其先畴为有力者之兼并乎?人各保其口分之业,人各劝于稼穑之事。强豪者又恶从而夺之?则度人而不度田,劝农以均贫富之善术,利在久长而民皆自得,此之谓定民制也。"③ 由此可以看出,王夫之也认为,按人口收税,有利于调动农民生产的积极性,从而有利于农业的发展。《晋书》卷二十六《食货志》也特别指出:"至于(太元)末年,天下无事,时和丰年,百

---

① 《晋书》卷七十五《王湛传》,中华书局1982年版。
② 同上。
③ 王夫之:《读通鉴论》卷一十四,中华书局1975年版。

姓乐业,各帛殷阜,几乎家给人足。"这虽然是溢美之词,但在一定程度上说明了度口税米制带来的物质效益。

其次,推行检籍政策。谢安经过改革田租制后,虽在一定程度上增加了国家的财政收入,但粮食仍很紧张。而在东晋初期,执政者都奉行对世族"镇之以静"①"弘以大纲"的政治经济政策。② 西晋规定的荫客制被沿袭了下来。东晋初年,史称"自中原丧乱,民离本域,江左造创,豪族并兼,或客寓流离,名籍不立"③。王导虽也针对这种情况进行过检籍政策,但是,实行得不够彻底。在谢安执政期间,当时的世家大族势力很强,隐匿户口的现象非常严重。而当时的政府急需补充物资以供应京师及长江下游驻军。谢安就主要在三吴地区进行检籍。史载:"太元中,外御强氐,检民实,三吴颇加澄检,正其里伍。其中时有山湖遁逸,往来都邑者。后将军安方接客,时人有于坐言:'宜纠全藏之失者。安每以厚德化物,去其烦细。又以强寇入境,不宜动人情。'乃答之云:'卿所忧,在于客耳,然不尔,何以为京都?'言者有惭色。"④

检籍的主要内容:一是"正其里伍",即将逃亡户、侨户编入户籍,使他们成为向国家纳税的人;二是搜检逃亡的士兵和奴客。《世说新语》上卷下《政事》称:"谢公时,兵厮逋亡,多近窜南塘,下诸舫中。或欲求一时搜索,谢公不许,云:'若不容置此辈,何以为京都?'"⑤ 搜检出来的逃亡者仍需补兵。而谢安当时不同意在京都检籍是怕影响大局。经过检籍之后,服役纳税的人增多了,在一定程度上增加了财政收入,因为三吴地区经济发展,人口众多,是东晋财赋的重要来源地。

---

① 《晋书》卷六十五《王导传》,中华书局1982年版。
② 《晋书》卷七十九《谢安传》,中华书局1982年版。
③ 余嘉锡:《世说新语笺疏·政事》,
④ 同上。
⑤ 同上。

第四，组建北府兵，大败秦军。东晋政权建立后，与北方少数民族政权处于对立地位，这实则反映出了当时汉族封建统治者和汉族人民与少数贵族之间的矛盾。谢安当政时前，从祖遨到桓温先后6人进行过8次北伐，但因各种原因，北伐胜少败多，损兵折将，消耗了东晋的人力物力财力。到谢安执政时，前秦统一了北方，国势强大，对东晋构成了严重威胁。为了加强朝廷的军事实力，以应付内外的严峻形势，谢安在消除了桓氏隐患之后，开始了组建北府兵。

太元二年（377），谢安以其侄谢玄为兖州刺史，领广陵相、监江北诸军事，谢玄即重建历史上有名的北府兵。《晋书》卷八十四《刘牢之传》称，"太元初，谢玄北镇广陵，时苻坚方盛，玄多募劲勇，牢之与东海何谦……等以骁猛应选。玄以牢之为参军，领精锐为前锋，百战百胜，号为'北府兵'，敌人畏之"。

北府兵的组建，加强了长江下游的军事防务。不仅如此，北府兵建立之后，也有利于消除东晋受权奸内逼而无兵抵抗的薄弱局面。王夫之在《读通鉴论》中曾精辟地分析道："荆、湘、江，广据江东之上游，地富兵强，东晋之立国倚此也。而权奸内逼，边防外匮，交受制焉亦在于此……谢安任桓冲于荆、江，而别使谢玄监江北军事，晋于是而有北府之兵，以重朝政，以图中原，一举而两得矣。"又说："王敦、桓温乃挟荆、湘以与晋争。内乱而外荒，积之数十年矣，安起而收之。虽使桓冲牧江、荆，而自督扬、豫。北府兵强，而扬、豫强于江、荆，势之所趋，威之所建，权归重于朝廷，本根固矣。"

谢安、谢玄组建的北府兵，战斗力强。其对东晋、刘宋政局影响深远。北府兵建立一年半后，便发生了淮南大战，6年后发生了淝水之战，由此可知组建北府兵的重要性。晋秦东线淮南大战发生于太元三年（378）四月，前秦征南大将军苻丕等数道进攻襄阳，桓冲虽拥兵73万，但怯秦兵强，不敢援救。太元四年（379）正月，晋廷诏西线江陵守将冠军将军刘波率8千人救襄阳，波畏秦军，亦不敢进。同年二月，襄阳失守。同时，东线兖州刺史谢玄等率北府将高衡、何谦等率领北府兵万余人救彭城，军于泗口。后因守将戴㪍率众随谦奔去，彭城失守。太元四年（379）五月，秦兖州刺史彭超、俱难攻拔盱眙，随即率秦兵6万人围晋幽州刺史田洛于三阿。三阿离广陵百里，晋廷大震，临江列成。谢安遣征虏将军谢石率舟师屯涂中，沿江设防；右卫将军毛安之等率众4万屯堂邑，以支援谢玄东路军。东线战事对晋军十分不利，彭超等率14万大军节节逼近，意欲取建康。谢玄当机立断，率3万北府兵北上救三阿。晋兵在白马塘西与秦骑将都颜大战，阵斩都颜，激战三阿，当时晋以3万兵力敌秦10万之众，最后大败秦军。秦军相率北逃。秦军士气受挫，而相反，晋军士气则受到鼓舞。

　　淝水大战是秦晋太元八年（383）秋的一场生死大决战，双方使用兵力对比为晋军8万与秦军30万之众。晋以谢安为征讨大都督，谢安虽临危受命，却丝毫未有临危之色，而运筹于帷幄之中，对全局做好了统筹规划与安排。他以弟谢石为征讨都督，负责前线的全面协调作战；以有丰富抗秦经验的北府兵统帅谢玄为前锋都督，负责前线的全面指挥；同时调西中郎将桓伊为前锋主将，并起用有军国才用的青年将领辅国将军谢琰。当秦军与晋军相持于淝水时，谢玄派使谓苻融曰："君远涉吾境，而临水为阵，是不欲速战。诸君稍却，令将士得周旋，仆与诸君缓辔而观之，不亦乐乎！"① 苻融同意了谢玄的要求，下令秦军后退，不料，秦军退而不可止，谢琰"选勇士八千人涉淝水挑战"②，而秦军奔溃，"自相蹈藉投水死者不可胜计，淝水为之不流。余众弃甲遁闻风声鹤唳，皆以为王师已至，草行

---

① 《晋书》卷七十九《谢安传》，中华书局1982年版。
② 《晋书》卷八十一《朱序传》，中华书局1982年版。

露宿，重以饥冻，死者十七八"①。

淝水之战中，谢氏家族多人参战，并且在战争中起了相当关键的作用，前秦大举溃败，使南方人民避免了摧残，经济和文化得以持续发展，在一定程度上缓和了北方少数民族势力的威胁局面。

三 谢氏家族在东晋时期的负面影响

魏晋时期是中国古代历史上"精神史上极自由、极解放、最富于智慧，最浓于热情的一个时代"②。然而，思想上的开放，行为上的洒脱飘逸，总是需要相当的物质基础来作为后盾的。而魏晋时代也正是奢靡之风大盛之期，作为世家高族的清谈名士皆衣着华丽，肆意铺张，以尽显其风流雅致。

聚敛财富，奢靡浪费。谢氏家族深谙当时的治世之道，他们为提升和进一步巩固家族的势力，不断积蓄家财。例如，谢石"货黩京邑"③"聚敛无厌，取讥当世"④"坐拥大众，侵食百姓"⑤等；谢安寓寄会稽时，亦"行田视地利"⑥，极力扩大土地和劳动力。到孙子谢混时期，虽几经变动，谢家还有田业十余处，童仆千人。《宋书·谢弘微传》则更明确讲，"资财百万，园宅十余所"，还有会稽、吴兴、琅琊诸处的田产，皆是"太傅、司马琰时事业"。谢氏一方面大肆搜罗浮财，另一方面也大肆铺张宴请。史载谢安"于土山营墅，楼馆林竹甚盛，每携中外子往来游集，肴馔亦屡

---

① 《晋书》卷七十九《谢安传》，中华书局1982年版。
② 宗白华：《美学散步》，上海人民出版社1981年版，第177页。
③ 《晋书》卷九十一《范弘之传》，中华书局1982年版。
④ 《晋书》卷七十九《谢安传》，中华书局1982年版。
⑤ 《晋书》卷九十一《范弘之传》，中华书局1982年版。
⑥ 《晋书》卷八《王羲之传》，中华书局1982年版。

费百金,世颇以次讥焉,而安殊不以屑意"①。《晋书·谢安传》后附史臣评议说:"然激繁会于期服之辰,敦一欢于百金之费,废礼于薄之俗,崇侈于耕战之秋,虽欲混哀乐而同归,齐奢侈于一致,而不知颓风已扇,雅道日沦,国义仪刑,岂期若是!"这种奢侈之风弥漫,大大削减了国家的财政收入,加重了人民的负担。

崇尚无为,消极治政。东晋初期,执政者王导鉴于当时政局不稳,民心不定,采取了一种黄老无为的治国策略,使动乱的时局稍有平静。到了东晋中期孝武帝时,政局应该说已颇为稳定。以谢安为首的执政者依然施行王导时的无为政策,把文学上的清谈之风也带到了政治上。这一方面在一定程度上维持了当时相安无事的局面,但另一方面,作为一个政治家而言这是远远不够的。当时许多人也不赞同谢安的低调治政风格。例如,王羲之就曾说道:"夏禹勤王,手足胼胝;文王旰食,目不暇接。今四郊多垒,宜思自效,而虚谈废务,浮文妨要,恐非当今所宜。"② 身为当时执政者的谢安并没有高瞻远瞩地看待和策划某一些问题,而只是在逼不得已的情况下才做出一些变革以适应变化着的新情况。如前面所说的废度田税制为度口税,就是一例。在面对前秦的军事威胁时,谢安采取了一些应急的措施,而淝水之战胜利后,官贵们的免税特权又恢复了。这也是基于当时谢氏家族自身利益考虑的,体现了其思想上的局限性和行为上的妥协性。

总之,从谢鲲、谢尚起家,以谢安为代表的陈郡谢氏,他们在缓和社会矛盾及抵御外侮中,都有积极的表现,并取得了显著的效果。谢安执政,史称:"强敌寇境,边书缓至,梁益不守,樊邓陷没,安每镇以和靖,御以长算。德政既行,文武用命,不存小察,弘以大纲,威怀外著,人皆

---

① 《晋书》卷八《王羲之传》,中华书局1982年版。
② 《晋书》卷七十九《谢安传》,中华书局1982年版。

比之王导,谓文雅过之。"① 谢安执政顺应当时历史环境,进行一系列的军事经济政治方面的改革,对巩固统治者的统治基础起了一定的作用,使风雨飘零中的东晋政权有了一丝喘息之机。这在一个动乱的时代里是相当难能可贵的。

(原文刊登于《绍兴文理学院学报》2004 年第 3 期)

---

① 《晋书》卷七十九《谢安传》,中华书局 1982 年版。

六朝会稽虞氏家族述略

吴建伟[*]

摘　要：会稽虞氏是六朝著名的江东世家大族。自两汉之际南迁会稽余姚后，东汉末开始迅速发展，历六朝而不衰。在其发展过程中经历过三次打击。政治上，虞氏在孙吴、晋和刘宋前期时积极有为，其后则略显平庸。在家风上，在孙吴、晋朝允文允武。虞氏凭借道德、事功，学术，强大的宗族和经济力量，友朋的援引以及善于处理与各种势力间的关系而使家族维持不坠。

关键词：六朝；会稽虞氏；发展；打击；原因

在六朝诸多世家大族中，会稽郡余姚虞氏宗族就其人物数量和社会政治影响而言，不能算是很突出的，然而虞氏数百年间代有传人，保持了其地方显族的形象。本文即以会稽虞氏[①]为个案加以考察，不妥之处，敬请指教。

---

[*] 吴建伟（1978—　），上海崇明人，上海图书馆历史文献中心助理馆员，硕士。
[①] 本文只论述会稽余姚虞氏一支。会稽另有山阴县一支，如东晋虞存、虞謇兄弟。存历卫军长史，尚书吏部郎。謇仕至郡功曹。其祖阳，散骑侍郎。父伟，州西曹。只此一见。故不属本文考察范围。

一

　　会稽虞氏在两汉之交由中原迁入会稽余姚。[①] 因其在江南定居较早，故可视作"旧"的吴姓士族。南渡后，会稽虞氏见于史籍者几乎没有，如《后汉书》就未有此族人物传记。只是虞翻自述家世时提到高祖父零陵太守虞光，曾祖父故平舆令虞成，父日南太守虞歆。[②] 可见，虞氏家族仕宦并不算十分显赫。这一时期，正是虞氏在江南初步立足，并缓缓发展的阶段。

　　会稽虞氏历经东汉，逐渐发展成为江南望族。至汉末虞氏家族势力开始迅速发展。其代表人物无疑是以治《易》闻名的虞翻。会稽太守王朗用为功曹，众所周知，东汉时俗照例以郡中著姓为掾属。孙策征会稽，朗兵败，翻追随至福建侯官，因家有老母而归会稽。后降孙策，仍为功曹，孙策"待以交友之礼"[③]，可见，孙策对其相当尊重。而翻仕孙策也尽心尽力，曾劝降华歆。孙策称为"吾萧何，守会稽耳"[④]，将翻直比作西汉佐刘邦取天下的萧何，如此推崇，翻之权力、宠遇可见一斑。由于翻尽力辅助而权重一时，其家族并未如同郡盛氏、周氏惨遭孙策诛戮。这阶段虞氏家族定是煊赫一时。曹操在征孙吴时命陈琳作《檄吴将校部曲文》[⑤] 提到虞翻父虞歆。陈琳作檄意在策反江东士族，虞氏名列其中，可见陈琳视之为江南大族的代表，这从侧面说明了虞氏在当时崇高的地位。

---

① （唐）林宝：《元和姓纂》卷2"虞氏条"，金陵书局刻本1880年版。
② （晋）陈寿：《三国志》，中华书局1959年版。
③ 同上。
④ 同上。
⑤ （南朝梁）萧统：《六朝注文选》，中华书局1987年版。

孙策死，弟孙权继立，"从兄孙暠屯乌程，整帅吏士，欲取会稽"。[1]可见，孙暠欲乘乱取孙权而代之。虞翻游说孙暠："讨逆明府（孙策），不尽天年。今摄事统众，宜在孝廉（孙权），翻已与一郡吏士，婴城固定，必欲出一旦之命，为孝廉除害，惟执事图之。"[2] 于是暠退。在当时局势尚未稳定、孙暠欲叛的危急关头，翻说服孙暠，立功于关键时，使新旧主顺利承接，应当为孙权没齿难忘。这种表现，使虞氏赢得声誉，也为吴郡四族所未见。[3]可是当孙权地位逐步稳固之时，虞翻却一直未受重用，反而一再遭贬。在孙权时期，史籍中经常出现"权不能悦""权怅然不平"等语词，又曾在酒宴上险遭斩杀，史称权"积怒非一"[4]，看来孙权对虞翻早已心存芥蒂，最后远贬交州。其原因是虞翻触怒了孙氏皇权，为所不容。[5]虞翻获谴，打击甚重，以至于他在交州时诫其子曰："可留江北居，后世禄位当胜于我，声名不及尔，然相继代兴，居江南必不昌。"[6]

不过随着孙氏政权的日益江东化，与江东士族关系开始改善，大量起用江东土著士人当轴主政，而这些士族也将自身的宗族和地方利益托付于孙氏，这样孙吴完成了江东地域化的进程。[7]而虞氏也由于宗族势力强大，代有人才，重新出仕孙吴政权。

虞翻有十一子。四子虞氾，在拥立孙休时有功，与贺邵、王蕃、薛莹俱为散骑常侍。以讨扶严功而拜交州刺史、冠军将军、会稽侯。五子虞忠官宜都太守，娶孙权族孙女为妻。[8] 吴亡，忠坚守不降，遂死之。六子虞

---

[1] （晋）陈寿：《三国志》，中华书局1959年版。
[2] 同上。
[3] 田余庆：《秦汉魏晋史探微》，中华书局2004年版。
[4] （晋）陈寿：《三国志》，中华书局1959年版。
[5] 田余庆：《秦汉魏晋史探微》，中华书局2004年版。
[6] 卢弼：《三国志集解》，中华书局1982年版，第1049页。
[7] 田余庆：《秦汉魏晋史探微》，中华书局2004年版。
[8] （唐）魏徵：《晋书》，中华书局1974年版。

耸,"在吴历清官"①。八子虞昺,"仕吴黄门郎,以捷对见异。超拜尚书侍中。晋军来伐,遣昺持节都督武昌以上诸军事"②,很受重用。此外,虞氏子弟仕于孙吴者有征虏将军虞察③、广州刺史虞授。④

由上可知。虞氏虽因虞翻获谴遭受打击,在孙氏江东化的进程中虞氏经历了一段波折,家族发展一度陷入低谷。但随着孙氏江东化的完成,即重新振兴,这从虞翻诸子任官情况可看出。

虞氏家族进入晋朝后,人才辈出,其中尤以虞潭为代表。潭字思奥,虞忠子。"大司马、齐王同请为祭酒,除祁乡令,徙醴陵令。"⑤时义阳蛮张昌为乱,许多郡县均从之。虞潭却独自发兵讨伐,以军功受爵都亭侯。其后庐江人寒门陈敏趁晋末大乱之机,割据吴越,"有孙氏鼎峙之计"。⑥吴越之地,乃包括虞氏家族在内的江东士族的聚居地。当时吴姓士族如吴郡顾荣、丹阳纪瞻等并受敏官。但作为会稽士族的虞潭"东下讨敏弟赞于江州"。⑦旋又讨伐陈恢、湘川贼杜弢。元帝召虞潭补丞相军谘祭酒,转琅邪国中尉。可见,虞潭较早与后为晋元帝的司马睿有密切联系。

东晋初,王敦举兵叛乱,其部王含、沈充军逼京师建康。当时三吴士族大多持观望态度,但会稽虞氏、孔氏却旗帜鲜明地反对王敦之乱。以疾告归的虞潭招合本县宗人及郡中大族,自称明威将军,讨伐叛乱。王敦之乱平息后,因军功升拜尚书,寻补右卫将军,加散骑常侍。成帝中又发生了苏峻之乱。虞潭为吴兴太守,又加封督三吴、晋陵、宣城、义兴五郡军事。据田余庆先生统计,东晋一朝史籍可考的会稽内史带督五郡军事者,

---

① (晋)陈寿:《三国志》,中华书局1959年版。
② 同上。
③ (唐)魏徵;《晋书》,中华书局1974年版。
④ 余嘉锡:《世说新语笺疏》,上海古籍出版社1993年版。
⑤ (唐)魏徵;《晋书》,中华书局1974年版。
⑥ 同上。
⑦ 同上。

前后共8人。其中皇族1人，琅邪王氏2人，高平郗氏1人，太原王氏1人，陈郡谢氏1人，北府名将刘牢之1人，会稽孔氏1人，多为侨姓高门，都曾在东晋政治舞台上扮演过重要角色。而虞潭似为征拜这一官职的第一土著高门①，可见虞氏地位相当崇高。在这次兵乱中，建康中央官员纷纷逃离，潭与郗鉴、王舒、陶侃等各军精诚合作，"侃等假潭节、监扬州浙江西军事"，②负责三吴西方战场的指挥。其后历任镇军将军、吴国内史、吴郡太守等职。咸康（335—342）中，进卫将军。母忧去职，复以侍中、卫将军征。既至，拜光禄大人、开府仪同三司，给亲兵三百人，侍中如故。卒追赠左光禄大夫，开府、侍中如故，谥曰孝烈。凭借虞潭，虞氏奠定了在东晋的地位。虞潭子仡，官至右将军司马。兄子骓，字思行，"虽机干不及于潭，然而素行过之"。③历吴兴太守、金紫光禄大夫。王导尝谓骓曰："孔愉有公才而无公望。丁潭有公望而无公才，兼之者，其在卿乎！"④对其寄予极高的期望。惜乎官未达而殁。子谷，位至吴国内史。虞氏家族成员历官均是高官显位。可以说，东晋初期是虞氏兴盛辉煌的时期。

当时也有不出仕者。例如，虞喜隐居乡里，自高身价，并荫庇大量依附者经营土地⑤，保证了虞氏在乡里雄厚的经济实力，成为子弟致仕或战乱时的避风港。总之，无论出仕或隐居，都是为经营家族。

东晋中后期，会稽虞氏的另一重要人物是虞潭孙虞啸父，时在孝武帝时期。啸父少历显位，官至侍中，为孝武帝所宠幸。隆安（397—401）初，啸父为吴国内史，后征补尚书。时会稽王司马道子和王国宝弄政。王

---

① 田余庆：《东晋门阀政治》，北京大学出版社1989年版。
② （唐）魏徵：《晋书》，中华书局1974年版。
③ 同上。
④ 同上。
⑤ 同上。

恭举兵讨国宝，假琅邪王导孙王廞为建武将军、吴国内史，令起兵声援。廞乃遣啸父"入吴兴、义兴聚兵，轻侠赴者万计。"① 虞氏在三吴的号召力多大，可见一斑。廞平后，啸父被废，然而不久复拜尚书。

晋末谯国桓温子桓玄掌权，虞氏和桓氏关系一向甚好，虞骓②并未反对桓玄用事，啸父还为太尉桓玄左司马，不久又迁护军将军。后出为会稽内史。

东晋季年，刘裕消灭桓氏主政，鉴于东晋"治纲大驰，权门并兼，强弱相陵，百姓流离"的现状，"大示轨则，豪强肃然，远近知禁"，而身为"权门""豪强"的会稽余姚虞亮"藏匿亡命千余人"③ 而被诛杀。虞氏是东南一流士族，对出身低微的刘裕打击士族的做法当有不服，虞亮藏匿亡命而受到诛杀，反映了包括虞氏在内的一些士族与庶族刘裕之间的矛盾。加上虞、桓两家传统的良好关系，虞亮被杀可能也是未支持刘裕。刘裕诛杀虞亮之严酷为六朝诸多士族所未见，此次家族打击之大以致在刘宋一代中，虞氏竟然无一列入正史。

纵观东晋一朝，会稽虞氏在各方面得到了进一步发展。虞潭以平陈敏、王敦、苏峻之乱而多次进官，其孙虞啸父更拜侍中等高官。其外任则吴兴、会稽，皆为清贵之选。虞氏虽不如琅邪王氏、陈郡谢氏等那样多当轴之臣，但其兴旺发达的事实亦不容忽视。尤其是虞潭，为稳定东晋初年的政局功不可没。但在晋末，虞亮被诛，使虞氏受到了自孙吴以来最重的一次家族灾难，以致在刘宋此族竟寂尔无闻。

虽然虞氏在晋末刘裕当政时受到严重打击，但虞氏旁系中亦有为维护家族利益承认既成事实者，如虞愿，宋元嘉（424—453）末任湘东王国常

---

① （唐）魏徵：《晋书》，中华书局1974年版。
② 虞骓与谯国桓彝"情好甚笃。彝遣温拜骓。骓使子谷拜彝"。见《晋书》卷76《虞潭传附兄子骓传》。
③ （南朝梁）沈约《宋书》，中华书局1974年版。

侍，为明帝所遇，"虽数忤旨，而蒙赏赐，犹异余人"。[1] 任晋平太守，誉为"清廉太守"。萧齐时官至廷尉。

虞玩之初仕刘宋东海王行参军、乌程令。元徽（473—477）中为尚书右丞。萧齐代兴后，玩之因高帝旧恩迁骠骑将军、黄门郎，领本部中正，官位极为清显。鉴于"宋时人籍欺巧"[2] 的情况，齐高帝命玩之与傅坚检定户籍，分别士庶，提高税役。但户籍冒名顶替的情况已积重难返，终于引发了唐寓之起义，最后玩之以疾告老还乡。

虞氏宗族另一重要人物是虞悰。父秀之，黄门郎。州辟悰为主簿，建平王参军、尚书仪曹郎，太子洗马，领军长史、正员郎，累至州治中、别驾、黄门郎。永明八年（490）拜侍中，"朝廷咸惊其美拜"。[3] 494 年郁林王即位，改领右军将军、扬州大中正兼大匠卿。齐明帝时为给事中、光禄大夫。虞因受赏识而很自傲，有时对皇帝的要求根本不予理会。例如，武帝"幸世祖幸芳林园，就悰求扁米粣。悰献粣及杂肴数十舆，太官鼎味不及也。上就悰求诸饮食方，悰秘不肯出"[4]。这段时期虞玩之、虞悰因皇帝之旧人成被宠幸，在当时可算是炙手可热的人物，其家族也必兴盛。

虞氏另一支为虞荔、虞寄昆仲。祖权，梁廷尉卿、永嘉太守。父检，平北始兴王谘议参军。荔释褐梁西中郎行参军，寻署法曹外兵参军，兼丹阳诏狱正。梁武帝于城西置士林馆，荔为士林学士。迁通直散骑侍郎，兼中书舍人。弟寄起家梁宣城王国左常侍。但梁武帝末年侯景之乱爆发，三吴遭乱，"公侯在会稽者，俱南渡岭"[5]。虞氏兄弟俱入台卫护皇室，其母卒于乱中，城破逃归乡里。当时南人处境艰难，士族侥幸得以保性命者，多西逃荆州，

---

[1] （南朝梁）萧子显：《南齐书》，中华书局 1972 年版。
[2] （唐）李延寿：《南史》，中华书局 1975 年版。
[3] （南朝梁）沈约《宋书》，中华书局 1974 年版。
[4] 同上。
[5] （宋）司马光：《资治通鉴》，古籍出版社 1957 年版。

往依湘东王。荔被召中书侍郎，不就，寄则往依闽中土豪陈宝应。而同族虞孝敬则为湘东王记室，及"渚宫陷没，便袭染衣，更名道命。流离关辅……"出家为僧，被俘虏入西魏。[1] 虞氏子弟流离失所，景况堪怜。可见，侯景之乱和西魏破江陵使虞氏遭受了损失。虞氏入陈，局势稳定，家族复振。陈武帝、文帝并遗书征荔入都为官，后官领大著作、东扬扬州二州大中正等职。"文帝深器之，常引在左右，朝夕顾访。"[2] 天嘉二年（560—566）卒，"及丧柩还乡里，上亲出临送，当时荣之"[3]。虞寄入陈后多次辞官不应。陈朝之际，土豪洞主并为贵达，但虞氏虽经丧乱，却仍以"声誉洽闻"受到皇帝优容，并加重用。

此外，南朝又有虞炎官至骁骑将军。[4] 虞义卒于晋安王侍郎。[5] 虞通之至步兵校尉。[6] 虞稣位中书郎、廷尉。[7]

附带提及，还有一些虞姓子弟，虽无法确知他们的时代，但均与余姚有关，当亦是虞氏族人，[8] 如虞伦、越南太守虞固[9]等。

总体说来，虞氏在南朝继续平稳发展。相比前代，虞氏家风稍有变化。在此之前，家族虽以学术持家，但子弟尚有以军功获勋者，如虞汜讨扶严功而封爵，虞嵩都督武昌以上诸军事，虞察为征虏将军，虞潭多次征战。然在南朝时期，却绝少见这样的人物。除虞玩之外，子弟在政治上亦甚少有大作为，这也意味着远离了权力中心。

---

[1] （唐）道宣：《续高僧传》，台北白马精舍印经会影印大正藏本（无年代）。
[2] （唐）姚思廉：《陈书》，中华书局1972年版。
[3] 同上。
[4] （唐）李延寿：《南史》，中华书局1975年版。
[5] 同上。
[6] 同上。
[7] 同上。
[8] （宋）李昉：《太平预览》，中华书局1960年版。
[9] 同上。

二

以上我们描述了虞氏家族在六朝的发展情况。综上所述，我们发现虞氏家族经历过三次挫折：第一次是虞翻因为自身狂直矫时的名士气触动孙权的权威而被谴；第二次是虞亮反对刘裕执政以及其打击士族的政策而被杀，这次刘裕诛杀虞氏之严酷是前所未有的；第三次是梁末战乱而使虞氏流离四处。除此之外，虞氏宗族基本平稳发展。导致虞氏家族不衰可能有以下五大原因。

第一，道德、事功并重。六朝时期的虞氏子弟大多性格忠直，不为外力所屈，以德立身，具有儒者之风。例如，虞翻"有高气""亮直""性疏直"等等。虞忠"贞固干事"[1]，虞耸"进退以礼"[2]，虞潭"清贞有检操"[3]，虞騑"虽机干不及于潭，然而素行过之"。[4]虞愿曾多次进谏人主。[5]虞悰"性敦实，与人知识，必相存访，亲疏皆有终始，世以此称之。"[6]虞荔在梁武帝时兼中书舍人，"时左右之任，多参权轴，内外机务，互有带掌，唯荔与顾协淡然靖退，居于西省，但以文史见知，当时号为清白"。[7]弟虞寄"少笃行，造次必于仁厚，虽僮竖未尝加以声色，至于临危执节，则辞气凛然，白刃不惮也"。[8]可见，虞氏皆能积善立德，深受儒家

---

[1] （晋）陈寿：《三国志》，中华书局1959年版。
[2] 同上。
[3] （唐）魏徵：《晋书》，中华书局1974年版。
[4] 同上。
[5] （南朝梁）萧子显：《南齐书》，中华书局1972年版。
[6] 同上。
[7] （唐）姚思廉：《陈书》，中华书局1972年版。
[8] 同上。

忠义思想之影响,良好的家风维持了虞氏家族的兴盛不坠。

在秉承"古之遗直"之风同时,虞氏子弟还重实务、事功。在六朝士族鄙视事功、吏能之时,虞氏却富于吏干,积极建立事功。例如,虞翻为富春长,孙策薨,"诸长吏并欲出赴丧,翻曰:'恐邻县山民或有奸变,远委城郭,必致不虞。'因留制服行丧。诸县皆效之,咸以安宁。"又在取荆州时出谋而立大功。子汜以讨扶严功拜交州刺史、冠军将军、余姚侯。昺在晋军伐吴时持节都督武昌已上诸军事,在济阴太守任上"抑强扶弱,甚著威风"。① 虞潭领兵多次征讨,为东晋立足江东立下大功。任职地方,赈济百姓,修沪渎垒以防海盗。② 兄子騑资兼公才、公望。虞玩之"少闲刀笔"③,路太后外亲朱仁弥犯罪,依法录治。奉命检籍,甄别士庶。虞愿为晋平太守,"在郡不治生产。前政与民交关,质录其儿妇,愿遣人于道夺取将还。在郡立学堂教授"④。虞寄"在职简略烦苛,务存大体,曹局之内,终日寂然"⑤。在担任中央和地方职务时都展现了出色的吏才。这种积极用世的精神无疑有助于家族的发展。

第二,累世不衰的文化传统。会稽虞氏自东汉以还,即经学传家,虽于晋之玄学、南朝文学极盛之时,仍未因世风而废弃经术。据史书可考者,虞氏家学可上溯至虞翻高祖父光,少治孟氏《易》,世传其业。虞翻亦有《周易注》《周易明变例》等。东晋虞预好经史。其兄虞喜则"专心经传,兼览谶纬,乃作《安天论》以难浑、盖"⑥,明显承袭汉代学风之余绪。南朝虞愿著《五经论问》,虞僧诞精通杜学,虞通之、虞龢善言《易》。虞荔年仅9岁,即能随口答《五经》事。南朝时候崇尚文章,虞氏

---

① (晋)陈寿:《三国志》,中华书局1959年版。
② (唐)魏徵:《晋书》,中华书局1974年版。
③ (南朝梁)萧子显:《南齐书》,中华书局1972年版。
④ 同上。
⑤ (唐)姚思廉:《陈书》,中华书局1972年版。
⑥ (唐)魏徵:《晋书》,中华书局1974年版。

子弟亦有精于此,并凭此仕进。① 此外,六朝时期礼学盛行,人尽皆知。三礼是经学中重要部分。虞氏为南土世代冠冕,门阀士族尤为重礼。虽然虞氏中人并未列入正史所载的礼学名家行列,但虞氏确实有精通礼学者。最著名者当推虞喜。永和(347—356)初"有司奏称十月殷祭,京兆府君当迁祧室,征西、豫章、颍川三府君初毁主,内外博议不能决。时喜在会稽,朝廷遣就喜谘访焉。其见重如此"②。《隋书》卷32《经籍志一》载有《周官札驳难》四卷,其下小注云:"梁有《周官驳难》三卷,孙琦问,干宝驳,晋散骑常侍虞喜撰。"③ 由此可见虞喜礼学之精深。虞氏子弟通礼者甚多,如虞潭④、虞愿⑤、虞龢⑥、虞炎⑦等。南宋王应麟引朱熹语:"六朝人多精于《礼》,当时专门名家有此学。朝廷有礼事,用此等人议之。"⑧他们和礼学名家相比,并不逊色。虞家还有善书法的传统,如虞龢有《论书表》⑨,虞世南"兼善草隶"⑩,虞绰亦"尤工草隶"⑪。其他文、史、地、天文等不一而足。⑫ 总之,纵观六朝,会稽虞氏在文化方面主要以经学为主,家学代代相传,从未衰落,当之无愧的学术世家。而正是凭学术文化,虞氏成为累世士族。

第三,强大的宗族势力和经济基础。虞氏为江东望族,其家族主要居住于会稽一带。家族成员一旦致仕或有战乱,定会回归会稽乡里,死后亦

---

① 王永平:《六朝时期会稽虞氏之家风与家学》,《南都学坛》2002年第4期。
② (唐)魏徵;《晋书》,中华书局1974年版。
③ (唐)魏徵:《隋书》,中华书局1973年版。
④ (清)徐乾学:《读礼通考》,台北商务印书馆1986年影印文渊阁四库全书本。
⑤ (南朝梁)沈约《宋书》,中华书局1974年版。
⑥ 同上。
⑦ (南朝梁)萧子显:《南齐书》,中华书局1972年版。
⑧ (宋)王应麟:《困学纪闻》,辽宁教育出版社1998年版。
⑨ (唐)张彦远:《法书要录》,辽宁教育出版社1998年版。
⑩ (唐)魏徵:《隋书》,中华书局1973年版。
⑪ 同上。
⑫ 王永平:《六朝时期会稽虞氏之家风与家学》,《南都学坛》2002年第4期。

必定回葬乡里，有很强的地域性。虞潭卒后，力排众议辗转葬母乡里。[①]虞玩之致仕归东。虞荔遭侯景之乱逃归乡里。可见，虞氏具有浓厚的乡里意识。这种地域性使家族在梁末丧乱后尚能继续维持。虞氏宗族势力非常强盛，"县大姓虞氏千余家，请谒如市"[②]。枝繁叶茂，佳弟子辈出，以维系门户。他们在东南有极大的号召力，如王敦、苏峻之乱，虞潭在当地招合宗人及其他士族。王廞反，以虞啸父入吴兴聚兵，赴者以万计。琅邪王氏为侨姓士族代表，但在东南地区还须依靠土著的虞氏。南齐王敬则反，以虞悰弟衮监会稽郡，[③] 当亦是鉴于虞氏的宗族力量和影响力。

另外，他们拥有大量的劳动力用于生产。例如，东晋初年虞喜藏有荫附人口。[④] 南齐虞悰"治家富殖，奴婢无游手"，这些隐户助长了虞氏经济的发展。虞氏似还经营渔业。[⑤][⑥] 总之，虞氏家族的生产规模是很可观的。强大的经济势力使家族历经大乱而犹存，而很大部分的侨旧士族遭乱后门户衰败，可见坚固的经济基础对于家族的重要性。

第四，宗族知旧的相互提携。六朝士族常在婚宦两途相互联结，虞氏亦不例外。例如，虞忠娶孙权族孙女。东晋琅邪诸葛恢尝荐虞预。[⑦] 颍川鄢陵庾琛、庾亮亦援引过虞预。[⑧] 苏峻作乱，太守琅邪王舒请虞预为咨议参军。峻平，进爵平康县侯。[⑨] 庐江何充为会稽内史，尝荐征士虞喜，赞其"天挺贞素，高尚遗世"[⑩]。虞氏因与谯国桓氏关系密切，故晋末桓玄以

---

① （宋）李昉：《太平御览》，中华书局1960年版。
② （唐）姚思廉：《梁书》，中华书局1973年版。
③ （南朝梁）沈约《宋书》，中华书局1974年版。
④ （唐）魏徵；《晋书》，中华书局1974年版。
⑤ 同上。
⑥ 同上。
⑦ 同上。
⑧ 同上。
⑨ 同上。
⑩ 同上。

虞啸父为太尉司马。梁代处士何胤称许虞荔于衡阳王。① 陈代会稽孔奂一见虞荔子虞世基便称赞"南金之贵，属在斯人"②，为之延誉。东海徐陵谓其"当今潘、陆"，并以弟女妻之。③ 总之，虞氏子弟在仕途多受别族引荐，这无疑有利于虞氏仕途上的发展，增加了出仕机会，最终保证了家族的兴盛。

第五，较好地处理各种政治势力之间的关系。东汉末，与盛氏等家族不同，虞翻积极与孙氏兄弟合作，助孙氏立足江东。两晋之际，虞潭审时度势讨陈敏、陈赞兄弟，参与了"三定江南"之"再定江南"。又为司马睿召补丞相军谘祭酒，转琅邪国中尉④，较早加入了司马睿集团，属于司马氏"旧人"，又参与平王敦、苏峻乱，为东晋享国百年立下功勋。宋明帝时以愿以儒学及"蕃国旧恩，意遇甚厚"⑤。刘宋季年虞悰数次接济初仕"家尚贫薄"的萧赜（后为齐武帝），每出行必邀之同车。齐永明八年（490），虞悰为侍中，这是对悰在武帝未达时给予支持的回报。⑥ 虞玩之与萧道成在刘宋末即已情好款洽。⑦ 可见，虞氏子弟或有功或有恩或能处理好与各种势力的关系而得到优厚的官职。而当被迫暂时栖身于敌对势力时，虞氏又能明哲保身，并晓以大义。如王敬则反，以虞悰弟褰监会稽，"而军事悉付寒人张灵宝，郡人攻郡杀灵宝，褰以不预事得全。"⑧ 梁末陈宝应与留异图谋作乱，虞寄在多次谏止不听后。遂隐居不出。及陈、留兵败，"凡诸宾客微有交涉者，皆伏诛，唯寄以先识免

---

① （唐）姚思廉：《陈书》，中华书局1972年版。
② （唐）魏徵：《隋书》，中华书局1973年版。
③ 同上。
④ （唐）魏徵：《晋书》，中华书局1974年版。
⑤ （南朝梁）萧子显：《南齐书》，中华书局1972年版。
⑥ 同上。
⑦ （南朝梁）沈约《宋书》，中华书局1974年版。
⑧ （南朝梁）萧子显：《南齐书》，中华书局1972年版。

祸"①。这些都反映了虞氏高超的政治权术，在动荡的六朝中避免了宗族力量无谓的损耗。

三

作为江东大族的会稽虞氏自两汉之际移居会稽后，逐渐发展壮大。至东汉末已是江南望族，但遭三厄其间因虞翻与孙权的矛盾，使家族受到很大打击，此虞氏一厄也。但由于其家族根基已深，所以其后因孙氏江东化的完成而重新振作。至晋以后，虞氏更是人才辈出，居官清显，取得了很高的社会地位，带动了整个家族的发展。东晋末虞亮因反对刘裕而被诛，此虞氏二厄也。梁末侯景之乱和西魏破江陵使虞氏播离各方，此虞氏三厄也。孙吴、晋时虞氏家风是允文允武，政治上积极作为，活跃于朝廷，从而推动了家族发展，刘宋时虞玩之积极主持检籍，甄别士庶，增加税收。此后则相对平庸，渐渐远离了政治权力中心。总之，虞氏借着道德、事功、学术，强大的宗族和经济势力、友朋的援引以及善于处理与各种势力间的关系而使家族维持不坠。

(原文刊登于《绍兴文理学院学报》2005年第1期)

---

① （唐）姚思廉：《陈书》，中华书局1972年版。

中古会稽士族的学术著述及贡献[*]

渠晓云[**]

摘　要：中古时期士族文化经历了兴起、走向兴盛，最终衰落的过程。士族的学术著述会直接反映出家族的学术传统，也与家族的兴衰直接关联。中古会稽士族是一个特殊的群体，与侨姓士族共居会稽，既与侨姓有融合，又保留了独特的个性；在学术上，既与整个中华学术传统有一致性，又有自己的独特价值和创新。文章拟揭示中古会稽士族在中古学术发展史上的重要地位，以表格的形式将会稽士族的著述从经、史、子、集四方面作全面统计，并根据统计分析某类著述分布的朝代、家族、著述的学术重点等，最后总结中古会稽士族的主要学术贡献。

关键词：中古；会稽；士族；著述

中古时期士族文化经历了兴起、走向兴盛，最终衰落的过程。士族的学术著述会直接反映出家族的学术传统，也与家族的兴衰直接关联。中古

---

[*] 基金项目：浙江省哲学社会科学研究基地重点课题"中古会稽士族研究"（项目编号：11JDYW1ZD）的阶段性研究成果。

[**] 渠晓云(1974—)，女，山西临县人，浙江工商大学人文与传播学院副教授，文学博士，研究方向：魏晋南北朝文学与中国传统文化。

会稽士族是一个特殊的群体,与侨姓士族共居会稽,既与侨姓有融合,又保留了独特的个性;在学术上既与整个中华学术传统有一致性,又有自己的独特价值和创新。本文拟揭示中古会稽士族在中古学术发展史上的重要地位,以表格的形式将会稽士族的著述从经、史、子、集四方面做全面统计,并根据统计分析某类著述分布的朝代、家族、著述的学术重点等,最终总结中古会稽士族的学术贡献及其学术特征。

本文以《隋书·经籍志》《旧唐书·经籍志》《新唐书·艺文志》等为主,兼及史书、方志等文献的记载,统计如下。

一 经学著述与分布

朝 代	著 者	书 名	卷 数	资料来源
东吴	虞翻	《周易注》	15	《隋书·经籍志》
	虞翻、陆绩	《周易日月变例》	6	《隋书·经籍志》
	虞翻	《春秋外传国语注》	30	《隋书·经籍志》
	虞翻	《论语注》	10	《隋书·经籍志》
晋	虞喜	《毛诗略》	4	《隋书·经籍志》
	虞喜	《论语赞》	9	《隋书·经籍志》
	虞喜	《新书·对张论》	10	《隋书·经籍志》
	谢沈	《尚书注》	15	《隋书·经籍志》
	谢沈	《毛诗注》	20	《隋书·经籍志》
	谢沈	《毛诗释义》	10	《隋书·经籍志》
	谢沈	《毛诗义疏》	10	《隋书·经籍志》
	贺循	《丧服要纪》	6	《隋书·经籍志》
	贺循	《丧服谱》	1	《隋书·经籍志》
	孔伦	《集注丧服经传》	4	《隋书·经籍志》
	虞槃佐	《孝经注》	1	《隋书·经籍志》

续表

朝 代	著 者	书 名	卷 数	资料来源
宋	贺道养	《春秋序》	1	《隋书·经籍志》
	孔澄之	《论语注》	10	《隋书·经籍志》
齐	虞愿	《五经论问》		《南齐书·虞愿传》："愿著《五经论问》，撰《会稽记》，文翰数十篇。"
梁	贺游	《丧服图》	1	《隋书·经籍志》
	贺玚	《丧服义疏》	2	《隋书·经籍志》
	贺玚	《礼记新义疏》	20	《隋书·经籍志》
	贺玚	《礼论要钞》	100	《隋书·经籍志》
	贺玚	《孝经义疏》	2	《隋书·经籍志》
	贺玚	《五经异同评》	1	《隋书·经籍志》
	贺玚	《宾礼仪注》	145①	《南史·贺玚传》："《宾礼仪注》一百四十五卷。"
	贺玚	《五经义》《周易讲疏》		《梁书·贺玚传》：贺玚"兼五经博士""撰《五经义》。"《梁书·贺玚传》："著《礼》《易》《老》《庄》讲疏。"
	贺琛	《三礼讲疏》		《梁书·贺琛传》："撰《三礼讲疏》《五经滞义》及诸仪法，凡百余篇。"
	贺琛	《五经滞义》		
	孔子祛	《五经讲疏义证》	20	《梁书·孔子祛传》："武帝撰《五经讲疏》及《孔子正言》，专使子祛检阅群书，以为义证。"
	孔子祛	《孔子正言义证》	30	

---

① 《隋书·经籍志》载《梁宾礼仪注》九卷，卷数与《南史》《梁书》不同。《南史·贺玚传》载："《宾礼仪注》一百四十五卷"。《梁书·徐勉传》载《宾礼仪注》"一百三十卷"。此处采用了《南史》本传所载。

续　表

朝　代	著　者	书　名	卷　数	资料来源
梁	孔子祛 孔子祛 孔子祛 孔子祛	《尚书义》 《集注尚书》 续朱异《集注周易》 续何承天集《礼论》	20 30 100 150	《梁书·孔子祛传》："著《尚书义》二十卷、《集注尚书》三十卷、续朱异《集注周易》一百卷、续何承天集《礼论》一百五十卷。"
陈	谢峤	《丧服仪》	10	《隋书·经籍志》
总计	14人	36部	743卷	

从以上的统计可以得出以下三点结论。

第一，从朝代来看，会稽士族东吴时期经学著作有4部，两晋有11部，南朝有20部，其中宋代2部，齐代1部，陈代1部，其余17部都集中在梁代。由此可见，东吴时期是会稽经学著述的开端期，两晋时期是会稽士族经学著述的发展期，梁代是会稽士族经学著述的高峰期。

第二，从家族来看，东吴的经学著述集中在虞氏，主要是虞翻（字仲翔）一人的著述。到了两晋，除了虞氏外，更多的家族参与到经学研究中来，谢氏、贺氏、孔氏都有著述。南朝时期，除了虞愿、谢峤的两部著作外，其余全部集中在贺氏、孔氏。由此可见，会稽虞氏在东吴时期经学兴盛，两晋时期仍以经学为主，南朝时经学衰落；会稽谢氏仅两晋时期有著述；会稽孔氏不以经学著称，但也时有著述，梁代达到高峰，孔子祛一人独著6部；会稽贺氏后来居上，东晋贺循为经学大家，到梁代以贺玚、贺琛为代表的贺氏经学一门繁盛。

第三，从著述内容来看，会稽士族关注《周易》《礼记》《毛诗》《论语》《春秋》《尚书》《孝经》等。

《周易》一直是会稽士族重视的经典。东吴虞翻《周易》著述两部。虞氏家传研习《易》。虞翻高祖故零陵太守虞光从小就钻研孟氏《易》，曾祖父故平舆令虞成，赞述其业，祖父虞凤继续精研，父亲虞歆，受本于凤，世传其业，至虞翻为五世。虞翻与孔融书，并示所著《易注》。果然得到了孔融的认同，答书曰："闻延陵之理《乐》，睹吾子之治《易》，乃知东南之美者，非徒会稽之竹箭也。又观象云物，察应寒温，原其祸福，与神合契，可谓探赜穷通者也。"会稽东部都尉张纮又与融书曰："虞仲翔前颇为论者所侵，美宝为质，雕摩益光，不足以损。"① 最终成为著名的易学大家。梁贺玚《周易讲疏》、孔子祛续朱异《集注周易》。可惜，书已不存。

会稽士族尤其擅长《礼》学。《丧服》是《仪礼》中的1篇，专讲人死后亲族丧事的礼节、服饰，会稽士族很重丧礼，上表列有6部之多。东晋3部，分别是贺循《丧服要纪》《丧服谱》，孔伦《集注丧服经传》。梁有2部，贺游《丧服图》、贺玚《丧服义疏》。陈代1部，谢嶠《丧服仪》。会稽士族著述《礼》学甚多。贺玚《礼记新义疏》20卷、《礼论要钞》100卷，贺琛《三礼讲疏》，孔子祛续何承天集《礼论》150卷。以上著述多亡，只有贺玚《礼记新义疏》因唐孔颖达《礼记正义》中多引，尚有条目留存。清人马国翰《玉函山房辑佚书》中有辑佚本。该辑佚本从《礼记正义》《经典释文》等经注中辑录47条，主要内容涉及句读、字词释义、经义诠释、重释郑说、解说仪礼等方面。

此外，会稽士族所传《诗经》，主要集中在《毛诗》的解释上。两晋时

---

① 陈寿：《三国志》卷五十七《吴书·虞翻传》，中华书局1982年版，第1320页。

期，虞喜著《毛诗略》，谢沈有《毛诗注》《毛诗释义》《毛诗义疏》三本著述。以上四书皆亡逸。会稽士族也重《论语》，上列有 3 部注释。虞翻《论语注》、虞喜《论语赞》、孔澄之《论语注》，今皆不存。会稽士族对《尚书》也有关注，上列三种，有晋谢沈《尚书注》，梁孔子祛《尚书义》《集注尚书》。会稽士族于《春秋》不太重视，上列仅两种，仅有虞翻《春秋外传国语注》、贺道养《春秋序》。会稽士族对《孝经》也有研究，上列两种，晋虞槃佐《孝经注》、梁贺玚《孝经义疏》。以上著述皆不存。

对五经的整体把握，总述类的著作有五种：齐梁时虞愿《五经论问》，梁贺玚《五经异同评》《五经义》，贺琛《五经滞义》，孔子祛《五经讲疏义证》。

二　史学著述与分布

朝代	著者	书名	卷数	资料来源
东吴	谢承	《后汉书》	130	《隋书·经籍志》
	谢承	《会稽先贤传》	7	《隋书·经籍志》
	贺氏	《会稽先贤像赞》	5	《隋书·经籍志》
	贺氏	《会稽先贤传像赞》	4	《新唐书·艺文志》中贺氏著作列于谢承之后，钟离岫之前。
	钟离岫	《会稽后贤传记》	2	《隋书·经籍志》
	贺氏	《会稽太守像赞》	2	《新唐书·艺文志》中贺氏著作列于钟离岫之后。
	朱育	《会稽土地纪》	4	《隋书·经籍志》

续　表

朝　代	著　者	书　名	卷　数	资料来源
晋	谢沈	《后汉书》	85	《隋书·经籍志》
	贺循	《会稽记》	1	《隋书·经籍志》
	虞预	《晋书》	44	《晋书·虞预传》："著《晋书》四十余卷。"《隋书·经籍志》："《晋书》二十六卷。本四十四卷，讫明帝，今残缺。"《新唐书·艺文志》："《晋书》五十八卷。"
	虞预	《会稽典录》	24	《晋书·虞预传》："《会稽典录》二十四篇。"
	虞预	《诸虞传》	12	《晋书·虞预传》："《诸虞传》十二篇。"
	孔愉	《晋咸和咸康故事》	4	《隋书·经籍志》
	虞槃佐	《高士传》	2	《隋书·经籍志》
	虞槃佐	《孝子传》	1	《隋书·经籍志》
宋	虞览	《虞氏家记》		《隋书·经籍志》
	孔灵符	《会稽记》		《隋书·经籍志》《旧唐书·经籍志》《新唐书·艺文志》均不录，但《会稽记》多为古书所引。鲁迅辑录《会稽记》佚文一卷，收入《会稽郡故书杂集》。
	虞龢	《法书目录》	6	《隋书·经籍志》
	虞通之	《妒记》	2	《隋书·经籍志》
	虞通之	《后妒记》	4	《新唐书·艺文志》

续表

朝　代	著　者	书　名	卷　数	资料来源
齐	孔稚珪 孔逭 虞愿	《陆先生传》 《三吴决录》 《会稽记》	1	《隋书·经籍志》 《南史·文学·孔逭传》："著《三吴决录》，不传。" 《南齐书·虞愿传》："著撰《会稽记》，文翰数十篇。"
梁	虞孝敬 虞孝敬 慧皎① 贺玚 贺玚 贺玚 贺琛 贺琛	《广梁南徐州记》 《高僧传》 《高僧传》 《梁宾礼》 《梁宾礼义注》 《朝廷博议》 《谥法》② 《梁官》	9 6 14 1 9 5	《隋书·经籍志》 《隋书·经籍志》 《隋书·经籍志》 《隋书·经籍志》 《隋书·经籍志》 《梁书·贺玚传》："著《朝廷博议》数百篇。" 《隋书·经籍志》 《梁书·孔子祛传》："中书舍人贺琛受敕撰《梁官》，启子祛为西省学士，助撰录。"
总计	22人	31部	386卷	

从以上统计可以得出以下三个结论。

第一，从时代来看，史学著述东吴时期有7部，两晋时期有8部，南朝有16部，其中宋6部，齐2部，梁8部。由此可见，会稽士族擅史学，

---

① 慧皎，俗姓不详，会稽上虞人。
② 《隋书·经籍志》载"《谥法》五卷（梁太府卿贺玚）"，误，当为"贺琛"。其一，贺玚未任太府卿，贺琛曾任；其二，《旧唐书·经籍志》、《新唐书·艺文志》载："贺琛《谥法》三卷。"朱彝尊《经义考》载：《谥法》四卷，贺琛撰。王谟《汉魏遗书钞》辑录100条。

史学著述在东吴时期就进入繁荣期，之后各代史学传统不辍。

第二，从家族来看，东吴时谢氏、贺氏、钟离氏、朱氏等会稽士族皆有著述，其中谢承2部，贺氏3部，钟离岫1部，朱氏1部。到了两晋，谢氏、贺氏仍有著述，各有1部，孔氏开始著述有1部，虞氏开始著述即多达5部。南朝时期，主要集中在孔氏、虞氏、贺氏，其中孔氏3种，贺氏5种，虞氏7种。由此，会稽谢氏东吴、两晋有著述，南朝则无继；会稽钟离氏、朱氏仅在东吴时有著述；会稽孔氏不以史学著称，但两晋、南朝时有著述；会稽贺氏在东吴时期史学兴盛，两晋著述较少，南朝又达高峰；会稽虞氏从晋代开始到南朝，史学著述达13种之多，可见会稽虞氏以史学传家，史学繁盛。

第三，从内容来看，会稽士族的史学著述形式多样，有正史、传记、地理、政书、杂史、目录等。

正史类3部，分别是东吴谢承《后汉书》130卷，两晋谢沈《后汉书》85卷、虞预《晋书》44卷。前两种《后汉书》已佚，虞预《晋书》散见史书，尚有汤球《九家旧晋书辑本》中辑录40条。

杂史类1部，孔愉《晋咸和咸康故事》4卷，今不存。

传记类最多，有16部。其中郡书类为多，有7部。郡书主要记载会稽先贤，东吴时期有6种，分别是谢承《会稽先贤传》、贺氏《会稽先贤像赞》、贺氏《会稽先贤传像赞》、钟离岫《会稽后贤传记》、贺氏《会稽太守像赞》。晋有虞预《会稽典录》，此书虽不存，但多为后世史书引用。鲁迅《会稽郡故书杂集》辑录72人，分上下2卷。南齐孔逭著有《三吴决录》，不传。

谱牒类有两种，均是虞氏所著，分别是晋虞预《诸虞传》、宋虞览《虞氏家记》。关于这类著作，《史通·采撰》评价曰："郡国之记，谱牒之书，务欲矜其州里，夸其士族。"

总录类有 6 部，记录高士、孝子、高僧、妒妇等某一类人的传记。《隋书·经籍志》载：虞槃佐《高士传》2 卷，《新唐书·艺文志》载：虞槃佐《孝子传》1 卷。此二书皆散亡。《旧唐书·经籍志》载：虞通之《妒记》2 卷，《新唐书·艺文志》载：虞通之《后妒记》4 卷。《隋书·经籍志》载：虞孝敬《高僧传》6 卷、慧皎《高僧传》14 卷。虞孝敬《高僧传》亡。慧皎《高僧传》，是现存的第一部系统的高僧的传记。另外，有孔稚珪《陆先生传》一卷，属单传。

地理类有 5 部，包括汉末朱育《会稽记》4 卷，晋贺循《会稽记》1 卷，宋孔灵符《会稽记》，虞愿《会稽记》，梁虞孝敬《广梁南徐州记》9 卷。以上地理类除了一部是记录徐州外，其他均是写会稽的地理。以上书皆已散亡。孔灵符《会稽记》，《隋书·经籍志》及《旧唐书·经籍志》《新唐书·艺文志》均不录，但其《会稽记》多为古书所引用。鲁迅辑录《会稽记》佚文为一卷，收入《会稽郡故书杂集》。《会稽记》为记载古代会稽地理传说的重要资料，多介绍会稽境内名山胜水的地理地貌、传说故事、历史掌故以及民俗民风。这类书和郡书类似，也是为了"美其邦族"。

政书类有 5 部，基本是仪制、典制类，皆出自梁代。贺玚《朝廷博议》，当为仪制类。贺琛《谥法》为仪制类。贺琛《梁官》，当为官职类政书。可以见出，在梁代恢复礼制的过程中，会稽士族尤其是贺氏发挥了重要的作用。

目录类 1 部，《新唐书·艺文志》载虞龢著《法书目录》2 卷。《法书目录》，当为最早的关于书法的专门目录书。史书中未记载虞龢善书，但唐张彦远《法书要录》中有虞龢《论书表》。可见，虞龢对书法有极大兴趣，且有独到的看法。

三 子部著述与分布

朝 代	著 者	书 名	卷 数	资料来源
东吴	虞翻	《老子注》	2	《隋书·经籍志》
	虞翻	《扬子太玄经注》	14	《隋书·经籍志》
	虞翻	《周易集林律历》	1	《隋书·经籍志》
	虞翻	《易律历》	1	《隋书·经籍志》
晋	虞潭	《大小博法》	1	《隋书·经籍志》
	虞潭	《投壶经》	4	《隋书·经籍志》
	虞潭	《投壶变》	1	《隋书·经籍志》
	虞喜	《志林新书》	30	《隋书·经籍志》
	虞喜	《广林》	24	《隋书·经籍志》
	虞喜	《后林》（《后林新书》）	10	《隋书·经籍志》：《后林》10卷。《新唐书·艺文志》：《后林新书》10卷。
	虞喜	《安天论》	6	《隋书·经籍志》
宋	贺道养	《贺子述言》（《贺子》）	10	《隋书·经籍志》：《贺子述言》10卷。《旧唐书·经籍志》《新唐书·艺文志》：《贺子》10卷。
	虞通之	《善谏》	2	《隋书·经籍志》
梁	虞孝敬	《内典博要》	30	《隋书·经籍志》
	贺玚	《老子讲疏》		《梁书·贺玚传》："著《礼》《易》《老》《庄》讲疏。"
	贺玚	《庄子讲疏》		
总计	7人	16部	136卷	

从以上统计可以得出以下三个结论。

第一，从时代来看，子学著述东吴时期有4部，两晋时期有7部，南朝有6部，其中宋2部，梁3部。由此可见，会稽士族也擅长子学，两晋时期著述繁盛，之后各代都有著述。

第二，从家族来看，主要集中在虞氏、贺氏，尤以虞氏为主。东吴时虞翻独著4部。两晋，7种著述全部来自虞氏。南朝时期虞氏2部，贺氏开始著述，有3部。由此可以看到，会稽虞氏子学最是兴盛，从东吴开始到南朝各代子学著述总计13部，占了总数的81%。会稽贺氏子学著述较晚，在南朝有著述。

第三，从内容来看，会稽士族的子学著述内容丰富，有儒家、兵家、天文历算、释家、道家、杂家等。

儒家类有一种，《隋书·经籍志》载：虞翻著《扬子太玄经注》14卷，此书散亡。

兵家类有三种，皆出自虞潭。虞潭善于武略，为东晋初期的社会稳定做出了重要的贡献，而且颇有文才，善著述。《隋书·经籍志》载：虞潭著有兵书《大小博法》1卷，《投壶经》4卷，《投壶变》1卷，三书皆亡。

天文历法类三种，皆出自虞氏。《隋书·经籍志》载：虞翻著《周易集解律历》1卷、《易律历》1卷，虞喜著《安天论》6卷。虞氏向来以天文历法著称。虞喜是西晋著名天文学家，为申论宣夜说而作《安天论》，以难浑、盖。

释家类有一种，虞孝敬著《内典博要》30卷。《新唐书·艺文志》记载：虞孝敬《内典博要》30卷。唐释道世《法苑珠林》记载："湘东王记室虞孝敬撰《内典博要》四十卷""颇同《皇览》《类苑》之流。后得出家，改名道命。"[1] 唐释道宣《续高僧传》记载："逮太清中，湘东王记室

---

[1] 释道世：《法苑珠林》卷一百十九，文渊阁四库全书本。

虞孝敬，学周内外，撰《内典传要》30卷。该罗经论，条贯释门。诸有要事备皆收录，颇同《皇览》《类苑》之流。渚宫陷没，便袭染衣，更名道命，流离关辅，亦有著述。"①

道家类三种，分别是《隋书·经籍志》载：虞翻注《老子注》2卷，《梁书·贺玚传》载：贺玚著《老子讲疏》《庄子讲疏》。

杂家类五种，分别是虞喜著述三种、虞通之著作一种、贺道养著述一种。《隋书·经籍志》载：虞喜撰《志林新书》30卷，梁有《广林》24卷，又《后林》10卷。《晋书·儒林·虞喜传》载："为《志林》三十篇。"《隋志》作30卷，《唐志》20卷，并题为《志林新书》。鲁迅据《史记索隐》《史记正义》《三国志·吴书》注、《太平御览》等10种古籍校录而成一卷，共40则。《隋书·经籍志》载：宋领军长史虞通之撰《善谏》2卷。《隋书·经籍志》载：宋太学博士贺道养撰《贺子述言》10卷。《旧唐书·经籍志》《新唐书·艺文志》载：《贺子》10卷。此书与《隋志》中的《贺子述言》当是一种。

四 集部著述与分布

朝代	著者	书名	卷数	资料来源
东吴	虞翻	后汉侍御史《虞翻集》	2	《隋书·经籍志》
	谢承	《谢承集》	4	《隋书·经籍志》
晋	贺循	晋司空《贺循集》	18	《隋书·经籍志》
	虞喜	奉朝请《虞喜集》	11	《隋书·经籍志》
	孔坦	晋侍中《孔坦集》	17	《隋书·经籍志》
	孔严	吴兴太守《孔严集》	11	《隋书·经籍志》

---

① 释道宣：《续高僧传》，《大正藏》卷一《史传部》二，新文丰出版公司1983年版，第426页。

续 表

朝 代	著 者	书 名	卷 数	资料来源
晋	孔汪	太常卿《孔汪集》	10	《隋书·经籍志》
	谢沈	《谢沈集》	10	《隋书·经籍志》
	谢沈	《文章志录杂文》	8	《隋书·经籍志》
宋	贺道养	《贺道养集》	10	《隋书·经籍志》
	贺颙	《贺颙集》	11	《隋书·经籍志》
	贺㻗	《贺㻗集》	16	《隋书·经籍志》
	虞通之	宋黄门郎《虞通之集》	15	《隋书·经籍志》
	孔琳之	宋太常卿《孔琳之集》	9	《隋书·经籍志》
	孔宁子	宋侍中《孔宁子集》	11	《隋书·经籍志》
	孔欣	国子博士《孔欣集》	9	《隋书·经籍志》
齐	虞羲	齐前军参军《虞羲集》	9	《隋书·经籍志》
	孔稚珪	齐金紫光禄大夫《孔稚珪集》	10	《隋书·经籍志》
梁	虞炎	《虞炎集》	7	《隋书·经籍志》
	虞䎘	《虞䎘集》	6	《隋书·经籍志》
	虞骞	《虞骞集》		《梁书·何逊传》：虞骞"工为五言诗"，"有文集"。
	孔休源	奏议弹文	15	《梁书·孔休源传》："凡奏议弹文勒成十五卷。"
	孔翁归	《孔翁归集》		《梁书·何逊传》：孔翁归"工为诗"，"有文集"。
	孔奂	《孔奂集》	15	《陈书·孔奂传》："有集十五卷，弹文四卷。"
	孔奂	弹文	4	
总计	23人	25部	238卷	

从以上统计可以得出以下三个结论。

第一，从时代来看，会稽士族集部著述东吴时期有 2 部，两晋时期有 7 部，南朝有 16 部，其中宋 7 部，梁 7 部，陈 2 部。由此可见，会稽士族集部著述丰富，从晋开始繁盛，宋、齐、梁、陈各代都有创作。

第二，从家族来看，集部著述主要集中在孔氏、虞氏。东吴时，虞翻别集 1 种，谢承别集 1 种。两晋，贺氏 1 种，虞氏 1 种，谢氏 2 种，孔氏 3 种。南朝时期，贺氏 3 种，虞氏 5 种，孔氏 8 种。总计，集部谢氏 3 种，贺氏 4 种，虞氏 7 种，孔氏 11 种。由此可以看到，会稽孔氏文学最是兴盛，其次虞氏也擅长，而贺氏并不擅长文学。

第三，从形式来看，会稽士族的集部著述形式基本有两种：一是别集类；一是杂文、弹文、奏议类。其中，除谢沈《文章志录杂文》8 卷、孔休源奏议弹文 15 卷、孔奂弹文 4 卷等 3 种外，其余 22 种皆为别集。其中，《虞骞集》《孔休源集》《孔翁归集》《孔奂集》等 4 种别集《隋书·经籍志》未著录，可见在隋代已散亡。又《虞爵集》6 卷见于《旧唐书·经籍志》，其余别集皆见《隋书·经籍志》。

五　中古会稽士族的主要学术贡献

根据上文的统计和分析，可以看出会稽士族在中古时期主要有以下四方面的学术贡献：擅长经学从而儒学大师辈出；史学方面不仅有深厚的传统且创新不断；文学方面开创了新的体裁；在天文学的某些方面走在了世界的前列。下面分别予以论述。

（一）儒学大师辈出

会稽士族的经学贡献主要集中在《易》学和《礼》学。会稽虞氏，尤其是虞翻是象数解《易》的代表，在易学史和哲学史上都有其重要的地位。会稽士族擅长礼学，尤其是会稽贺氏家族贡献突出。从东晋贺循到梁代贺㻛、贺琛，贺氏家族从礼节、礼制、《礼记》讲疏等多方面，代表了那个时代礼学的最高成就。

1. 三国硕儒虞翻

虞翻（164—233），字仲翔。善武力，有谋略，通医学，懂占卜，不仅博学洽闻，著述丰富，尤其在《易》学上做出重要的成就。据《隋书·经籍志》载虞翻著有四部关于《周易》的著作：《周易注》9卷、《周易集林律历》1卷、《易律历》1卷，与陆绩合撰《周易日月变例》6卷。其中多关涉天文历算。最终成为三国著名的易学大师。汤用彤按照地域思想的不同，将三国易学分为三派：一是江东一带，以虞为代表，虞翻是汉代以象数解《易》的代表；二是荆州，以宋忠等人为代表；三是北方，以郑玄等人为代表。① 提出卦变说、旁通说，"使得一卦变为两卦以上的卦，然后再以互体说、取象说，解释经传文句"②。虞翻在易学史和哲学史都有自己的价值。就易学史而言，"他继承了荀爽的传统，以卦变说解释《周易》经传，取代了京房易学和《易纬》中的阴阳灾变说"。在哲学史而言，"其卦变说蕴藏着一种理论思维，即以对立面的推移和转化，特别是以阴阳二爻互易及其地位的转化为变易的基本法则"③。

虞翻实为硕儒，非只精通《易》，长期专注于学问与讲学。正如韦昭《国语解》："建安、黄武之间，故侍御史会稽虞君、尚书仆射丹阳唐君，皆英才硕儒，恰闻之士也。"晚年被徙交州时，收徒教授，又为《老子》《论语》《国语》训注。终其一生以文化的传播为己任。

---

① 汤用彤：《魏晋玄学论稿》，上海古籍出版社2001年版，第113页。
② 朱伯崑：《易学哲学史》，华夏出版社1995年版，第218、220页。
③ 同上。

2. 晋儒宗贺循

贺循（260—319），字彦先。言行举动，必以礼让，好学博闻，尤善三《礼》。

贺循有高德志操，才识清远。早年任武康令时，深得顾荣、陆机、陆云的赞赏。三人皆为才德兼备之士，联合上表举荐贺循。又陈敏作乱时，诈称诏书，以贺循为丹阳内史。贺循以脚疾拒绝，手不制笔，又服寒食散，露发袒身，示不可用，陈敏竟不敢逼。而此时州内豪杰无不受陈敏爵位，只有贺循与同郡朱诞不介入其事。被时人评价"会稽贺生，体识清远，言行以礼。不徒东南之美，实为海内之秀"[1]。入东晋，深得晋元帝司马睿的器重。贺循为人谦退，虽一再上表辞让，拜太常、太子太傅，晚岁改左光禄大夫、开府仪同三司。临终前，太子三次前往探视。去世后，晋元帝素服举哀，哭之甚恸。贺循善著述。《隋书·经籍志》载：《丧服要记》10卷，梁有《丧服要记》6卷，《丧服谱》1卷，《会稽记》1卷，《贺循集》18卷。

贺循博览众书，尤精礼传。东晋朝廷初建，宗庙制度多有凝滞。尚书仆射刁协时与贺循有不同意见，贺循答义深备，最终按贺循的意见来实施。朝廷礼制每有疑异，皆向贺循咨询。贺循总能依经礼而议，从而为东晋礼制建设提出了不少合理的意见，被尊称为"当世儒宗"[2]。

3. 晋通儒虞喜

虞喜（281—356），字仲宁。少立操行，博学好古。朝廷多次征召不仕，专心治学，著述颇丰，在史学、文学、天文学等方面皆有突出成就。

虞喜终其一生，专心经传，兼览谶纬，又释《毛诗略》，注《孝经》，为《志林》30篇。凡所注述数十万言，行于世。《隋书·经籍志》载：梁

---

[1] 余嘉锡：《世说新语笺疏》，中华书局2007年版，第113—114页。
[2] 房玄龄：《晋书》卷六十八《贺循传》，中华书局1974年版，第1830页。

有《周官驳难》3卷，孙琦问，干宝驳，晋散骑常侍虞喜撰；《论语》9卷郑玄注，晋散骑常侍虞喜赞；《新书·对张论》10卷；《志林新书》30卷；梁有《广林》24卷，又《后林》10卷；《安天论》6卷。另有《奉朝请虞喜集》11卷。

虞喜因深谙礼制，深受时人崇敬。虽不做官，但其礼学尤为朝廷见重，当世不能决策之礼制问题皆要向虞喜咨访。同乡贺循为司空，"每诣喜，信宿忘归，自云不能测也"①。

4. 齐梁大儒贺玚

贺玚（452—510），字德琏，贺循玄孙。贺氏世代以儒术显，父贺损，亦传家业。贺玚少传家业，学《三礼》。齐时，刘瓛为会稽府丞，见贺玚而非常器重。一起造访吴郡张融，指贺玚对张融说："此生神明聪敏，将来当为儒者宗。"②并推荐为国子生。后果然为其言中。贺玚历任齐、梁奉朝请、太学博士，太常丞等，在齐梁的礼制创建中做出了贡献。

贺玚于《礼》尤精。梁武帝天监（502—519）初，命群儒制礼，《通典》卷四十一载："吉礼则明山宾，凶礼则严植之，军礼则陆琏，宾礼则贺玚，嘉礼则司马褧。"中由太常丞贺玚掌《宾礼》，六年乃成。徐勉《上修五礼表》曰："《宾礼仪注》以天监六年五月二十日上尚书，合十有七秩，一百三十卷，五百四十五条。"③梁武帝召见说《礼》义，异之，诏朝朔望，预华林讲。天监四年（505），开五馆，以贺玚兼任《五经》博士，别诏为皇太子定礼，撰《五经义》。当时梁武帝方创定礼乐，贺玚所建议多见施行。

贺玚乡里聚徒教授，四方受业者三千余人，馆中生徒常百数，弟子明

---

① 房玄龄：《晋书》卷九十一《儒林·虞喜传》，中华书局1974年版，第2348页。
② 姚思廉：《梁书》卷四十八《儒林·贺玚传》，中华书局1973年版，第672页。
③ 姚思廉：《梁书》卷二十五《徐勉传》，中华书局1973年版，第382页。

经封策至数十人。著《礼》《易》《老》《庄》讲疏,《朝廷博议》数百篇,《宾礼仪注》145卷。

5. 梁通儒贺琛

贺琛（约482—550），字国宝。幼孤，伯父贺玚授其经业，一闻便通义理。贺玚异之，常曰："此儿当以明经致贵。"[1] 贺玚卒后，贺琛因家贫常往来于诸暨贩米以养母。余闲则习业，尤精三《礼》。20余岁时就有贺玚生前的门徒从其问道。年将三十，在郊郭之际筑茅茨数间，从事讲授。因有深厚的家传礼学，贺琛能探究精微，占述先儒，吐言辩絜。受业听讲者终日不疲。

贺琛深谙礼学，又善经学。湘东王幼年临会稽郡，到溉为行事，听说贺琛美名，命驾造访。正值贺琛讲授，学侣满筵。闻上佐忽至，莫不倾动，而贺琛说经不辍。到溉下车，欣然就席，便申问难。贺琛往复从容，义理该赡。到溉叹曰："通儒硕学，复见贺生。今且还城，寻当相屈。"[2]

后出仕，普通中，召补祭酒从事，已40余岁。历官中书通事舍人、尚书左丞、御史中丞、通直散骑常侍，参礼仪事。梁武帝闻其有学术，特在文德殿召见，与语悦之，谓仆射徐勉曰："琛殊有世业。"[3] 每觐见梁武帝，常与之语良久，中书省语曰："上殿不下有贺雅。"[4] 贺琛容貌行止都雅，故有此语。

贺琛任职时，凡涉及郊庙的礼仪制度，多由他创定。贺琛所撰《三礼讲疏》《五经滞义》及诸仪法，凡百余篇。

6. 梁大儒孔子祛

孔子祛，会稽山阴人。少孤贫好学，耕耘樵采，常怀书自随，役闲则

---

[1] 李延寿：《南史》卷六十二《贺琛传》，中华书局1975年版，第1507、1509页。
[2] 同上。
[3] 姚思廉：《梁书》卷三十八《贺琛传》，中华书局1973年版，第541、542页。
[4] 同上。

诵读，勤苦自励，遂通经术。尤明古文《尚书》，兼国子助教，讲《尚书》40 遍，听者常数百人。为西省学士，助贺琛撰录，书成，兼司文侍郎，不就。

梁武帝撰《五经讲疏》及《孔子正言》，专使孔子祛检阅群书以为义证。事毕，敕孔子祛与朱异、贺琛于士林馆递日执经。后加通直正员郎，卒官。孔子祛著《尚书义》20 卷，《集注尚书》30 卷，续朱异《集注周易》100 卷，续何承天集《礼论》150 卷①。

（二）史学传统的发扬

会稽士族史学传统深厚，不仅历代皆有正史类著述，如东吴谢承《后汉书》、晋虞预《晋书》，而且尤为关注本地的先贤、历史和地理。郡书类如谢承《会稽先贤传》、虞预《会稽典录》等，谱牒类如虞预《诸虞传》、虞览《虞氏家记》等，地理类如贺循《会稽记》、孔灵符《会稽记》等，各类史学著述丰富，反映了会稽士族对地域乡邦的真挚情感。正如唐代史学家刘知几《史通·杂述》曰："矜其乡贤，美其邦族，施于本国，颇得流行，置于他方，罕闻爱异。"② 同时，留下了几部非常重要的史学著作，或首开该类著述，或是现存该类著述的第一部。

1. 虞龢《法书目录》：第一部书法目录类著作

虞龢，会稽余姚人。任太学博士，后又任中书郎，与其才学相关。虞龢少年即好学爱书，"少好学，居贫屋漏，恐湿坟典，乃舒被覆书，书获全而被大湿。时人以比高凤"③。

因受宋明帝（465—472 年在位）的重视，虞龢受命编辑先贤法书名

---

① 李延寿：《南史》卷七十一《儒林·孔子祛传》，中华书局 1975 年版，第 1743—1744 页。
② 浦起龙：《史通通释》，上海古籍出版社 2009 年版，第 255—256 页。
③ 李延寿：《南史》卷七十二《文学·丘巨源传附》，中华书局 1975 年版，第 1770 页。

录，著有《法书目录》6卷。《法书目录》是第一部关于书法的目录学著作。书虽逸亡，但仍然可见当时书法的盛行。虞龢现存与书法有关的，是一篇呈给宋明帝的表文《论书表》。据该表所载还有其他著作《诸杂势》1卷，《二王镇书定目》6卷，《羊欣书目》6卷，《锺张等书目》1卷。

2. 慧皎《高僧传》：第一部记录历代高僧的传记

慧皎，生卒年不详，梁会稽上虞人，俗姓未知，当为会稽某姓士族子弟，学通内外典籍，常住会稽嘉祥寺。春夏讲经，秋冬著述。其中最著名者即《高僧传》。

慧皎《高僧传》，是现存的第一部系统的高僧传记，记载了从东汉明帝永平十年（67）到梁天监十八年（519），共453年间"包举南北二百五十七人，又旁出附见者二百三十九人"[①]的高僧传记。详细记录了从汉代到梁代各时期高僧的生平事迹，以及高僧与名士的交游，是佛教的重要典籍，不仅可以见出佛教的繁荣，而且是研究汉晋南朝社会文化的重要史料，具有重要的文献价值。唐释道宣受其影响著有《续高僧传》。

（三）文学体裁的开创

1. 虞喜《志林新书》：最早的学术笔记

《晋书·儒林·虞喜传》载：虞喜为《志林》30篇。《隋志》作30卷，《唐志》20卷，并题为《志林新书》。鲁迅据《史记索隐》《史记正义》《三国志·吴书》注、《太平御览》等十种古籍校录而成1卷，共40则。

据鲁迅辑录《志林》1卷来看，《志林》应该是一部学术笔记，内容涉及地理、训诂、典故、历史、职官、礼制、礼器、神话、传说等，多为考证性札记。《志林新书》是现存最早的学术笔记，开启了后世学者著述

---

① 汤一介：《绪论》，慧皎《高僧传》，中华书局1997年版，第2页。

之风气。

2. 虞通之《妒记》：导后世院本小说之先路

宋虞通之，秉承家学，善言《易》，能著述。《隋书·经籍志》载：《妒记》2卷，子书《善谏》2卷。《宋黄门郎虞通之集》15卷（梁20卷）。

虞通之《妒记》是第一部关注妒妇的著作。《隋书·经籍志》载：虞通之《妒记》2卷，《新唐书·艺文志》载：虞通之《后妒记》4卷。二书皆亡，仅见于《世说新语》及《艺文类聚》等类书，鲁迅《古小说钩沉》辑录《妒记》7则。

史书记载，虞通之作书出于圣意："宋世诸主莫不严妒，明帝每疾之。湖熟令袁慆妻以妒赐死，使近臣虞通之撰《妒妇记》。"[①] 可见，妒妇已经是当时非常普遍、严重的社会现象，不但引起皇帝的重视，还指定人来撰写这类妒妇的故事。《妒记》与《世说新语》一样属于志人小说集，内容多为真人真事，被后世史书采录，如关于王导妻曹氏条被《晋书》采用。

从现存七条内容来看，《妒记》记载了两晋妒妇的事迹，主要表现在拒绝丈夫纳妾、限制丈夫交往，"这部《妒记》大约是我国第一部以夫妇关系为题材的小说集，很值得重视"[②]。钱锺书《管锥编》曰："盖《记》《表》为一事而发，且出一人之手也。所刻画诸状，每导夫后世院本小说之先路。"[③]

《妒记》对后世影响深远。首先，出现了一些补作。如唐王方庆《续妒记》5卷、宋王绩《补妒记》8卷等著作，使妒妇文学一直延续。其次，后代几部大类书受《妒记》影响，皆设有"妒妇"一门，如《艺文类聚》

---

① 李延寿：《南史》卷二十三《王藻传》，中华书局1975年版，第619页。
② 向楷：《世情小说史》，浙江古籍出版社1998年版，第35页。
③ 钱锺书：《管锥编》（第四册），中华书局1979年版，第1324页。

《太平广记》等。

3. 孔灵符《会稽记》：地理游记小品

宋孔灵符（？—465），孔愉曾孙。孔灵符关注地域文化，著有《会稽记》。虽《隋书·经籍志》及《旧唐书·经籍志》《新唐书·艺文志》均不录，但《会稽记》多为古书所征引。鲁迅辑录《会稽记》佚文为1卷，收入其《会稽郡故书杂集》。

根据鲁迅所辑录内容，《会稽记》为记载古代会稽地理传说的重要资料，多介绍会稽境内名山胜水的地理地貌、传说故事、历史掌故以及民俗民风。从地理到传说，内容丰富，文字流畅清新，有如山水游记，故《会稽记》可看作南朝地理游记小品文。

（四）天文学上的重要贡献

通儒虞喜，不仅史学、文学成就突出，在天文上亦有贡献。他发现"岁差"以及所持"安天论"在天文学上具有重大的意义。

1. "岁差"的发现

晋虞喜在咸和五年（330）发现"岁差"。《宋史·律历志》曰："《书》举正南之星以正四方，盖先王以明时授人，奉天育物。然先儒所述，各有同异。虞喜云：'尧时冬至日短星昴，今二千七百余年，乃东壁中，则知每岁渐差之所至。'"[①] 这是中国天文学上的大事件。

虞喜第一次发现岁差后，得到何承天、祖冲之等人的认同，祖冲之编订《大明历》第一次将"岁差"引入。

2. "安天论"

虞喜著《安天论》，收入《全上古三代秦汉三国六朝文》。该文指出：

---

① 脱脱：《宋史》卷七十四《律历志》，中华书局1977年版，第1689页。

古来言天体者三家，浑天说、盖天说、宣夜说，今见《昕天论》《穹天论》为浑天说、盖天说张目，故特别要为宣夜说申论。虞喜主张"天高穷于无穷，地深测于不测"，即天地有无限的空间，日月星辰各自运行。接着指出"浑然包地"的浑天说、"浑然有盖"的盖天说的不合理处。如果"天裹地似卵含黄"，则"地是天中一物"，古人何必再用"地"这一名称来配"天"①。这一主张既否定了主张天圆地方的盖天说，又批判了主张天地浑圆、天包地如同鸡子卵裹黄的浑天说。

虞喜赞同宇宙无限的宣夜说，并予以继承和发展，这在天文学史上，占据了重要的地位。宣夜说展示了一幅无穷无尽的宇宙景象，日月众星在气的托浮下自然运行，在天文学上具有开创的意义。李约瑟认为："这种宇宙观的开明进步，同希腊的任何说法相比，的确都毫不逊色，亚里多士德和托勒密僵硬的同心水晶球概念，曾束缚欧洲天文学思想一千多年。中国这种在无限的空间中飘浮着稀疏的天体的看法，要比欧洲的水晶球概念先进得多。"②

综上所述，中古会稽士族在各自擅长的领域，经学、史学、文学、天文等方面，为中华文化的发展和繁荣做出了卓越的贡献。

（原文刊登于《绍兴文理学院学报》2017 年第 4 期）

---

① 严可均：《全上古三代秦汉三国六朝文》（第二册），中华书局1999年版，第1933页。
② 李约瑟：《中国科学技术史》（第四卷），科学出版社1975年版，第115—116页。

宋明时期文化家族研究

宋代越地的文化家族[*]

——以明州鄞县史氏和越州山阴陆氏为中心

高利华[**]

摘　要：宋代是继魏晋以来越地家族文化兴盛的第二个密集期。以史浩代表的鄞县史氏家族和陆游为代表的山阴陆氏家族的崛起和发展，最典型地体现了宋代文化家族不同于六朝的文化家族诸多的特点。他们崛起于寒门，通过科举走上仕途，或在政坛上有所建树，或在文坛上声名卓著。与六朝文化家族相比，呈现出进士起家和秉持耕读传家的传统、注重家学和诗书传家的特点。鄞县史氏属于科举、仕宦型家族，重要的建树在政治上，学术文化是这个家族的起点和归属。而山阴陆氏则属于科举、学术型家族，主要重要的建树在学术文化上，仕宦仅仅是其安身立命的手段。宋代政治经济文化中心的南移，为越地的文化家族的形成发展提供了更直接更有利的机遇。这两个家族虽然起于北宋，但辉煌期都是在宋室迁南建都临安后，这与彼时越地已成为京畿之地，得天时地利人和不无关系。

关键词：越文化；文化家族；鄞县史氏；山阴陆氏；科举

---

[*] 基金项目：本文系浙江省社科规划办重点课题，绍兴文理学院越文化研究中心项目"越文学艺术论"（项目编号：06DYW05Z）阶段性成果。

[**] 高利华（1964—　），女，浙江绍兴人，绍兴文理学院人文学院教授。

越文化的一个重要标志就是密集的人才和家族文化。从魏晋开始，越地出现了许多文化家族，如王羲之、王献之为代表的王氏家族，谢安、谢灵运为代表的谢氏家族，以贺循、贺场为代表的贺氏家族，以孔愉、孔稚珪为代表的孔氏家族，以虞世南、虞世基为代表的虞氏家族等。越地文化家族史不绝书，六朝时期形成了文化世家的第一个密集期。这些文化家族，积几代人的文化素养，培养出了出类拔萃的名人名家。不但使本家族声名鹊起，也为地域文化氛围的形成增添了许多亮眼之处。入宋以后，由于社会安定，尚文之风的普遍，越地家族文化又一次迅速崛起，于是形成了越地文化家族兴盛的第二个密集期。著名的有吴越钱氏家族（钱惟演、钱昆、钱易），山阴陆氏家族（陆轸、陆佃、陆宰、陆游），明州鄞县史氏家族（史浩、史涓、史弥远、史弥巩、史弥宁、史嵩之），明州楼氏家族（楼郁、楼异、楼钥），衢州赵氏家族（赵湘、赵抃、赵扬），富阳谢氏家族（谢涛、谢绛、谢景初、谢景温），金华杜氏家族（杜旃、杜旟、杜斿、杜㫋、杜旞），金华俞氏家族（俞紫芝、俞澹），龙泉孙氏家族（孙逢吉、孙逢年、孙逢辰），平阳林氏家族（林景怡、林景熙）等。宋代的文化家族大多崛起于寒门，他们以科举进士起家，通过科举走上仕途，或在政坛上有所建树，或在文坛上声名卓著，与六朝文化家族相比，呈现出新的特点，在这方面，以史浩为代表的明州鄞县史氏家族和以陆游为代表的越州山阴陆氏家族最为典型。

一　明州鄞县史氏家族

明州鄞县史氏家族以进士起家，一跃成为南宋望族，是宋代文官政治下通过科举白手起家的显贵家族的典范，在南宋政坛上具有非凡的影响力。鄞县史氏家族枝繁叶茂，家道昌兴，三代为相，一门中出了 26 位进士[1]。通过荫补入仕的更不计其数，"生其门者，人怀卿辅之望，两制以下，或所不屑"[2]。如此显赫的家族，最初也是一般的寒门，并无根底。

史氏家族的政治地位和命运是通过科举改变的。

鄞县史氏第一个出仕的是史才。史才（？—1162），政和八年（1118）进士，是鄞县史氏第一个考取进士步入仕途的人。遗憾的是史才投靠秦桧，位至副相，政治名声不佳。但他使史氏跻身官宦，并拥有荫补入官的特权。

真正使鄞县史氏崛起的是开拓了史氏"一门三宰相，四世二封王"辉煌基业的南宋名相史浩。

史浩（1106—1194），字直翁，绍兴十五年（1145）进士，孝宗隆兴（1163—1164）、淳熙年间（1174—1189），史浩两入为相，位极人臣，是这个家族的骄傲，他为史氏家族在南宋科场和政坛树立了新的形象和地位。史浩从小好读书，由于父亲过早去世，作为长子他承担了生活中的种种艰难。他凭自己的真才实学步入仕途，得到高宗赏识，以此受知于朝廷，被选中出任高宗的养子赵昚（后来的孝宗）的老师，史浩辅助赵昚度过了他一生中最艰难的岁月，并建立起非同寻常关系。绍兴三十二年（1162）孝宗即位，史浩任参知政事，隆兴元年（1163）拜尚书右仆射。成为孝宗朝重臣。他首先辨赵鼎、李光无罪，又为岳飞等平反。史浩为政几十年，先后引荐过许多有用之才，其中包括张浚、王十朋、朱熹、杨简、陆游、叶适等数十人。

史浩一共有四子，均步入政坛，第三子史弥远（1164—1233）尤其出色，是宁宗时右丞相，封鲁国公，封会稽郡王，追封为卫王，谥忠献。史

---

[1] 袁桷：《延祐四明志》卷五《节妇·冀国夫人传》，《宋元方志丛刊》，中华书局 1990 年版，第 6217—6218 页。
[2] 戴表元：《跋史和旨诗卷·剡源集》卷 18，《丛书集成初编》（第 2057 册），中华书局 1991 年版，第 278 页。

浩幼子史弥坚（1166—1232），直奉大夫、兵部尚书，卒赠资政殿大学士。史浩堂弟史渐（1124—1195）也是一个很有影响力的文人，40岁入太学，所生七子五人中进士，累封赠至太师齐国公。史渐长子史弥忠（1161—1244），字良叔，淳熙十四年（1187）进士，知庐陵、守吉州、提举福建盐茶，有政声。卒赠少师，封郑国公。史渐次子史弥巩（1171—1250），嘉定十年（1217）进士。官各地均有政声。召为司封郎中，为避侄史嵩之入相，引嫌乞辞，以直华文阁知婺州。史渐之孙史嵩之（1189—1257），嘉定十三年（1220）进士，是理宗时左丞相，封鲁国公、永国公，谥庄肃。史嵩之弟史岩之（1193—1270），嘉定十年进士，资政殿大学士、银青光禄大夫。史家能够保持家族的政治辉煌，主要由于自身的科举考试的杰出能力，如仅史氏"弥"字一辈人中，就有9人考中进士，通过荫补权有34人取得官位。

史氏家族不仅在政治上影响巨大，而且家门文化气氛浓郁，在文学上也多有建树。家族中涌现了史浩、史涓、史弥巩、史弥宁等文学名人。

史浩治学严谨，著述甚富，有《鄮峰真隐漫录》《鄮峰真隐大曲》《尚书讲义》《周官讲义》《论语口义》《童丱须知》《会稽先贤祠传赞》等，最有价值的是他创作的俗词。

宋室南渡后，社会相对承平，建都临安，两浙成为京畿之地，以娱乐为主的节序风俗与士大夫社会的日常生活开始渗透到词的创作中来。于是赋予了词很多社交的功能，大量应歌词、应社词、酒词、茶词、节序词、寿词出现。史浩的词作，大多数为寿词、劝酒词和官场应酬之作，反映了南宋词坛风气，是"宫廷专事应制的供奉词人群"[①]的代表，叙说的是酒楼歌榭佐欢之乐，表达的是世俗情怀。史浩的词反映了仕宦生涯中燕饮侑

---

① 刘扬忠：《唐宋词流派史》，福建人民出版社1999年版，第388页。

觞和社交应制的普遍风气。例如史浩的《满庭芳·劝乡老众宾酒》：

> 十载江湖，一朝簪组，宠荣曷称衰容。圣恩不许，归卧旧庐中。慨念东山伴侣，烟霞外，久阔仙踪。今何幸，相逢故里，谈笑一尊同。
>
> 吾州，真幸会，湖边贺监，海上黄公。胜渭川遗老，绛县仙翁。纵饮何辞烂醉，脸霞转，一笑生红。从今后，婆娑化国，千岁乐皇风。

史浩的词以其特殊的身份、地位，在南宋初年的词坛上，反映着词的社会文化风气和功能。因为无论是"词体本身的雅与俗，在构成和维持唐宋整体的社会文化中，都各自发挥着作用，不管其功能有高下之分，其价值有大小之别，对生活都是有效的。……由这一社会文化形态孕育而成的形而下的实用功能，则又是唐宋词体的生命力得以生生不息的源泉"[1]。尽管功能不尽相同，但都具备有效的艺术价值。

特别值得一提的是他在《鄮峰真隐漫录》中保留了他创作的大曲的歌词。共有《采莲》《采莲舞》《太清舞》《柘枝舞》《花舞》《剑舞》和《渔父舞》等七套。每一套又各有段落，还有段落的名称和细节。大曲多联章而咏，史浩的词保存了许多不易见到的宋代大曲的歌词，是研究唐宋以来舞曲的极为可贵的史料。吴梅跋《鄮峰真隐大曲》说宋时大曲，"如六一、东坡，往往仅作勾放乐语而不制歌词；郑仅、董颖之徒，则又止有歌词，而无乐语，二者鲜有兼备焉。《鄮峰大曲》二卷，有歌词，有乐语，且诸曲之下，各载歌演之状，尤为欧、苏、郑、董诸子所未及，宋人大曲之详，无有过于此者矣"[2]。史浩所作大曲适足代表时风。他不同于唐大曲重乐、舞，近于"曲"的表演形式。明显表现出"歌词"向"文辞"的

---

[1] 沈松勤：《唐宋词社会文化学研究·绪论》，浙江大学出版社2004年版，第7页。
[2] 吴梅：《吴梅戏曲论文集》，中国戏剧出版社1983年版。

转化趋势。有研究认为,史浩七套大曲在"曲"向"词"渐变之时,叙事性渐为主位,虽未入于"代言体"之戏剧,作为"大曲"之"曲"的嬗变,却是歌舞"声容"之"曲"向叙事"代言"之"曲"转化的表现,从表演艺术言,可谓转移;从叙事文学言,可谓发展,[1] 其价值是不言而喻的。史浩晚年还创"四明尊老会",与魏杞、汪大猷咏诗品茗,写下大量诗作;又和地方上学者与亲故建"月湖诗社",以吟咏为乐。

史氏家族自史浩而后,文脉绵延,文学创作之风大炽,出了不少文学人才。史浩之五弟史涓,曾为删定官,是从事文字工作的,积学自然深厚,故史氏称"自删定以来,父子祖孙,人人有集",后人辑有《史氏世宝集》。史弥林(史涓之子)在学术上颇有影响,他是明州心学学派大师杨简和袁燮的高徒。史浩之堂弟史渐作为太学生读书京城多年,回家后潜心教子获得巨大成功,培养了5个进士儿子,成为典型的宦官大族兼书香世家。

"弥"字辈中,史浩之长子史弥大天资聪慧,早年考中进士进入仕途,不幸的是英年早逝。史浩的四弟史源之子史弥宁擅诗,以荫补入仕,官至淮东转运使,是当时著名的诗人。据《光绪鄞县志·艺文志五》记载,这一辈中有文集的有7人,史弥大有《朴斋文集》、史弥应有《自乐山翁吟》、史弥忠有《自斋集》(50卷)、史弥坚有《沧州诗稿》、史弥巩有《独善先生文集》(20卷)、史弥宁有《友林诗稿》(2卷),此外史弥林也有文集。可惜的是这些著录的文集只有史弥宁的《友林乙稿》幸存1卷,尚可一睹史氏"弥"字辈创作的风采。史弥宁的《友林乙稿》在艺术上竭力追踪"诚斋体",颇能在活处见智、灵、趣、理,别具自然诗性,是"诚斋体"的优秀后继者。[2]

---

[1] 赵晓岚:《论史浩〈鄮峰真隐大曲〉及唐宋宫廷大曲之别》,《文学遗产》1999年第5期。
[2] 张如安:《汉宋宁波文学史》,中国文联出版社2001年版。

"之"字辈中，留名史籍的有史岩之等23人，有文集的有史岩之《寿乐稿》、史宅之《云麓稿》、史宜之《用拙斋集》、史定之《月渔集》、史嵩之《野乐集》（百篇）、史安之《类稿》、史恺之《拙斋集》等。史浩之长孙史守之，追随楼钥、杨简、袁燮从事学术研究工作，是南宋时宁波的一大藏书家。史定之著有多本易学专著，是易学专家。他在饶州为官时主持了饶州地方志的编写，在当时的学界颇有名声。史嵩之是史氏的第五代传人中的佼佼者，嘉定十三年（1220）进士，位至参知政事、宣奉大夫、右丞相兼枢密使。淳祐二年（1242），进高、孝、光、宁帝《纪》，《孝宗经武要略》《宁宗实录》《日历》《会要》《玉牒》，可谓政干、史识、文才兼备。史嵩之弟史岩之（1193—1270），嘉定十年（1217）进士，仕至资政殿大学士，也是很有学识的朝臣。此外，如史能之、史隽之等也俱有文才。史隽之留下的作品虽不多，风格却豪放悲壮，不乏感怀时事之作，他的《望海潮·浮远堂》词有乃祖史浩之遗风：

危岑孤秀，飞轩爽豁，空江泱漭黄流。吴札故邱，春申旧国，西风吹换清秋。沧海浪初收。共登高临眺，尊俎绸缪。凤集高冈，驹留空谷接英游。

八窗尽控琼钩。送帆樯杳杳，潮汐悠悠。千古兴怀，关河极目，愁边灭没轻鸥。淮岸隔重洲。认澹霞天末，一缕青浮。未许英雄老去，西北是神州。[①]

史氏家族在词曲的创作方面也有自己的艺术贡献。史浩、史弥巩、史弥远、史隽之、史卫卿等均能作词，但现在留下的词集仅有史浩的《鄮峰真隐词曲》一部。"弥""之"辈以后，史氏见诸史籍者日见式微，但家

[①] 唐圭璋：《全宋词》，中华书局1981年版，第2774页。

族中仍有不少人苦苦地守望着文学的一方净土。例如，史蒙卿有《果斋文集》（40卷），史矩卿有《诗稿》，史文卿有《野语》，史卫卿有《桂山小稿》，史徽孙有《诗文》与《观物和陶诗》（50篇），史明孙有《起村集》，史越伯有《云间集》等，但这些诗文集均不见传于世。

综观史氏家族的子弟，堪称才人辈出，抱玉怀珠。这个家族不仅具有超强的科举能力，而且有鲜明的文化自觉意识，文学创作上别具风采。史氏由一般的耕读人家一变为科举仕宦世家，仍不失文化世家的本色。

二 越州山阴陆氏家族

山阴陆氏家族历史悠久，在历史上出了许多有名望的人物。《放翁家训》说陆氏家族在唐官为辅相者有6人之多，所谓"文武忠孝，史不绝书"。唐末政局动荡，陆氏为避五代之乱，从吴郡迁徙到嘉兴、钱塘。吴越国时，再迁到山阴隐居。从此，陆氏家族在山阴鲁墟遵循祖训，以耕读传家。直到北宋大中祥符年间（1008—1016），陆氏家族才与时俱兴，陆游高祖陆轸以进士起家，而后家族中登进士者达16人，① 文才儒学应有尽有，为官有声望者更不计其数。陆氏在山阴称得上是诗书簪缨之族，也是科举入仕人数较多的仕宦家族之一。陆游祖辈中，如曾祖陆珪为国子博士，祖父陆佃、叔祖陆傅均是神宗朝进士，伯祖陆佖官至中大夫，均有政绩；陆游父辈中，叔伯陆长民是神宗朝进士，伯父陆宲官至朝散大夫，是个书法家，伯父陆寘官至中散大夫赠少师，叔父陆宩（元珍）官至右朝散大夫并有治业取予的才略；陆游同辈兄弟中也不乏出类拔萃的人才，从兄

---

① 冯丽君：《谈宋代山阴陆氏家族对陆游的影响》，《绍兴文理学院学报》2003年第3期。

陆升之、陆光之是高宗朝进士，从弟陆承之是孝宗朝进士，从兄陆沆、陆沇、陆洗均为朝奉大夫，胞兄陆淞官至左朝请大夫，雅好文学，辞采斐然。陆游的子侄辈中，长子陆子虞曾参与修撰《会稽志》，能诗，有《淮西小稿》，今佚。幼子陆子聿善诗能文，早慧，陆游说他10岁能吟病起诗。在溧阳任上，撰有《溧阳县题名记》和《渭南文集跋》。总之，陆氏家族中可表可书，值得称道的人物是很多的，影响较大的除陆游而外莫过于陆轸、陆佃和陆宰。

陆游高祖陆轸（979—1055），字齐卿，是个颇有传奇色彩的人物。相传年幼时默默不能言，7岁时忽然开口朗然作诗，语出惊人："昔年曾住海三山，日月宫中屡往还。无事引他天女笑，谪来为吏在人间。"从此才思迸发，一发而不可收。宋真宗大中祥符五年（1012）登进士，曾为越州知州，也以吏部郎中直昭文馆知严州，为官多施惠政，清廉有声望，官至礼部郎中。后因孙子陆佃功绩卓著，朝廷追赠他为太子太傅。陆轸一生性情宽厚、正直坦荡，仁宗皇帝为此特赐玉砚表彰他的清白。他笃信道教，精通阴阳堪舆之术。看到会稽吼山一带山水绝佳，便有意识地在那儿建立了住宅，经常往来于鲁墟与吼山之间。他写了《修心鉴》一书，教育子孙如何为学为人。他十分信奉道教，热衷于修炼道教辟谷炼丹之术，功力深厚。爱喝酒，酒醉之后，将花插在帽上，怡然自乐，懂医摄生，晚年自号朝隐子。陆游这位以进士起家的高祖，《宋史》无传，但在陆游心目中有着崇高的地位，陆游的《家世旧闻》[①]中对高祖的德行有许多记载，景慕之情溢于言表，以至于后来陆游的立身行事常常带有乃祖的风格。陆轸为官清廉自洁，两袖清风，终身未置余产。喜欢读书买书，把有限的俸禄都购置典籍留与子孙，为子孙做出了榜样。另外，陆轸身上学道修身自适的

---

① 孔凡礼：《唐宋史料笔记丛刊》，中华书局1993年版。

作风对陆游影响也是明显的。

陆游曾祖陆珪（1020—1073）是陆轸的次子，陆珪生前为国子博士。后因其子陆佃功绩，朝廷追赠他为太尉。陆珪同时代人苏颂在《苏魏文公文集》卷59有一篇《国子博士陆君墓志铭》说他"有才气，好学尚义"，为人刚正，治政以聪察为先。陆珪有四个儿子，以次子陆佃、三子陆傅名声为著，时人把他们兄弟俩比为"二陆"，即西晋时的大才子陆机、陆云兄弟。值得一提的是陆游的叔祖陆傅，官至礼部尚书，和陆游一样，也是一位有名气的高产诗人。

陆游祖父陆佃（1043—1104），字农师，号陶山，神宗熙宁三年（1070）进士，官至尚书左丞，卒后追赠太师楚国公，《宋史》有传。陆佃秉承祖上清廉自守的家风，从小刻苦好学，寒暑不辍。年幼时家里清贫，没有油灯，就映着月光读书。青年时代的陆佃景慕"王学"，就不远千里跑到金陵，拜王安石为师，学习经学。后来，由于陆佃与王安石推行的新政持有不同意见，又不肯盲目依附，因而得罪了王安石，王安石便不再和他谈论时政。因此，在经学上，他们是师徒；在政见上，陆佃与身为宰相和主考官的王安石是对立的，以至于后来被奸臣划入元祐党籍。哲宗即位后，任用司马光为相，把以前参与王安石变法的官员全部摈除。王安石一旦失势，许多人便望风而变色，甚至不惜倒戈相背。陆佃则处之如素，不离不弃，终生执弟子礼甚恭。王安石死后，陆佃还特地到王安石的神像前哭祭，颂恩师为"真儒"，在修纂《神宗实录》时，数次与史官范祖禹、黄庭坚争辩，客观评价了王安石的历史贡献。士大夫纷纷称赞陆佃人品高尚，敬佩他的操持，这种不背于本真的做法最为后人所推重。陆佃历任神宗、哲宗、徽宗三朝仕宦，是个耿直尽职、不亢不卑的朝臣，更是个持论宽恕、博学多才的学者。他爱好读书藏书，一生著书242卷，参与了《神宗实录》《哲宗实录》的修纂，在经学、文学、礼仪、名数方面造诣精深。

著有《埤雅》《尔雅新义》《礼象》《春秋后传》等著作，《陶山集》是他的诗文集，流传下来的诗歌有200多首，其中以七言近体诗最有特色，这方面陆游可谓得其真传，并有出蓝之胜。陆游对祖父陆佃的道德文章是极其敬佩的，他甚至把祖父比作儒学创始人孔子和儒学大师董仲舒。陆佃在经学、文学方面的卓越成就深深地激励着子孙后代见贤思齐，自此，经学和文学也就成了陆氏代代相传的家学。陆游的《家世旧闻》中涉及祖父的材料有50多则，非常形象生动地记录了陆佃一生的思想、德行、操守、学问、见识等，洵可补《宋史》本传之不足。

陆游父亲陆宰（1088—1148），字元钧，号千岩，通经学，是一位信守"王学"、为人正直、坚持气节的人，又是宋代著名的藏书家。陆游的《家世旧闻》有三十几处记到父亲陆宰，为我们了解陆宰其人及其思想作风提供了不可多得的资料。陆宰是个学识丰富的人。他博闻强识，能诗善文，还特别爱好藏书。陆家典藏书籍上万卷，与当时藏书大家石公弼、诸葛行仁齐名，被誉为浙中三大藏书家。父亲在隐居山阴时花大力气修筑了双清堂、小隐山，用来收藏图书。家里藏书最多时上万卷。北宋末，朝廷下诏鼓励民间献书，陆宰一下子就呈献图书13000多卷，是宋代私家向朝廷献书最多的，因此受到朝廷的表彰。

陆游为自己出身于这样一个书香门第而感到自豪，自称"七世相传一束书"。[①] 陆宰的藏书对子孙的学业影响是很大的。受家庭环境熏陶，陆游从小即养成爱书的习惯，和其父一样也酷爱读书藏书，自嘲为"书痴""书颠"，说"客来不怕笑书痴"[②] "不是爱书即欲死，任从人笑作书颠" "老死爱书心不厌，来生恐堕蠹鱼中"。[③] 陆游如此如痴如狂地嗜书，后来

---

① 陆游：《园庐》，钱仲联《剑南诗稿校注》卷61，上海古籍出版社1985年版，第3499页。
② 陆游：《读书》，钱仲联《剑南诗稿校注》卷14，上海古籍出版社1985年版，第1118页。
③ 陆游：《寒夜读书》，钱仲联《剑南诗稿校注》卷19，上海古籍出版社1985年版，第1490页。

卓然成家，成为著名的诗人学者、远近闻名的藏书家也是情理之中的事。陆游爱书，自称"平生喜藏书，拱璧未为宝"①"有酒一尊聊自适，藏书万卷未为贫"②，他对生活清贫并不在意，却把丰富的藏书看作家族兴盛的基业。陆游中年入蜀，广泛收集蜀中善本，淳熙五年（1178）奉诏东归时不带长物，尽载蜀书以归。在陆游的影响下，幼子陆子聿继承父祖之业，也成为南宋闻名的藏书家。陆氏祖孙三世的藏书在中国藏书史上是有一定影响的。

山阴陆氏的文学建树是有目共睹的。陆游曾这样描述过自己的家世："孝悌行于家，仁义修于身，独有古遗法，世世守之，不以显晦也。宋兴，历三朝数十年，秀杰之士毕出。太傅始以进士起家，楚公继之，陆氏衣冠之盛，寖复如晋唐时，往往各以所长见于世。"③他们以耕读为乐，诗书传家，积淀了深厚的文学修养。高祖陆轸有诗才，7岁就能朗然开口吟诗，以进士起家，授著作郎直集贤院，后以吏部郎中、集贤院校理身份出任越州知州。与著名诗人宋祁有文字之交，《全宋诗》卷213辑有宋祁《送越州陆学士》云："梅天霞破候旗干，乡树依然越绝间。挟策当年逢掖去，怀章此日绣衣还。亭余内史流觞水，路入仙人取箭山。牛酒盛夸先墅宴，不妨春诏得亲班。"可见，陆游高祖陆轸诗文风雅之致，著《修心鉴》，以养生修心之道传于子孙，有高士之风，开启了诗书传家的家风。陆游的祖父陆佃从小刻苦好学，拜王安石为师，以优异的文才登进士第，有史才，曾修纂《神宗实录》，著书242卷，有《埤雅》《礼象》《春秋后传》等行世，尚有《尔雅新义》（佚）。《埤雅》是一部宋代名物训诂方面的专著，

---

① 陆游：《冬夜读书》，钱仲联《剑南诗稿校注》卷15，上海古籍出版社1985年版，第1212页。
② 陆游：《遣兴》，钱仲联《剑南诗稿校注》卷43，上海古籍出版社1985年版，第2693页。
③ 陆游：《右朝散大夫陆公墓志铭》，《渭南文集》卷32，吉林出版集团有限责任公司2005年版。

对兴宋代之雅学有积极意义。陆佃诗文集原有《陶山集》（20卷），后散佚，清乾隆四十一年（1776）翰林院修纂陈初哲以《永乐大典》一书所载，集为16卷。收诗224首，文191篇，包括札子、议、表、策问、制、序、书、启、墓志铭等，可谓诸体皆备。擅长七言近体诗，有诗名。《瀛奎律髓》说"胡宿与佃诗格相似"，后人认为陆游的七言近体诗有乃祖家学渊薮。[1] 陆佃的文章也是大手笔，如《除中书舍人谢丞相荆公启》《祭丞相荆公文》《江宁府到任祭丞相荆公墓文》[2]等谢启、祭文均感情真挚，文笔精微，粲然可读。陆游的叔祖陆傅文章与其兄陆佃齐名，时人把他们看作晋代的文坛"二陆"陆机、陆云。陆傅还是一位高产的诗人，陆游说他日课一诗，有《东山文集》《翰苑清议》，可惜都没有传下来。陆游父辈中，五叔陆寀（元珍）有文才。父亲陆宰是一个学者，藏书家，一生坚守王学，通经学，有《春秋后传补遗》1卷，《宋史·艺文志》著录。陆宰还曾整理父亲陆佃的著作，陆游在他的诗中对此有记述："楚公著书数百编，少师手校世世传。"[3] 陆宰也是一位诗人，陆游《家世旧闻》记录了陆宰诗歌方面的造诣，可惜多散佚，没有诗集行世，从流传的《云门小隐》诗看，也以律诗见长，技法相当纯熟。陆游兄弟辈中，长兄陆淞雅好文学，词采斐然，体近骚雅，深受时人赞誉。

当然，山阴陆氏家族是因为陆游在诗坛的影响而名声大噪，令世人瞩目。陆游是中兴四大诗人之首，号称"小李白"，尤以诗的成就为最，自言"六十年间万首诗"，今尚存9300余首，是南宋诗坛执牛耳者。一生著述最为宏富，据《宋史·艺文志》著录，陆游著有《高宗圣政草》（1卷）、《孝宗实录》（500卷）、《光宗实录》（100卷）、《陆氏续集验方》

---

[1] （清）陈初哲：《陶山集·序》，武英殿聚珍版。
[2] （宋）陆佃：《陶山集》卷13，武英殿聚珍版。
[3] 陆游：《诵书示子聿》，钱仲联《剑南诗稿校注》卷49，上海古籍出版社1985年版。

等，均散佚。流传至今的著作有《剑南诗稿》（85卷）、《渭南文集》（50卷，包括词2卷、《入蜀记》6卷）、《老学庵笔记》（10卷）、《放翁逸稿》（2卷）、《南唐书》（18卷）等，其他尚有《放翁家训》《家世旧闻》等，是赫赫有名的南宋文坛大家。陆游的爱国诗歌的创作推动了南宋诗歌创作的进程，促使山阴陆氏家族的文学声誉登峰造极，达到了前所未有的高度。

三 宋代越地文化家族之共相

以鄞县史氏、山阴陆氏为代表的越地文化家族的崛起和发展，体现了宋代文化家族不同于六朝文化家族的两大特点。

首先是科举在整个家族的发展史上占据着举足轻重的决定地位。

六朝的文化家族多集中于世族门阀，本来就是名门望族，其子弟依托家族的影响可以获得较丰富的社会资源和社会地位，所谓"上品无寒门，下品无世族"。六朝的世家大族在政治、经济各方面都享有特权。《晋书·王羲之传》附《许迈传》载："许迈，字叔玄……家世士族，而迈少恬静，不慕仕进。"因为世族子弟享有门阀制度带来的与生俱来的特权，因此，他们可以不慕仕进，过自己想要的生活。而宋代的文化家族则不然，宋代的文化家族一般崛起于寒门，往往以科举进士起家，通过科举跻身仕途，或在政坛上有所建树，或在文坛上声名卓著，从而光耀门庭与改变家族地位。明州史氏兴起以前只是一般寒族，祖先史成是一介布衣，默默无闻。山阴陆氏祖上虽有声，但陆游的祖先唐末五代从吴郡迁徙到嘉兴、钱塘，再避乱迁到山阴农村隐居时已落魄不堪，陆游的七世祖陆忻入赘鲁墟一个李姓人家，从事农桑之业，后来才恢复陆姓。

陆游的六世祖陆郇和五世祖陆仁昭一直是在鲁墟一带农村定居的，世守农桑之业，亦耕亦读，与一般农家无异。到高祖陆轸时才翻开了宋代陆氏家族的重振家业的新篇章。

宋代推行的科举制度竞争很激烈，通过科举考试步入仕途难度很大，但是科举一旦成功，能为这个家族步入仕途取得更多的机会。宋代在推行科举的同时又推行荫补制度，让科举成功者的子弟有机会直接进入仕途，来保证科举成功者家族的既得利益。但荫补出身的官员起点比科举出身的低，升迁也慢，所以，一个家族如果不能在科举上保持优势的话，就不能成为有影响力的官宦世家。鄞县史氏家族虽然前有史才、继有史浩以进士起家步入达官行列，但如果后来没有"弥"字、"之"字辈后浪推前浪式的在进士科考试中获得巨大成功，就不可能有史氏家族的百年持续辉煌。

其次，宋代的文化家族往往注重家学和家风。家族无论贫寒韬晦、富贵显达，都始终秉持耕读传家的传统，崇尚品德，以家族声誉为重。

鄞县史氏家族十分重视家教，从流传至今的《史氏宗谱·史氏家训》中可知，良好的家教对于一个文化家族的持续发展具有至关重要的作用。史氏家族不遗余力聘请社会名流、文坛硕儒教育子弟，使整个家族保持旺盛的发展力、竞争力。例如，"弥"字辈中，史弥坚、史弥巩、史弥忠、史弥远等都受惠于大学者楼钥、杨简和袁燮，全祖望写诗赞道："真翁家世半清秀，文靖于中亦拔尤。曾与杨袁同学术，不因子弟减风流。"[①] 宋代的学术文化强调个人功夫以及师友之间相互影响，对于一个有影响力的家族来说，高起点的训练应该是个人在学术文化上取得较大成功的重要保障。

[①]（清）王梓材：《宋元学案补遗》卷74，《丛书集成续编》（第34册），上海书店出版社1994年版，第837页。

史氏家族成员还十分重视道德文章和人格修养。《宋元学案补遗》中载道:"淳熙甲辰,史忠定王延致先生讲道东湖,丞相鲁公(弥远)与其昆弟实从之游,诵集中诗文""孙烛湖与同叔书曰:努力学问,儒素清苦,不为富贵之气所移,通知国家源流,习朝廷宪度,讲太傅宰相事业,不愧韩范诸大家,于以报称君父。其志念当倍切于衡门瓮牖之士,乃可浸浸为时用,不患无显官贵仕,惟愿益养器业,以扬先烈"。① 所以,尽管鄞县史氏三代为相,特别史弥远独相理宗朝20多年,权倾朝野、烈火烹油之时,其家族成员仍不乏荦荦不群者。当初,史浩没有步史才之后尘。后来,史弥远的胞弟史弥坚因不满史弥远专权而告退;史弥应不肯顺适富贵,"遁迹林墅,不与世接,稍寓托于诗,花之朝,月之夕,兴有所废,志有所之,必搜吟以自遣"②;侄子史守之因厌恶史弥远的所作所为而隐居月湖,杜门藏书讲学,体现了有着良好家风的文化家族的气度与品格,堪称于世。

与鄞县史氏在政治权力的风口浪尖坚守富贵不淫的家风不同,山阴陆氏更强调贫贱不移、诗书传家的品质。陆游告诫儿孙要重视稼穑、莫论得失穷通:"为贫出仕退为农,二百年来世世同。富贵苟求终近祸,汝曹切勿坠家风。"③ 这也是宋代绝大多数士大夫文人家庭秉持的人格风范。

另外,科举、仕宦、学术是宋代文化家族得以扬亮丽名的核心要素,其影响力往往是综合的。鄞县史氏属于科举、仕宦型家族,重要的建树在政治上,是最典型的科举仕宦家族,学术文化仅仅是这个家族的起点和归属。而山阴陆氏则属于科举、学术型家族,主要的建树在学术文化上,家

---

① (清)王梓材:《宋元学案补遗》卷74,《丛书集成续编》(第34册),上海书店出版社1994年版,第837页。
② 史弥应:《自乐山翁吟·自序》,(清)董沛《甬上宋元诗略》卷8,宁波出版社2007年版。
③ 陆游:《示子孙》,钱仲联《剑南诗稿校注》卷49,上海古籍出版社1985年版,第2943页。

族在文化上的长期积累,完成了诗书传家的过程,仕宦仅仅是其安身立命的手段。宋代靖康之难政治经济文化中心的南移,为越地的文化家族的形成发展提供了更直接、更有利的机遇。这两个家族虽然起于北宋,但辉煌期都是在宋室南迁建都临安后,这与彼时越地已成为京畿之地,得天时地利人和不无关系。

(原文刊登于《绍兴文理学院学报》2010年第6期)

"家风"与陆游的诗歌书写

郭玉琼* 李金松**

摘　要：陆游是宋代诗坛上一位多产诗人，"家风"对他诗歌书写的影响至深。早年受家门"护国守正"思想的熏陶，慷慨激昂的爱国主义精神成为诗歌创作的核心；晚年退居山阴，家族"崇道礼佛"和"关心农事"的传统使陆游对待人生的态度渐趋平和，因此诗风较之前期也更为恬淡、自然。此外，受祖辈"经世治学"风尚的浸染，陆游诗歌在形式上追求"典重规范"，在内容上"以才入诗"，喜用典故。可以说，陆游的诗歌书写与陆氏一族独有的家风是分不开的。

关键词：陆游；家风；诗歌；影响

学术界对陆游诗歌的研究是非常深入的，并且这些研究加深了人们对陆游的认识。但是目前还是存在一些不足，即未能从其诗歌书写与家风之关系的角度进行研究。实际上，陆游的诗歌书写与其陆氏家风关系

---

* 郭玉琼（1988—　），女，河南许昌人，河南大学文学院硕士生，研究方向为元明清文学。
** 李金松（1964—　），男，湖北武穴人，河南大学教授，研究方向为古典文学典籍整理与明清文献、学术散文及其批评理论研究。

密切。因此，本文将从这一方面进行探讨，希望能拓深对陆游诗歌的认识。

一 陆氏家风

（一）陆氏家风之一：护国守正

陆氏先世本居吴郡。唐末，一支迁嘉兴。又徙钱塘。吴越时，再徙山阴鲁墟。陆游的高祖陆轸，在宋大中祥符五年（1012）始以进士起家，仕至吏部郎中直昭文馆，赠太傅；曾祖陆珪，国子博士，赠太尉；祖父陆佃，官至尚书左丞，赠太师，封楚国公；父亲陆宰，以朝请大夫直秘阁，历官淮南、京西转运副使，封会稽开国子，赠少师。据此可知陆氏一族几代为官，身为官宦子弟，陆家人与国家政治保持着紧密联系。而身为其中一员的陆游，从小便受到长辈的耳濡目染。其中祖父和父亲对他的影响尤为重要。

陆游祖父陆佃处理政务中庸平和、谦逊守正。《陆佃传》记载："御史中丞赵挺之以论事不当，罚金。佃曰：'中丞不可罚，罚则不可为中丞。'谏官陈瓘上书，曾布怒其尊私史而压宗庙。佃曰：'瓘上书虽无取，不必深怒，若不能容，是成其名也。'佃执政与曾布比，而持论多近恕。"[①] 从中我们看到了陆佃在处理政务上平和、从容、与人为善的性格特点。《家世旧闻》中有这样一段记载："楚公于应对间，逡巡退让，不肯以所长盖众此吾家法也。"[②] 短短一行文字不仅表现出了陆佃谦虚、谨慎，不事张扬

---

① 《宋史》卷三四三《陆佃传》，中华书局1977年版，第10920页。
② 姚宽、陆游：《西溪丛语家世旧闻》，孔凡礼点校，中华书局1997年版，第181页。

的处事原则，而且反映出陆家人对该原则的坚守。当陆游陈述这一事实时，他无法隐藏自己对先辈的仰慕之情，以及对家门风范的自豪。此外，他还借父亲陆宰之口，再次突出了祖父守正修身、严格教育门人子弟的优良品质。先公言："楚公尝戒门人子弟，曰：'《蔡文忠谥议》，谓文忠一言之出，终身可复。后生立身，当以此为根本。若于此未能无愧，何以为士耶！'"① 显然祖父立身处世的准则深深地影响了陆游。

相比祖父陆佃而言，父亲陆宰对陆游的影响最为直接。陆游在《家世旧闻》卷下里面，更是用了大量的篇幅来记录父亲的言行。比如，童贯、梁师成之流祸国殃民，陆宰"问贯、师成事用之由"②，他通过成章之言揭露了统治集团内部的丑陋面目。又如，蔡京为相，建白置讲议司及大乐，陆宰更是直接拆穿了他不通音乐的事实。再如，陆宰"初在寿春，建刘仁赡庙。后饷军河东，尝谒王彦章画像于滑州铁枪寺。至潞州又谒裴约庙"，这三件事情充分显示了他对忠君爱国之士的尊敬仰慕，从中我们可以看到陆宰强烈的爱国情怀。

长辈这种护国守正的家风自然影响了陆游。陆游强烈的用世之心固然与当时宋金对峙的形势分不开，但同时是受祖父辈爱国情怀的濡染。

（二）陆氏家风之二：读书治学

陆氏一族本为书香世家。陆游高祖陆轸以进士起家，陆游在《闲游》（《诗稿校注》卷六十八）中说"五世业儒书有种"，正是陆轸开启了专心儒术、笃好治学的家风。祖父陆佃酷爱读书，"居贫苦学，夜无灯，映月光读书；蹑屩从师，不远千里；过金陵，受经于王安石"③。他治经 40 多

---

① 姚宽、陆游：《西溪丛语家世旧闻》，孔凡礼点校，中华书局 1997 年版，第 181 页。
② 同上。
③ 《宋史》卷三四三《陆佃传》，中华书局 1977 年版，第 10920 页。

年，博览群书，尤其精通《礼》学，宋神宗曾说："自王、郑以来，言礼未有如佃者。"① 平生著书包括《礼记解》40卷，《礼象》15卷，《埤雅》《尔雅新义》《春秋后传》各20卷。父亲陆宰继承父志，通经学，家中藏书万余卷，他与石公弼、诸葛行仁并称浙中三大藏书家。据《嘉泰会稽志》卷一六《求遗书》记载，绍兴十三年（1143），朝中建秘阁于临安，诏求天下遗书，曾命绍兴府录宰家书计凡13000卷。家门笃好治学，喜爱藏书的学者品行深深地影响了陆游。

陆游从小就养成了爱读书的习惯。年轻时候常常深夜苦读，其《老病追感壮岁读书之乐作短歌》（《诗稿校注》卷二十）称："少年志力强，文史富三冬。但喜寒夜永，那知睡味浓。"中年依然嗜书如命，《读论语》（《诗稿校注》卷八十）中说道："壮岁贪求未见书，归常充栋出连车。"年老多病之时，还是勤奋读书，他在《读书至夜分感叹有赋》（《诗稿校注》卷八十）中感慨："老人世间百念衰，惟好古书心未移。断碑残刻亦在椟，时时取玩忘朝饥。"陆游继承陆氏精研经学，酷爱藏书的家风，非常看重儒家经典。他在《自咏》（《诗稿校注》卷四十九）里说："万事忘来尚忧国，百家屏尽独穷经。"《冬夜读书有感》（《诗稿校注》卷四十九）里面也说道："《六经》未与秦灰冷，尚付余年断简中。"此外，陆游精于图书的购置、鉴别、校勘、抄录、辑补、刊刻、典藏、保护，是集收藏、考订、鉴赏、著述、刻印于一身的真正学术意义上的藏书家。接受家门良好文化的浸染，加之自身刻苦勤奋的后天学习，陆游成长为一代博学鸿儒。《宝庆会稽续志》卷五这样评价他："自少颖悟，学问该贯，文辞超迈，酷喜为诗；其他志铭记序之文，皆深造三昧；尤熟识先朝典故沿革、人物出处，以故声名振耀当世。张孝祥自谓辞翰独步一时，每见辄倾下

---

① 《宋史》卷三四三《陆佃传》，中华书局1977年版，第10920页。

之。"① 可见陆游的才学之大。

（三）陆氏家风之三：关注农事

陆游高祖陆轸于北宋大中祥符间以进士起家，之前，陆氏世守农桑。陆游作为一个有着强烈用世之心的封建士大夫，读书仕进是他作为儒生应该有的理想追求。身为朝堂忠贞护国之臣的儿子，在国家危难之时挺身而出，建言献策也是他义不容辞的责任。可作为祖上有着几代务农经历的陆氏子孙，陆游并不回避这段历史，相反，他缅怀先辈，关心农事。

陆氏远祖据说是楚国狂歌过孔子的陆通，但时间久远，已经很难考证了。不过可以肯定的是：陆游的七世祖到五世祖的确弃官务农长达200余年。关于这段往事，陆游在《渭南文集》中这样说："予先世本鲁墟农家，自祥符间去而仕，今且二百年，穷通显晦所不论，竟无一人得归故业者。室庐、桑麻、果树、沟池之属，悉已芜没。族党散徙四方，盖有不知所之者。过鲁墟，未尝不太息兴怀，至于流涕也。"② 从中我们可以看出陆游对先世从事农桑的尊重、缅怀。

陆游自号"若耶老农""九曲老樵""山阴老民"，重农思想在他的诗歌中得到大量体现。他在《示子孙》（《诗稿校注》卷四十九）中说："为贫出仕退为农，二百年来世世同。富贵苟求终近祸，汝曹切勿坠家风。"可见，陆游是把务农当做了家族风尚，并且以此来劝诫子孙后代。这方面的例子还有很多，如《自贻》（《诗稿校注》卷七十六）四首其二有"家风本韦布，生事但渔樵"；《农家》（《诗稿校注》卷七十七）有"为农幸有家风在，百世相传更勿疑"；《高枕》（《诗稿校注》卷二十四）有"每与诸儿论今古，常思百世业耕桑"。他在《示元敏》（《诗稿校注》卷五十

---

① 钱仲联：《剑南诗稿校注》（第八册），上海古籍出版社1985年版，第4603页。
② 陆游：《陆放翁全集》（上），中国书店出版社1986年版，第134、135页。

八）中教诲子孙说:"汝业方当进,吾言要细听。仍须知稼穑,勉为国添丁。"

(四) 陆氏家风之四:崇道尊佛

陆氏崇道的家风,可以追溯到陆游的高祖陆轸。关于陆轸的思想,我们可以从他的《修心宝鉴》中看到。陆轸自号朝隐子,从政后喜爱神仙之术,他的朋友曾经这样评论他:"良牧归诗匠,雅风消郁蒸。官清难滞爵,吏散远同僧。棠树非烟合,仙搓碧浪乘。因思穷万化,千古更无能。"[1] 无疑,他是一个虔诚的道教徒。晚年隐居山林,从事于外丹黄白之术的修炼,炼丹辟谷,尸解而去。[2] 祖父陆佃与方外人士来往密切,他的诗歌中就有与李柔得道士、法云长老等的酬赠。父亲陆宰也与方外之人多有联系。此外,陆氏家藏的万余卷书中,仅道书一类就有2000卷之多,而这对于从小爱读书的陆游来说必定会有潜移默化的影响。

陆游在《诗稿校注》卷五十六《岁晚幽兴》其四中说道:"全家共保一忍字,累世相传《三住铭》。"并且他还在该诗的自注中说:"先太傅亲受《三住铭》于施肩吾先生,授游曰:'汝其累世相传,毋忽',因即以传聿、虞诸子。"这里陆游追忆了先祖修道之事的由来以及对自己的嘱托,从中我们也看到他对道家思想的接受。又如,《诗稿校注》卷六十《道室试笔》其四有"吾家学道今四世,世佩施真《三住铭》"之句。《诗稿校注》卷六十二《养气》中也提到"学道先养气,吾闻三住章"。

并且从高祖陆轸起,陆游家世代皆与僧人有交往,尊崇佛学,可谓佛学传家。陆氏女性亦多信佛,《边氏夫人行状》记陆珪妻边氏"常焚香诵

---

[1] 释重显:《和陆轸学士夏日见寄》,《雪窦四集祖英集》(卷下),四部丛刊续编本。
[2] 陆游:《跋修心鉴》,《渭南文集》卷二六,中华书局1977年版,第2225页。

经，持念诸佛名号"①；《会稽县君吴氏墓志铭》载，陆游伯祖母吴氏亦好佛。②

受家风熏染，陆游亦嗜佛学。从《跋释氏通纪》《陈君墓志铭》等文可知，他年少时避兵东阳，和僧人多接触。③ 他常读佛教经典，文集中明确提及的就有《楞伽经》《维摩经》《法华经》等。陆游诗歌亦多咏及佛学。比如，《诗稿校注》卷一《和陈鲁山十诗以孟夏草木长绕屋树扶疏为韵》其四中有"此生本幻戏，衰态转眼足"，《病中作》中有"幻妄消六尘，虚白全一性"，《诗稿校注》卷七《观华严阁僧斋》中有"早知士志成痴绝，悔不藏名万衲中"等。可见，祖上修道礼佛的活动深深地影响了陆游。

二 陆游的诗歌创作

从以上四方面的论述中，我们大致了解了一下陆氏家风。陆游的诗歌创作明显受家风的影响，那么这些家风具体是如何影响他的诗歌的呢？接下来我们主要从四个方面展开具体分析。

（一）豪迈风格下的爱国情怀

陆氏一族忠君爱国，祖父和父亲修身守正的家风更是深深扎根于陆游心底。处在宋金交战的混乱局面中，陆游从小就看到了战争带给人民的伤害。因此，他痛恨杀戮。在现存的9300多首诗歌作品中，爱国思想几乎占

---

① 陆佃：《陶山集》卷十六，钦定四库全书影印本。
② 陆佃：《陶山集》卷十五，钦定四库全书影印本。
③ 欧明俊：《宋代文学四大家研究》，人民出版社2013年版，第151页。

据了陆诗的一大部分。

陆游热爱祖国,希望早日结束南北分裂的局面,为此他的诗歌处处表达了扫除敌寇、收复失地的强烈愿望。那首著名的《书愤》,"早岁那知世事艰,中原北望气如山",这是一个饱经磨难的爱国者对中原之地的热爱。"楼船夜雪瓜洲渡,铁马秋风大散关",诗人通过梦境的形式再现了宋军奋力杀敌的场面,从中透露出他对收复失地的渴望。然而,现实总是与梦境相反,有心杀敌,但年老无力,只能发出"塞上长城空自许,镜中衰鬓已先斑"的感慨。但这丝毫没有消减诗人的爱国意识,"出师一表真名世,千载谁堪伯仲间"。这一方面是对诸葛亮的赞美,一方面也传达了诗人对贤臣救国的寄托。所以我们说陆游是一个深沉的爱国主义者。

诗人渴望恢复中原,但统治者腐朽堕落,为此陆游爱国情怀的另一种表现则是对当权者的讽刺、批判。像他在《关山月》中写道"将军不战空临边""朱门沉沉按歌舞,厩马肥死弓断弦",这显然是对统治者、掌权将帅的直接批评。此外他变换角度,写将士"三十从军今白发""沙头空照征人骨",面对杀敌士兵的悲惨境遇,诗人更加重了对腐朽阶级的痛恨。为何会出现这样的局面,诗歌开头便指出"和戎诏下十五年",求和政策不仅没有使天下太平、人民安定,相反它带来的是更多无辜者的死伤。诗人正是通过正反对比的手法,辛辣地讽刺了当权派的误国误民。

陆游一心报国,但现实中遇到了太多阻碍。面对半壁江山他想挽救,但挥刀无力。激愤不平的情绪使得他的爱国情怀往往通过豪迈、奔放的笔触传达。例如,他在《长歌行》中写道"平时一滴不入口,意气顿使千人惊",一个豪放饮者的形象跃然纸上;"国仇未报壮士老,匣中宝剑夜有声",诗人运用夸张的手法把刀剑写得这般锋利逼人;"何当凯还宴将士,三更雪压飞狐城",这是对战争胜利场面的大胆想象。这些诗句读起来无不昂扬、奔放，充分表达了诗人对抗金必胜信念的坚定。所以我们说陆游的爱国诗歌，风格大都豪放、雄健。

（二）典重规范下的以才入诗

陆游出身书香世家，受祖父中庸平和思想的影响，他对儒家学说有深入研究，尤其是经学；加上家中藏书万卷，自己又酷爱读书，陆游的学识极其渊博。而这些特点深深影响了他的诗歌创作。

我们知道陆游的祖父陆佃，精通经学，尤其对《礼》有专门研究。《礼》学要求读书人修身自持，举止要合乎儒家的伦理规范。因此它以典正、有序为最高审美标准。陆游在继承家族学术的基础上也自觉按照典重、雅致的美学规范要求自己。并且，他还把这种美学思想融入了诗歌创作，具体表现是形式上讲究工整、规范。这里就要提到陆游的律诗创作了。

陆游是七言律诗的集大成者，洪亮吉认为："七律之多，无有过于宋陆务观者""诗家之能事毕，而七律之能事亦毕"[1]。关于陆游律诗的创作特点，清人沈德潜在《说诗晬语》中说道："放翁七言律，对仗工整，使事熨帖，当时无与比埒。"[2] 可见，陆诗长于对仗。《后村诗话》谓"古人好对仗，被放翁使尽"[3]。的确，陆游的律诗对仗常常能达到工整而不呆板、流畅而不雕琢的效果。如他在《度浮桥至南台》中写"九轨徐行怒涛上，千艘横系大江心"，用夸张之笔，把浮桥描写的雄伟壮阔；"寺楼钟鼓催昏晓，墟落云烟自古今"，诗人借助自然景物寺楼、钟鼓、墟落、云烟，巧妙地把时间从早晚推向了古今，增强了历史的沧桑感。再如"起随乌鹊

---

[1] 洪亮吉：《北江诗话》，人民文学出版社1983年版，第26页。
[2] 丁福保：《清诗话》（下），上海古籍出版社1963年版，第544页。
[3] 钱钟书：《谈艺录》（上卷），生活·读书·新知三联书店2001年版，第354页。

初翻后,宿及牛羊欲下时"(《望江道中》),两句对仗写得朴素自然,在这里诗人借助生活中两个常见的物象"乌鹊""牛羊",把自己旅途漂泊的无依感传神地表达出来。此外像"白发无情侵老境,青灯有味似儿时"(《秋夜读书每以二鼓尽为节》),"山重水复疑无路,柳暗花明又一村"(《游山西村》)读起来朗朗上口,并且饶有趣味。

上文我们已经说过陆游受家庭影响博学多才,他对经史诸家都有研究,在用典方面,陆游尤喜引用史书资料。例如,《黄州》有"局促常悲类楚囚"一句,显然"楚囚"是用了《左传·成公九年》"晋侯观于军府,见钟仪,问之曰:'南冠而系者,谁也?'有司对曰:'郑人所献楚囚也'"[①] 这一典故,突出自己处境的艰辛。结句"生子何须似仲谋",明显模仿《三国志·吴书·吴主传》裴松之注:"曹公喟然叹曰:'生子当如孙仲谋,刘景升儿子若豚犬耳'"[②],但诗人在这里是只借其语不借其义。又如,《夜泊水村》有"大息燕然未勒铭","老子犹堪绝大漠"两句,前者借用《后汉书·窦宪传》"遂登燕然山,去塞三千余里,刻石勒功,纪汉威德"[③] 之语,反衬自己功名未就;后者出自《史记·卫将军骠骑列传》,"绝大漠"是汉武帝赞扬霍去病时所用的语言,诗人用此表达自己如霍去病一般勇武。此外,《枕上作》颈联说到"残年但欲慕初平","初平"是《后汉书·党锢传》中的一个人物,即黄初平。诗人借他修道成仙的故事,反映自己远离尘世的愿望。从上述所引用的这些例子我们不难发现:陆游学识渊博。

陆诗喜用典故,不仅展示了陆游的才学,而且从侧面反映了他的美学追求。诗歌本是抒情言志的载体,它一般追求平易、自然,但加入典故之

---

① 《陆游诗文鉴赏辞典》,上海辞书出版社2013年版,第27页。
② 同上。
③ 同上。

后无形中便增强了厚重典雅之感，何况正史本身自带庄重严肃的特点，所以我们说陆诗在典重规范下以才学入诗。

（三）自然笔触下的闲适追求

陆氏家族重视农业生产，陆游谨记祖上务农的经历，对乡村有着天然的亲近之情。他人生的最后20年，大部分时间也是在山阴农村度过的。由于生活环境的改变，陆游对农民有了更为深刻的了解，加之人到晚年，用世之心已所剩无几，诗歌内容大多是表现他对乡野闲适生活的热爱。此外，家门修道礼佛的传统使陆游对人生多了一份坦然，所以他能用佛老的美学思想来观照万物，从平凡的生活中发现乐趣，语言平淡、自然。

陆氏先祖世居山阴，陆游晚年再次回到故乡，这里的一草一木都能勾起他对先辈的怀念。尤其陆游从变幻莫测的时代环境中切身地感受到生命的脆弱和个体的渺小，所以他晚年就更加珍惜自己所剩不多的光景，也就更能在这暂得的宁静中体会生活的乐趣。祖辈从事农桑的经历也使陆游在看到村民辛勤劳动时备感亲切，而这种情愫无疑会加深他对乡村生活的留恋。例如，《泛湖至东泾》一诗："春水六七里，夕阳三四家。儿童牧鹅鸭，妇女治桑麻。地僻衣巾古，年丰笑语哗。老夫维小艇，半醉摘藤花。"春天阳光明媚，诗人泛湖游玩，不知不觉中时间已接近傍晚。这个时候他放眼四周，看到儿童在玩耍嬉戏，农妇们忙着织麻，村落呈现出一派祥和景象，甚至还听到村民们因丰收的喜悦而发出的笑声，此刻他会想到远祖，然后会心一笑划船去采藤花。整首诗节奏缓慢，诗人通过细腻之笔充分表达自己对闲适生活的热爱。

陆游受家门修道礼佛的影响，对佛老思想有深入研究。如果说他前半生的大部分光阴都是对儒家思想的践行，那么晚年的陆游对待生活的态度则更多的是随意、淡然。他接受佛道两家"空净""素朴"的美学思想，在诗歌创作上追求平淡、自然之美。为了达到这种美学效果，陆游有意选用那些清新自然的语言。

关于陆诗的语言，刘熙载认为"放翁诗明白如话，然浅中有深，平中有奇，故足令人咀味"[①]。例如，他的《村居》"数家相依倚，百事容乞假；薄暮耕樵归，共话衡门下"，语言浅显易懂。诗人抓住山野生活的一个方面，从村民角度切入，写他们和睦相处、辛勤劳作的日常琐事，无甚新奇，但"农家""薄暮""樵耕人"这些物象的有机结合却向我们展示了一幅安宁恬淡的农家图；"百事容乞假"和"共话衡门下"这两句通过选用一些标志性动词"乞假""共话"突出了山野村民的善良、友爱，增添了生活的温馨感。因此，我们说整首诗笔调自然、耐人寻味。又如，"触热汗沾衣，暮夜犹未干"（《夏夜》），"身闲亦未全无事，检校幽花几树开"（《晨起出南堂》），语言大都明白如话，质朴自然。

通过以上几方面的分析，我们发现陆游的诗歌创作明显受其家风的影响。陆游是中国古代伟大的诗人，他的诗歌在文学史上具有典范意义。其中慷慨激昂的爱国情怀和闲适疏淡的生活描写是放翁为后学者树立的两座丰碑。总之，陆诗以丰富的内涵、多样化的艺术形式受到历代读书人的喜爱。

（原文刊登于《绍兴文理学院学报》2016年第2期）

---

① 刘熙载：《艺概》卷二，上海人民出版社1978年版，第69页。

宋元时期绍兴地区文人群体的教育活动

王遥江[*] 陈国灿[**]

摘 要：宋元时期，绍兴地区文化发达，文人群体活跃。他们以各种形式积极参与地方官学、私学和书院教育活动，不仅有力地推动和影响了绍兴教育的兴盛与发展，而且从一个侧面反映出当时文人群体价值观念的新趋向。

关键词：宋元；绍兴；文人群体；教育

在中国古代，文人群体一直在教育活动中扮演着独特的角色，并在很大程度上影响着不同时期、不同地区教育发展的特点。宋元时期的绍兴地区，文化发达，文人辈出，名家会聚，形成了多种类型的文人群体。他们虽在文学和文化成就上各具特色，但均积极参与地方教育活动，对当时绍兴地区教育事业的发展产生了多方面的积极影响。本文试就此做一番具体考察和分析。

---

[*] 王遥江（1978— ），男，浙江临海人，浙江师范大学人文学院硕士研究生。
[**] 陈国灿（1966— ），男，浙江绍兴人，浙江省社科重点研究基地——浙江师范大学"江南文化研究中心"首席专家，人文学院教授，历史学博士后。

一 文人群体的类型与特点

文人群体化是宋元时期文化领域的一个显著特点。欧阳光先生认为,"宋代文人的群体化、集团化现象,反映了文人群体意识的趋强",而且,"宋代文人的这种群体意识是相当自觉的"①。就绍兴地区而言,此期文人群体类型众多,其中较为活跃的当推家族型、师友型和结社唱和型三种形式。

第一种,家族型文人群体是以某个文学家族为中心形成的,是当时最常见的文人群体形式。有学者指出:"宋代的文学家族,其数量之多、遍布之广、声誉之高,都是宋以前文学史、家族史比较少见的现象。"② 从全国范围来看,家族型文人群体兴起于各个地区,尤以文化发达的江南地区数量居多。其中,绍兴地区影响较大的有山阴陆氏、天乐李氏和吴越钱氏,他们大多活跃于宋代,入元后则相对低落,这可能与元王朝歧视文人的政策有关。山阴陆氏群体以南宋名诗人陆游为核心,包括陆游前辈陆轸(高祖)、陆佃(祖父)、陆傅(叔祖父)、陆宰(父)、陆宲(伯)、陆宷(叔),兄弟辈陆沅、陆淞、陆濬、陆静之、陆升之,以及师辈曾几、朱敦儒,文友周必大、杨万里、施宿、王十朋等。天乐李氏群体以李光为核心,包括李光父李高,长子李孟博,五子李孟传,以及孙辈李知微、李知退、李知孝等。吴越钱氏群体始自钱易、钱昆,包括钱彦远(钱易子)、钱明逸、钱勰(钱易孙)等。

---

① 欧阳光:《宋元诗社研究丛稿》,广东高等教育出版社1998年版。
② 张剑、吕肖奂:《宋代的文学家族与家族文学》,《文学评论》2006年第4期。

第二种，师友型文人群体是在彼此间师承关系和交游活动的基础上形成的，与家族型群体相比较为松散。在绍兴地区，最典型的是以新昌石氏和山阴杨氏为核心的群体。前者包括石墩、黄度、陈傅良（弟子吕声之、吕冲之）、俞浙（弟子黄奇孙）、石余亨、许瑾、朱熹等；后者包括杨维桢（弟子张宪）、杨维翰、李孝光（弟子王麟）、岑安卿、魏仲远、韩性（弟子王冕）等。

第三种，结社唱和型文人群体是在较为固定的交游活动和社会组织基础上形成的，往往具有明确的群体意识。这类文人群体在宋元之际最为活跃。他们历经宗国覆亡之痛，有感于元朝的压制政策，试图通过结社唱和来寻求精神上的安慰和归宿。在绍兴地区，主要有越中诗社，包括会稽陈观国、天台黄星甫、严陵胡天放、永嘉林霁山（林景熙）等；会稽汐社，包括谢翱、王英孙、周密、唐珏、郑朴翁、方凤、吴思齐、郑牧等；《敦交集》酬唱群体，包括上虞魏仲远、淮南潘纯、钱塘沈惠心、陆景龙，永嘉李孝光、高明，天台陈廷言、毛翰、朱右，诸暨陈士奎、会稽王冕等。

此外，还有部分文人虽没有明显的群体归属，但在当时绍兴文化领域也有一定的影响。例如余姚的湛若、山阴的王裕、新昌的杨居，曾宦游绍兴的范仲淹，以及寓居绍兴的尹焞、王义朝、程迥、钱时、贡性之、戴表元等。

从个体活动特点来看：一方面，各种文人群体成员从事纯粹文学活动的并不多，他们有的是学者型文人，有的是官僚型文人，有的是学者兼官僚型文人；另一方面，活动地域也不限于绍兴地区，有的长年宦游外地，有的是由外地宦游和寓居绍兴结合，其影响有的是全国性的（如陆游、王十朋、杨维桢、王冕等），有的则是地方性的。应该说，这种现象在当时是相当普遍的，正如王水照先生所指出的："宋代的更大规模的科举活动所造成的全国性人才大流动（每次省试聚集汴京士人达六七千人）、经常性的游宦、频繁的谪贬以及以文酒诗会为中心的文人之间交往过从,就成为宋代作家们的主要生存方式了。"①

二 文人群体的地方官学教育活动

北宋以降,传统地方官学逐渐走向普遍。尤其是经过宋仁宗、宋神宗和宋徽宗统治时期的三次兴学高潮,开始在全国范围内全面建立起完整的地方官学体系。"与宋以前的任何朝代相比较,宋代地方官学设学数量更多,校舍规模更大,藏书楼更为普遍,学生人数大大增加,教育管理制度初步建立,教学组织形式也独具特色,尤其是作为经费来源的学田制度的确立,保证了地方官学的可持续发展,可以说,宋代官学已发展到一种新的历史水平。"②

在宋元时期地方官学的发展过程中,两浙地区一直走在全国各地前列;在两浙各地,绍兴又是最为发达的地区之一。这与文人群体的空前活跃和积极参与有着密切的关系。大致说来,文人群体主要通过四种途径影响地方官学的发展。一是参与中央政府相关政策的制定,确定地方官学的教育体系、教学内容和发展方向。例如,庆历四年(1044),范仲淹辅政,下令全国各州县均设学校,绍兴地区的新昌、上虞、山阴、会稽、萧山等县正是在此背景下相继建立县学。二是出任地方官,把发展教育作为治理地方的重点。例如,宝元二年(1039)七月至康定元年(1040),范仲淹以吏部员外郎知越州,在其任职期间,越州府学有了长足发展。庆元二年(1196),施宿出任余姚知县后,先后修建学宫及廨宇,并置赡书之田,政

---

① 王水照:《北宋洛阳文人集团与地域环境的关系》,《文学遗产》1994年第3期。
② 沈冬梅、范立舟:《浙江通史·宋代卷》,浙江人民出版社2005年版。

绩茂著。三是作为官学教授，直接参与学校建设。例如，南宋时，丽水人王义朝登进士后，出任绍兴府学教授，于学校发展多有贡献。四是被地方官延请，在官学讲学。例如，淳安人钱时绝意科举，究明理学，为绍兴府厚礼延请，开讲郡庠。

不过，总体而言，参与地方官学教育的以官僚型文人为主，其人数有限。北宋前期，绍兴地方官学仍处于自发状态，常常随着地方官的变动而出现时兴时停现象。宋仁宗庆历兴学后，以州县学为主体的地方官学成为教育科举的主渠道，绍兴官学发展迅猛。到南宋时，由于文人群体教育活动的重心逐渐转向私学和书院，地方官学的发展势头又有所趋缓。至宋元之际，社会动荡，"州郡之学，往往多就废坏"①。

三　文人群体的私学教育活动

相对而言，宋元时期绍兴地区文人群体的私学教育活动要活跃得多，其形式也是多种多样，包括家族教育、馆学教育、私人游学、乡里村学教育等。下面分别予以论述。

首先，家族教育。宋元时期，绍兴地区的家族教育走向空前兴盛，其形式有义学、义塾、书馆（也叫书屋、书堂，属小规模的家族私塾）、书院（主要培养家族子弟，与一般所说的研究型书院不同）等。例如，章一经建平山书堂，聚书千卷，延文行之士教授子孙；新昌陈祖创桂山西塾，聘请名儒方秉哲、王爚、诸葛兴等掌教，聚弟子学业其中；至其从孙陈雷时，又创立桂山东塾。这种社会环境为文人群体参与家族教育提供了广阔

---

① 虞俦：《论郡县学札子》，黄淮、杨士奇《历代名臣奏议》，上海古籍出版社1989年版。

空间。他们大多以受聘于某个家族的方式开展教育活动。例如，乐清人王十朋，"绍兴间游上庠，与周汝士同舍。十八年，汝士第进士，延十朋居家塾，宾师其弟子""后周氏登科相望，大都出十朋之门"。[①] 瑞安人陈傅良，学者称为止斋先生，是浙东南一带的名师，一直从事教育活动，直到年过半百，坐馆于新昌黄度家，石、吕子弟多从之游。如果进一步考察绍兴文人群体参与家族教育的情况，还可以发现文人参与家族教育往往在其入仕之前。如前面提到的王十朋、陈傅良等人都在科举入仕前受聘于家族之学。此外，文人群体参与家族教育还有一种形式，即家族内部的代际教育。代际教育对家族弟子的影响是巨大的，这种影响主要表现在两方面：一是人格方面。例如，陆游祖父陆佃为人耿直，父陆宰有爱国思想，与主战派人物多有交游，这些对陆游人格的形成都产生了深远影响；二是学识、爱好方面。山阴陆氏家族有"诗书传家"的家学传统。陆佃为著名经学家，有诗名，以七言近体见长，而陆游也以七言近体为最多、最工。陆佃之弟陆傅与陆佃齐名，世号"二陆"，其写诗之勤奋，忧时忧国之精神，也可以从陆游诗歌中找到传承关系。陆宰谙朝章典故，喜藏书，陆游也是如此。陆氏家族中，陆宦、陆寀、陆沅、陆升之、陆静之、陆淞等，皆以文章名世。正是这种深厚的家学环境，使陆氏家族文人辈出，最终产生一个足以代表其时文学最高水平的爱国诗人陆游。

绍兴文人群体参与的家族教育，主要目的是使家族子弟参加科举入仕，所以这种教育为朝廷输送了大量人才。例如，新昌石氏家族，在石待旦的带领下，成为宋代士族中以科举入仕人数最多的家族之一；山阴陆氏本耕读之家，至陆轸登进士第后，有宋一代及第者共17人。从中也可以看

[①] 张逢欢、袁尚衷：《康熙嵊县志》，《中国地方志集成》，上海书店出版社1993年版。

出，家族教育的功利性是比较强的。例如，山阴天乐李氏的李高（1047—1098）有经世志向，却屡试不第，只能把振兴家业的希望都寄托在儿子身上，躬自训导诸子，不以家事累之。后其子李光科举登第，成为两宋之交的名臣、词人。

其次，馆学教育。开馆讲学是文人群体参与地方私学教育的又一个重要形式。从绍兴地区的实际情况来看，有一个突出的特点，即开馆讲学的大多是名儒名士。例如，前文提到的南宋永嘉事功学派的著名学者陈傅良尝受聘于新昌黄度家学馆，石、吕两家子弟多从其学。南宋遗民诗人平阳郑朴翁，受会稽王英孙延请，开馆教授王氏子弟20余年。由于这些名师名士有着很高的学识和较丰富的教学经验，重视对教育理论和教学方法的探索与总结，因而成效往往较官学显著，成为绍兴地方教育颇具特色的组成部分。

再次，私人游学。从名师、名儒游学在绍兴师友型文人群体中很普遍，如元城人刘安世自幼游学新昌之石溪义塾。赣州人曾几早年从舅氏孔文仲兄弟讲学，当时谏官刘安世以党禁，无人与之交往，几独从之游。李光也与刘安世有交游，"初光过宋都，从刘安世讲学，得其精微"[1]。山阴天乐李氏与朱氏是世交，朱熹之父朱松与李光是政治上的同道，李光第五子孟传，少从晦庵朱文公讲学有声，天资爽迈。孙辈中，孟坚长子知微，从朱熹游，得其理趣。孟坚三子知退，从朱熹学，超然自得。这种从名师、名儒游学的方式能够让学生近距离地感受名师名儒的风采，接受他们的言传身教，也便于教师因材施教，如许瑾"尝从朱子游，明于理学""学者从之随其资禀，皆厌足所欲"[2]。

复次，乡里村学教育。文人群体参与这种教育活动，以元代文人尤为

---

[1] 施宿：《嘉泰会稽志》，《宋元方志丛刊》，中华书局1990年版。
[2] 平恕：《乾隆绍兴府志》，《中国地方志集成》，上海书店出版社1993年版。

活跃。元朝对文人实行高压政策，文人在政治上的活动空间变得极为狭窄，这使一大批文人远离政治中心，隐居乡村山野，从而客观上促进了乡村教育的发展。例如，余姚人湛若，六经词赋靡不工晓，同邑有吕次姚建义学，聘其为师，教授诸生数百人。山阴人王裕，工于诗文，以五经教授乡里，门徒常百余人。新昌人杨居善文词，尤长于诗骚，下帷讲授，四方学者从之如云。还有不少文人师徒前赴后继，孜孜于乡村传道授业。例如，绍兴人韩性系元代理学家，四方学者纷纷受业其门。卒后，弟子王冕继承师业，仍聚徒讲学。

最后，绍兴文人群体从事私学教育的人数较多，对地方教育发展的贡献也较大。私学教育以其灵活性和适应性满足了当时社会各阶层对教育的不同需求，尤其是广大农村贫困学子对教育的需求，对地方文化的普及和繁荣有着积极的作用。同时，私学教育形式多样，讲学各具特色，为绍兴地区后世教育发展提供了厚实的历史积累。

四　文人群体的书院教育活动

绍兴地区的书院教育，在北宋前期经历了短暂的活跃后一度趋于消沉。宋室南渡后，再次走向兴盛，其中，民间所办的书院，有一定影响的就有会稽县和靖书院、上虞县月林书院和泳泽书院、嵊县鹿门书院和竹楼书院等十余所。[①] 这种状况的出现，除了受学术思想的活跃和文化繁荣的影响外，文人群体的积极参与也是不可忽视的重要因素。

具体讲，文人群体参与绍兴地方书院教育有四个特点。一是积极开展

---

① 任桂全：《绍兴市志》，浙江人民出版社1996年版。

书院创建活动。例如,陆太傅书院是陆游高祖陆轸于大中祥符五年(1012)在家乡山阴创建的;修竹书院是陆游祖父左丞陆佃舍陶山旧业创建的。二是参与书院教育的文人大多属于学者型。例如,曾讲学于石鼓书院的石待旦侄孙石墩,在和靖书院讲学的尹焞,曾讲学于绍兴地区各大书院的朱熹,都是当时名闻一时的巨儒。三是名儒流动讲学于各书院,这有利于活跃学术气氛,扩大学术视野,也有利于把他们先进的教育思想在当地传播开来。例如,朱熹曾先后讲学于稽山书院、上虞县月林书院、嵊县鹿门书院等。他在《白鹿洞书院揭示》中,从道德修身的角度提出要求,倡导以圣贤之学为学,摒弃科场之习。在学习方法上,特别强调学要有疑,看文字"须如酷吏治狱",要探究到底。"读书始读,未知有疑,其次则渐渐有疑,中则节节是疑。过了这一番后,疑渐渐解,以至融会贯通,都无所疑,方始是学。"[1] 这是一种求真务实的学风,对当时绍兴地区的教育思想产生了很大的影响。四是参与书院教育的许多文人往往是在仕途失意后立志于学术研究、教书育人的。例如,陆佃于北宋末退隐家乡,建修竹书院。朱熹也不例外,"由于政治上不肯依违取容,频遭诬陷打击,遂绝意仕途进取,退而设帐授徒"[2]。

　　书院教育既不同于官学,也不同于私学,有着自身独特的教育理念、内容和方法。其教学以学生为主体,采用启发式的教学方法,倡导师生之间相互切磋,目的主要在于研讨学问,而不是应付科举考试,故学术氛围比较浓厚。学而优则仕,仕进是古代读书人终生奋斗的目标,但书院教育却并非如此。有学者指出:"书院关于士与利禄相分离的思想贯彻于教育实践中具有划时代的意义,这为平民学者的出现,从士阶层中

---

[1] 黄宗羲、全祖望:《晦庵学案》,《宋元学案》,中华书局1986年版。
[2] 孙望、常武国:《宋代文学史》(下册),人民文学出版社2006年版。

分离出与知识相依为命和以学术和文化教育为职业的知识分子开辟了道路。"① 宋元时期绍兴地区的书院教育，造就了一批有志于教育与文化传播的知识分子。这些文人不仅在本地区，有的还在全国各地从事教育和文化传播，在当时上层文化向下层平民文化转移的变革过程中发挥了重要的作用。

五 余论

综观宋元时期绍兴地区文人群体的教育活动，其参与范围之广，形式之多样，成效之显著，在同时各地区中是比较突出的。不仅为社会输送了大量人才，而且有力地促进了地方尊师重教风气的形成。例如，北宋中期范仲淹知越州时，积极办学兴校，请新昌石待旦担任自己创办的稽山书院的山长，并称他为石城先生，由此推动社会上形成了一种自上而下的尊师重教之风。同时，文人群体参与地方教育活动结出的累累硕果，让人们看到了教育在振兴家业中所起的重要作用。宋元时期绍兴的名门望族，主要就是通过科举入仕发达起来的。如新昌石氏、吴越钱氏、山阴天乐李氏、山阴陆氏等，这无疑加深了人们对教育重要性的认识，从而在客观上促进了当地尊师重教风气的形成。正是在这种风气推动下，绍兴地方教育体系、教育规模获得空前的发展，为后世地方文化和社会的持续兴盛奠定了坚实基础。

另外，从宋元时期绍兴地区文人群体参与教育活动的情况来看，与前代相比，有一个明显的变化：宋代之前文人是很少参与教育的，如唐代韩

---

① 陈谷嘉、邓洪波：《中国书院制度研究》，浙江教育出版社1997年版。

愈这样的情况真是凤毛麟角,到了宋代,情况就发生了变化。由于宋代政府的重儒右文政策,教育显得更加重要了,这就为文人参与教育提供了极大的可能性。"万般皆下品,唯有读书高",学而优则仕是绝大部分文人的理想,但是通过科举入仕的文人毕竟只占一小部分,大部分文人怎么办?在重文政策的大环境下,参与教育活动为他们提供了一个很好的出路和发展方向。从中我们也可以看出,宋元时期文人群体在职业选择上呈现新的价值趋向。

(原文刊登于《绍兴文理学院学报》2007年第5期)

王阳明家族流源新说

顾旭明[*]

摘　要：一代大儒王阳明，史家对其家族流源说法不一，疑义颇存。新近发现的《虞南达溪王氏宗谱》（淮泽堂刻，10集本）和嵊州《东林王氏宗谱》，为王阳明家族流源提供了新的说法：王阳明是王导后裔，其先祖从琅邪徙山阴，由山阴迁剡地平溪，平溪迁东林，东林迁上虞达溪，后迁余姚，且非太原王氏、三槐王氏支系。

关键词：王阳明；家族；流源

2007年3月《绍兴日报》《中新浙江网》等媒体先后刊登消息称，上虞收藏爱好者王岳峰于2006年春节在其堂姐家中发现了《虞南达溪王氏宗谱》（淮泽堂刻，10集本）。该宗谱，对王阳明家族源流有新说法。王阳明乃一代大儒，在其家族源流问题上疑义颇存。考著有关书籍，目前比较权威的说法有两种。一说是明钱德洪编著的《阳明年谱》载："其先出是晋光禄大夫览之裔，本琅邪人，至曾孙右军将军羲之，徙居山阴，又

---

[*] 顾旭明（1959— ），男，浙江诸暨人，副教授，主要从事建筑文化、高校思政等研究。

二十三世迪功郎寿，自达溪迁余姚，今遂为余姚人。"另一说是今人钱明著的《儒学正脉——王阳明传》载："王阳明先世实出于王导乌衣大房，至宋代又归属于王言三槐堂系，自王季从上虞迁余姚后，即属姚江秘图山派系。该系脉不仅与王羲之一脉干系甚微，况且亦非从山阴经由上虞迁徙余姚，而是由余杭经由上虞迁徙余姚。"对王阳明先祖与太原王氏、三槐王氏之关系，一些史料也存不同说法。本人有幸从上虞市乡贤研究会会长陈秋强处借来了《虞南达溪王氏宗谱》的复印件，对有关章节做了复印；并亲自赴嵊州市东林村，在该村退休教师王再立处见到了修订于民国丁丑（1937）的后门堂《东林王氏宗谱》，对部分资料做了拍摄。现据以上两谱，与大家一起探讨王阳明家族源流等问题。

一　王阳明家史研究现状综述

家谱是以记载一个血缘家族的世系与事迹为主要内容的史类文献。中国古代对家谱资料的应用主要在史书、方志和人物评传的撰写等方面。古史辨派创始人、著名学者顾颉刚曾说："我国历史资料浩如渊海，但尚有二个金矿未曾开发，一为方志，一为族谱。"肯定了家谱在新历史时期所具有的重要史料价值。当前，家谱研究方兴未艾。北京图书馆于1985年开始馆藏家谱的开发整理，经过数年时间，在完成编纂馆藏家谱目录和家谱提要2228种的基础上，成立地方志和家谱文献中心，编辑出版家谱的二次文献、资料丛编。上海图书馆收藏有家谱原件11200种、83000余册，为世界上收藏家谱原件最多的图书馆，目前已成立专门机构，加强馆藏家谱的开发、利用及其研究。除了图书馆加快馆藏家谱的开发整理，社会各界也从各个方面促进家谱资料的开发整理。南开大学历史系、中国档案局二处、中国社科院历史所图书馆联合编纂《中国族谱联合目录》共收家谱目录12000多种。家谱资料在社会科学各学科的研究中得到了广泛的应用。无论是在人口学、民族学、人才学、社会学、经济史、华侨史、法制史、伦理学史等方面都有应用家谱资料进行研究的上乘之作，如《中国古代的家》《中国古代的宗族和祠堂》《中国的宗族社会》《中国姓氏通书》等。

据中国新闻网2007年4月24日消息称，公安部治安管理局最近对全国户籍人口的一项统计分析：王姓是中国第一大姓，有9288.1万人，占全国人口总数的7.25%。作为第一大姓的王氏家谱研究，更是势头强劲。据《中国家谱综合目录》（中华书局1997年版）载，目前全国共有记载的王氏家谱达2317种，其中王阳明故乡浙江的王氏家谱就有118种。这些家谱，大多为民国年间由当地的王姓家族重修或续修。值得注意的是，在这些家谱中，涉及王阳明家史的并不多。黄埔著的《王氏家谱目录》收有余姚王氏宗谱四种。第一种《姚江开元王氏宗谱》，10卷首1卷，（清）王宗标修，清光绪二十九年（1903）存本堂刻本，存浙江余姚梨洲文献馆（不全）。第二种《余姚双雁乡王氏宗谱》，不分卷，（清）王聿豪等修纂，绳武堂钞本一册，存浙江图书馆。第三种《余姚官人宅王氏宗谱》，八卷，（民国）王庆棠、王金生续辑，民国二年（1913）三槐堂木活字本，存浙江图书馆，浙江余姚梨洲文献馆，封面书《孝羲官人宅王氏宗谱》。第四种《余姚上塘王氏宗谱》14卷首1卷末1卷，（民国）王钦安编修，民国二十三年（1934）王嗣槐堂铅印本，存浙江图书馆等处。近年媒体屡有发现王阳明家谱的报道，但据余姚阳明故居工作人员介绍，他们目前还没有"王阳明家谱"实物。《虞南达溪王氏宗谱》（淮泽堂刻，10集本）和嵊州后门堂《东林王氏宗谱》的发现，对王阳明家史研究具有重要意义。

二 《虞南达溪王氏宗谱》和嵊州《东林王氏宗谱》概况

《虞南达溪王氏宗谱》（乾隆戊辰年，1748）第六修为《上宅王氏宗谱》，成稿于民国己未（1919）仲秋，淮泽堂刻，共 10 集。甲集有《序列说略》《封典科第》《像赞墓诗》《辨诫释义》《茔志迁考》等章节，丙集有《姓源世略》《行次字母》《总世系表》《一世至十三世——世系表》等章节。其余集均为世系图表。该《宗谱》收录了达溪王氏六次修谱之序：《晋中宗元皇帝御制王氏家谱序》《王氏宗谱总支东林旧序》《康熙戊辰王氏宗谱原序》《乾隆戊辰王氏宗谱原序》《达溪王氏宗谱序》《五修达溪王氏宗谱序》《达溪王氏六修宗谱序》《始祖宝像赞》等珍贵资料。这些资料交代了达溪宗谱的渊源，对达溪王氏的得姓之祖、迁徙之祖及流源情况，都有较为详细的说明。

在该宗谱《序》中，对其渊源有这样的说明："我王氏始祖泽元公由东林徙达溪，明季兵燹之后，外谱既失，内谱未修，而达溪王氏之有谱草于创国朝之康熙戊辰，及乾隆戊辰始付剞劂，厥后续修于嘉庆丁巳，再修于咸丰丁巳。"在其《续谱凡例》中有这样的文字记载："兹谱历周秦汉晋唐宋以来，吾本支达溪旧谱有像有赞，遭明兵燹宗谱被毁仅存世系表。国朝修之者再未曾补载，今采剡邑旧谱得远祖遗像六尊……"以上两段话提供了这样的信息：一是达溪王氏宗谱在明季遭兵燹被毁；二是被毁后的达溪王氏宗谱，采用的是剡邑旧谱；三是达溪王氏之有谱草于创国朝之康熙戊辰，后几经修订。从内容上看，"剡邑旧谱"应该是《王氏宗谱总支东林旧谱》。因为，该谱里收有《王氏宗谱总支东林旧序》一章。这充分证明了达溪王氏与剡邑东林王氏的渊源关系。

嵊州后门堂《东林王氏宗谱》，残剩 2 卷。该谱重修于民国丁丑年（1937），一卷为《东林王氏宗谱世系传》，一卷为《先祖像赞》等。大 16 开本，纸质精细，比之《虞南达溪王氏宗谱》的印刷要考究。其先祖画像，则由其后代粘贴上去。

三　王阳明家族源流新说

（一）王阳明家族流源说概述

关于王阳明家族流源，目前有两种说法。一是明钱德洪编著的《阳明年谱》："先生讳守仁，字伯安，姓王氏。其先出是晋光禄大夫览之裔，本琅琊人，至曾孙右军将军羲之，徙居山阴，又二十三世迪功郎寿，自达溪迁余姚，今遂为余姚人"（《王阳明全集》第 1220 页）。这一说法可称"钱德洪说"，其要点有三：王阳明先祖出自琅琊王氏是王览之后；自王羲之迁山阴；二十三世公王寿，从达溪（上虞）迁余姚。二是钱明著的《儒学正脉——王阳明传》第 6 页载："王阳明先世实出于王导乌衣大房，至宋代又归属于王言三槐堂系，自王季从上虞迁余姚后，即属姚江秘图山派系。该系脉不仅与王羲之一脉干系甚微，况且亦非从山阴经由上虞迁徙余姚，而是由余杭经由上虞迁徙余姚。"这一说法可称"钱明说"，其要点也有三：姚江王氏出于王导乌衣大房；至宋代又归属于王言三槐堂系；不是从山阴经由上虞达溪迁余姚，而是从余杭经由上虞达溪迁徙余姚。

"二钱流源说"各有所据。"钱德洪说"之依据是收录于《王阳明全集》中的《王阳明先世传略》中的有关文章。例如，胡俨作的《遁石先生传》（遁石先生，王阳明高祖）载："翁姓王氏，讳与准，字公度，浙之余姚人，晋右军将军羲之之裔也。"戚澜作的《槐里先生传》（槐里先生，王阳明曾祖）："先生姓王，名杰，字世杰，居秘图湖之后。其先世尝植三槐于门，自号槐里子，学者因称曰槐里先生。始祖为晋右将军羲之。"杨一清作的《海日先生墓志铭》（海日，王阳明父亲）："公姓王氏，讳华，字德辉，号实庵，晚号海日翁。尝读书龙泉山中。学者称为龙山先生。上世自琅琊徙居会稽之山阴，又自山阴徙余姚。"三个人三种说法，从现有的史料分析，说王羲之是王阳明先祖明显有误，王阳明应是江左王氏始祖王导之后。把三槐堂王氏与王羲之纠缠在一起，更是自相矛盾。杨一清的说法比较符合事实。《绍兴市志》王守仁条载："先世世居山阴，后徙余姚，生于余姚龙山后寿山堂，幼年全家复自余姚迁回山阴。"

"钱明说"的依据为《王阳明全集》和《姚江开元王氏宗谱》（光绪二十九年存本堂刻本）。他认为，至北宋初，王导乌衣大房23世孙王佑（924—978），曾植槐于庭，并追尊其祖父王言（869—930）为"三槐一世祖"。王佑曾孙王巩（1036—1103）与北宋大文豪苏东坡交友，苏为之写《三槐堂铭并序》。王阳明所属的"姚江秘图山派"即为"三槐堂"支派。王巩曾孙王道于北宋靖康（1126—1127）、建炎（1127—1130）时扈驾南渡，赠爵余杭县开国男，居余杭仙宅界，遂为王氏余杭之始祖。王道次子王补之，字咎卿，号全甫，宋太学上舍登第，知绍兴府，其弟辅之（泽元公）遂与他移居上虞达溪之虹桥，是为虹桥派。至王补之曾孙王季（字五万，号质庵，系乌衣大房第33世，即王阳明九世祖）时，有由达溪迁居余姚秘图山，是为姚江秘图山派之祖（见《儒学正脉——王阳明传》，第6页）。

分析归纳之，"二钱说"主要分歧有三。其一，王阳明是王导之后，还是王羲之之后。据《晋书·王羲之传》载，王羲之为王导从子，乃王导堂兄弟王旷之子，与王导是同脉不同支。而且王羲之在会稽右军将军任上辞官后，与子王操之隐居剡地（今嵊州）金庭华堂，子孙繁衍，宗祠森森，家谱有传，延绵至今，仍称当地望族。而王导之裔，史书或家乘鲜有记载。其二，王阳明先祖是从山阴徙上虞达溪，再徙余姚，还是从余杭徙上虞达溪，再徙余姚。迁居余姚者是王寿还是王季。流源之不同。也说明其宗不同。即宗王导，还是宗羲之。其三，王阳明先祖与三槐堂系究竟是什么关系。

（二）《虞南达溪王氏宗谱》和嵊州《东林王氏宗谱》提供了王阳明家族流源新说

关于王阳明家族流源，《虞南达溪王氏宗谱》提出了全新的说法。《虞南达溪王氏宗谱·王氏宗谱总支东林旧序》载："融生三十六世两子祥、览。览字通元，晋宗正卿官至光禄大夫，生三十七世六子裁、基、会、正、言、彦、琛。裁字士初，为抚军长史，生三十八世三子导、颖、敞。导字茂宏，晋丞相、始兴文献公，是为江左王氏。始兴文献公生三十九世六子悦、恬、劭、洽、荟、协。导从子羲之，字逸少，晋右军将军，子徽之字子猷，居山阴""五十八世抟，字叙集，又名昭逸，唐昭宗朝丞相，封国公；生五十九世令谋，字孟成，为博士，隐居剡地平溪；生六十世承庆，字仲和；生六十一世仁寿，字尚贤，赘居东林；生六十二世潍（征），字朝宗，别号草唐先生；生三子润元、泽元、溢元，润元留居东林，溢元徙居宁海铁场，泽元公讳成字小柏，自东林徙居上虞达溪，为达溪始祖。自周司徒敬宗公至泽元公六十三世。"《虞南达溪王氏宗谱·先世传略》载："第六十三世，泽元讳成号小柏，由东林徙上虞之达溪，为达溪始祖。姚江阳明其十五世孙也，生宋仁宗庆历五年乙酉四月初七日，配腾氏，生子细三、细五、细六、细七、细八、珍、璆、昌禹。"《虞南达溪王氏宗谱·总系表》中载有千四公资料："千四：讳寿，暨阳教授，迁居姚江，阳明其十一世孙也。"

关于第59世令谋，《虞南达溪王氏宗谱》收录的六尊《远祖遗像》中，第五尊即为令谋公，他被尊为"迁嵊县平溪祖"。其像赞曰："公字孟成，平章事抟公子，官博士，遭时乱思得逸少翁所居剡地，乃于宋建隆元年庚申十二月庚申日迁居焉。赞曰：国公胤子，唐朝博士。口吐珠玑，胸藏经史。五季纷争，挂冠不仕。忆昔右军，浴鹅剡址。因徙平溪，足不入市。钓月耕云，濯肠洗耳。训子课孙，创垂于此。再侄孙旦拜题。"由此可见，王令谋迁剡是因五季纷争，不愿意再做官，想到王右军"浴鹅剡址"去享清净，去"钓月耕云，濯肠洗耳，训子课孙"去了。其迁徙时间是"宋建隆元年庚申十二月庚申日"。该王氏宗谱还收有颁发于唐乾宁四年（897）正月初五的《诰授奉政大夫令谋公》一则，该诰命对王令谋是这样描述的："太常博士王令谋，忠孝传名，恪恭行己，奉祭祀于百神执事有恪；肃衣冠于万国奔走无衍。兹以覃恩封尔为奉政大夫，赐之诰命。"该诰命若为真，那么，它至少说明了两个问题：一是王令谋确有其人；二是其官太常博士，其为人和政绩都比较可以，被皇帝赐封为奉政大夫。王令谋是从余杭迁剡，还是从山阴迁剡？《虞南达溪王氏宗谱·乾隆戊辰王氏宗谱家世略》中有这样的记载："闲考世系，独江左一派世居越城，厥后讳令谋公者徙剡之平溪，再传而迁于东林。至五世讳泽元公者，复自剡徙虞之达溪。"

由此可见，王阳明家族是王导之后，第59世令谋公王孟成于宋建隆元年（960）庚申十二月庚申日从山阴迁剡地平溪，第61世仁寿公王尚贤由平溪迁东林，第63世泽元公王成由东林迁上虞达溪，第66世千四公王寿由上虞达溪而迁余姚。

《虞南达溪王氏宗谱·远祖像赞》收有王阳明为达溪四世祖伯三公写的像赞一则："公讳仁朗，添七公子，以三子千九公贵，恭遇覃恩，诰封太中大夫。赞曰：蒙白屋之祖功，守耕读之家风。恺恺其行，不以世俗而移我性。修己及人，矜式乡邻，荣承帝敕，彰乃潜德。噫，积善有余，庆昌厥后兮胡可量。裔孙守仁拜题。"这段文字，如果不是伪托，那么它为《虞南达溪王氏宗谱》中关于王阳明家族流源说的正确性，提供了强有力的佐证。伯三公者，泽元的第三代孙也，即达溪四世祖。据《虞南达溪王氏宗谱·累世行次字母》载：达溪一世行小字，二世行细字，三世行添字，四世行伯仁字，五世行千字，六世行八万七再字……伯三公为添七公子。据《虞南达溪王氏宗谱·总系表》等记载：伯三公长子乃千四公王寿，官暨阳教授；次子千五公，官大理评事；三子千九公，官尚书仆射。王阳明应该是伯三公的12世孙，故而其落款为"裔孙守仁拜题"。所谓"裔"者，乃后代之义。《国语·晋语》："天降祸于晋国，谗言繁兴，延及寡君之绍续昆裔。"这说明王阳明归祖达溪王氏，自认为是达溪王氏之后裔，并以伯三、泽元为达溪先祖。可以作这样的推测：王阳明为伯三公作像赞时，一定看见过其他先祖之像及赞，因而，他也认同令谋、泽元诸公为自己祖先。否则，不可能为伯三公作如此像赞。

嵊州《东林王氏宗谱·东林王氏宗谱世系传》载："东林始祖令谋府君：第五十八世，字孟成，为博士，遭时扰乱，思得逸少翁居剡地曰平溪，乃于建隆元年庚申十二月庚申日徙居焉。"令谋配妻郭氏，生子承庆、承佑（见该谱第20页）。第60世承庆，生子仁寿、仁裕。第61世仁寿，字尚贤……赘东林宋节公女，以平溪庄宅为舍，更宅东林新居。生子潍，潍生润元、泽元、溢元。润元留据东林，泽元"一名成，徙上虞，阳明其后裔也"（见该谱第22页）。溢元徙宁海铁场。从第58世令谋居剡地平溪，到61世仁寿赘东林，再至63世泽元徙上虞，该谱记载十分清晰。该谱第26页还有"上虞干溪祭祀田"的记载，如上虞干溪十六都一里二甲王允樵户名下，即有"祭祀田"十余亩。"祭祀田"在当地又叫作"堂宗田"，其田产收入主要用于祖宗祭祀，以及赡养堂宗太公——族长等族中老者。这有力证明了上虞干溪（达溪）与嵊州东林确存在渊源关系，否则不可能留"祭祀田"给东林，并由此载入《东林王氏宗谱》。

（三）王阳明家族与王羲之、三槐王氏等关系

达溪王氏尊王导为迁越州始祖。《虞南达溪王氏宗谱·王导像赞》中载：公字茂宏，少有见识，元帝中兴尊为仲父，进位太子太傅，封始兴公，自琅琊迁江左越州，遂为家也。据同治和光绪年间修辑《王氏宗谱（永思堂）》载，王氏27世孙王羲之筑馆金庭（今嵊州金庭），并与谢安家族联姻。王羲之迁剡之金庭，其后代称为金庭王氏，与王令谋的平溪王氏同脉不同支。在嵊州华堂村王氏宗祠墙上，载有王羲之后裔各堂源流，笔者曾详细查阅，不见东林后门堂王氏。足见华堂王羲之家谱，把东林王氏当作别支看待。因而，王阳明家族不可能是王羲之之后裔。

王阳明家族与三槐王氏的关系，写成于光绪十五年（1889）的《虞南达溪王氏宗谱·王氏分派纪略》记载甚为详细：17世孙离，生子书、泽，书又名元，秦末避乱徙琅琊，是为琅琊王氏；泽初名成，今讹为威，为代郡守，居太原，为太原王氏。自元至33世允，生岂与音，音因三关争乱徙沂州府临沂县，生子仁；仁生四子谊、散、典及融，融生祥、览，览生裁、基、会、正、言、彦、琛；裁生导，导为江左乌衣之祖；正生旷，旷生羲之，羲之修契兰亭，筑室东土，葬剡之画堂金庭观，为画堂王氏之祖。王导19世孙抟，唐昭宗朝丞相，生令谋与言；言生彻，彻生佑，佑尝手植三槐于庭，曰吾子必有为三公者。王佑之子文正公旦，宋真宗朝同平章事，遂号三槐王氏。令谋徙居剡邑平溪，为平溪之祖。令谋生承庆，承庆生仁寿，仁寿赘居东林，生潍征；潍征三子润元、泽元、溢元；泽元自东林迁上虞达溪，为达溪始祖……"千四公徙居余姚。十世生华，华生守仁，道学经济超绝古今，子正亿，孙承勋，曾孙先通，元孙业浩，世袭伯

爵，历历可考，山阴谋文其继派也，其谱冒三槐缪甚。"王阳明家族源流脉络十分清晰。原来，令谋与被尊为三槐王氏一世祖的王言是兄弟，王令谋学书圣王羲之隐居剡地，子孙繁衍，弟弟王言后代有"三槐"之盛。可见，王导与王羲之，三槐王氏与华堂王氏，王阳明家族与三槐王氏，王阳明家族与华堂王氏，皆是同脉不同支的关系。

四 结语

《虞南达溪王氏宗谱》和嵊州《东林王氏宗谱》提供了王阳明家族流源新说：王阳明家族是王导之后，第59世令谋公王孟成从山阴迁剡地平溪，第61世仁寿公王尚贤由平溪迁东林，第63世泽元公王成由东林迁上虞达溪，第66世千四公王寿由上虞达溪而迁余姚。这样的流源图与《王阳明全集·阳明年谱》记载的更为接近。而且，王阳明家族非王羲之后裔，也非三槐王氏之后。当然，这样的说法正确与否，还有待于进一步发现和考证。谭其骧先生在《地方志不可偏废，旧志资料不可轻信》（《长水续编》，人民出版社1994年版）一文中批评旧志"往往夹杂着许多错误的记载，甚至是错误百出。有些方志每修一次就增加若干错误，越修越错"。方志尚且如此，何妨是家乘谱牒，其谬误处自不必说。因此，王阳明先祖比较正确的流源，应该到余姚秘图派王氏家谱发现后，才能定论。

（原文刊登于《绍兴文理学院学报》2010年第3期）

王阳明的家世及古文献学思想

戴晓红[*]

摘　要：王阳明出生在余姚，成长、生活主要在绍兴。其古文献学思想受到主观唯心主义哲学的影响，主要表现为凭空牵强臆断，割裂语言文字与思想内容的辩证关系，否定训诂与考据的作用等三个方面。

关键词：王阳明；家世；心学；古文献学

王阳明（1472—1529），名守仁，字伯安，别号阳明子、阳明山人，世称阳明先生。其父王华是明宪宗成化十七年（1481）的状元。王阳明生于明成化八年（1472），于孝宗弘治十二年（1499）登进士第，武宗正德元年（1506）冬，因上疏援救戴铣等而得罪大太监刘瑾，贬为贵州龙场驿驿丞。在龙场驿任上，王阳明致力于主观唯心主义思想的研究，并形成了著名的"心学"体系。后官至南京兵部尚书，嘉靖八年（1529）卒，归葬浙江山阴洪溪乡（今属绍兴县兰亭镇）。卒后38年，即隆庆元年（1567），追赠新建侯，谥文成。

---

[*] 戴晓红（1965—　），女，浙江绍兴人，绍兴图书馆员。

王阳明的家世及古文献学思想

关于王阳明的家世，近年来多有争论。其实，王阳明的高足、敦守师说、人称"教授师"的钱德洪在《阳明先生年谱》中说得十分明白。他说："其先出晋光禄大夫览之裔，本琅琊（今山东境内）人，至曾孙王右军将军羲之徙居山阴。又二十三世，迪功郎寿自达溪徙余姚，今遂为余姚人。寿五世孙纲，善鉴人，有文武才。国朝（明）初诚意伯刘伯温荐为兵部郎中，擢广东参议，死苗难。……高祖讳与准，精《礼》《易》，尝著《易微》数千言。……曾祖讳世杰，人呼槐里子……祖讳天叙，号竹轩……所著有《竹轩稿》《江湖杂稿》行于世。封翰林院修撰。……父讳华，字德辉，别号实庵，晚称海日翁，尝读书龙泉山下，又称为龙山公。成化辛丑（1481）赐进士及第第一人（状元），仕至南京吏部尚书。"①

这段记载，明明白白告诉我们两个事实。一是琅琊王氏由王导南迁江左是尊王览为其世祖的，王羲之为王览曾孙，不出"五服"，应是王览之裔，并不错，这是前四代世祖。二是迪功郎王寿由达溪徙余姚后，一直传至王阳明的高祖王与准，曾祖王世杰，祖父王天叙，父亲王华，包括王阳明出生在余姚的龙泉山北麓武胜门内寿山堂里（改名瑞云楼是后事），这是后四代世祖，应是余姚人。

问题出在哪里呢？清李慈铭在《越缦堂日记·重建宗祠碑记》中给我们做了解答："自三代迄有明，家得立庙，皆视官位，以限世数。国朝定制，品官庙祭四世，其大族亦听别立祠堂，而不限以世，诚以追远收族，于教孝教弟（悌）之中，寓去奢去泰之意，使人得尽其情，而无越礼逼上之嫌，可久可远，谊至深也。"② 意思是自夏、商、周三代至明代，要立宗庙（祠堂）主要由官位高低决定世祖，世系则延续不断地编排下去。故晋

---

① （明）钱德洪：《阳明先生年谱》，明嘉靖四十三年刻本。
② （清）李慈铭：《越缦堂日记》，广陵书社2004年版。

代的王导、王羲之等都纳入"王氏几世祖"之内,既受到限制,又都是世祖。从明代到清代则放宽了,规定品官庙祭四世,大族还可以独建祠堂,后来还放宽到一家亦可独置神龛,以供栗主(牌位,俗称木主)。出现了以地域宗族为单位的世系、世祖,如江左王氏、绍兴王氏、山阴王氏等,又各有堂名。加以修谱之风盛行,规模亦越修越大,追溯亦越久越远,每姓必追始祖至帝王将相为快,失去了"于教孝教悌之中,寓去奢去泰之意"的本旨,甚至出于功利,无端渲染祖德,溢美先人;互争世祖,抢夺名人,故而生出许多事端来。拿王阳明的家世来说,自他父亲王华中了状元以后,把状元府第建在绍兴府城,实为常例。当时其祖父王天叙健在,子贵父荣,则在府城兴建宅第多处。据王阳明16世孙王诗棠回忆:"王氏徙居越城以后的宅第建筑旧址共有三处六所,对此我至今记忆犹新。一处是东光相坊,即光相桥东侧西河以北,现叫下大路的一所建筑,后改建为王文成祠;另一处是西光相坊的三所大台门,并排而立,形成群落,(实为守文、守俭、守章所建);再就是同样处在东光相坊西河以南现在叫上大路王衙弄的伯府第建筑群及其近旁的王氏宗祠。"伯府第是由状元府宅扩建的。[①]

由此可见,王阳明出生在余姚,成长、生活主要在绍兴。王华墓葬在会稽徐山,王阳明墓葬在山阴兰亭鲜虾山,这是不争的事实。

王阳明不仅是有明一代儒家大宗,又是明王朝的功臣,著名的唯心主义哲学家、教育家。在中国哲学史上,王阳明的主观唯心主义思想直接继承了宋明两代"心学"的开山鼻祖陆九渊的思想,形成了中国哲学史上著名的"陆王学派"。他逐步提出了"心外无物""致良知"和"知行合一"等主要哲学命题。这里我们旨在探讨王阳明的古文献学思想,因而对其哲

[①] 钱明:《阳明学新探》,中国美术学院出版社2002年版。

学体系与学术大成，此不赘述。

王阳明的古文献学思想受到其主观唯心主义哲学的影响，主要表现为凭空牵强臆断，割裂语言文字与思想内容的辩证关系，否定训诂与考据的作用等三个方面。

王阳明在《象山文集序》中说："惟读先生之文者，务求诸心而无以旧习己见先焉，则糠粃精凿之美恶，入口而知之矣"。① 这里讲到的"旧习"，与《传习录·答聂子蔚》中讲到的"旧时解说文义之习"的含义大致是相同的，也可理解为传统的训诂与考据之学。所谓"务求诸心"，即解释理解古文献依靠凭空乱想一味牵强臆断，可以说，臆断是王氏解释古文献的基本方法。对于这一点，可参见的最显著的例子是《五经臆说》。《五经臆说序》中说："日坐石穴，默记旧所读书而录之。意有所得，辄为之训释。期有七月而五经之旨略遍，名之曰臆说。盖不必尽合于先贤，聊写其胸臆之见，因而以娱情养性焉耳。……呜呼！观吾之说而不得其心，以为是亦筌与糟粕也，从而求鱼与醪焉，则失之矣。"② 在这里，王阳明强调的解释古文献的方法是"写胸臆之见"，也就是不求任何外在参考，一任凭空臆断以为注释；"观吾之说而不得其心，以为是亦筌与糟粕也"，这是主张读古文献不拘泥于注文以及原文的字面意思，而是需要"得其心"，这个方法仍然主张的是牵强务虚。《五经臆说》中还有不少例子可以看出"臆说"、附会的影子。例如，"圣人感人心而天下和平，至诚发见也。皆所谓'贞'也，③ 王阳明认为，天下之所以会和平，是因为有圣人的感化之心在起作用，圣人以自己之心感化世人之心，所以才有天下太平。在这里，他将"正心"的作用无限地夸大了，天下固然有太平，但这与圣人之

---

① 吴光、钱明、董平等：《王阳明全集》，浙江古籍出版社2010年版。
② 同上。
③ 同上。

心不是唯一的因果关系，当然还包括了其他各种社会因素与自然因素。又如，"元年春王正月。人君即位之一年，必书'元年'。元者，始也，无始则无以为终。故书元年者，正始也。大哉乾元，天之始也。至哉坤元，地之始也。成位乎其中，则有人元焉。故天下之元在于王，一国之元在于君，君之元在于心。'元'也者，在天为生物之仁，而在人则为心。心生而有者也，曷为为君而始乎？曰：'心生而有者也，未为君，而其用止于一身，既为君，而其用关于一国。故元年者，人君为国之始也。……故元年者，人君正心之始也。'"在这里，王阳明重蹈前人对于《春秋》的曲解，又结合他本人的心学体系，从心学出发，不作任何考据与训释，主观地将"元"理解为"心"，将"元年"解释为"人君正心之始"，其谬也，竟至于斯，实为凭空臆断。①

《五经臆说》现存13条，而根据王阳明自己在《序》中所说，远不止此数，他自称"凡四十六卷，经各十，而礼之说尚多缺，仅六卷云"，从现存各条来看，其主体部分，虽然有不少是对于文义的解释，但牵强臆断的为数不少，正印证了"臆说"的题旨。这从一个侧面反映出王阳明解释古文献的重要方式是依凭胸臆一味牵强附会。

就古文献本身而言，语言文字与它表达的基本思想主旨本应该是对立统一的关系，二者是相互依存的。语言文字是思想主旨的表达形式，思想主旨是语言文字的内在核心，离开形式的内容只能是凭空臆造的，是没有存在依据的。但在王阳明看来，仅仅通过古文献中的语言文字是不可能获得其中的主旨精神的，文献传达的主旨思想只有通过探求内心的精神活动才能获得。对于这一思想，王阳明在《稽山书院尊经阁记》中论及："经，常道也。其在于天谓之命，其赋予人谓之性，其主于身谓之心。心也，性

---

① 孙钦善：《论王守仁的古文献学思想》，《古籍整理研究学刊》1991年第2期。

也，命也，一也。……六经者非他，吾心之常道也。……君子之于六经也，求之吾心之阴阳消息而时行焉……故六经者，吾心之记籍也，而六经之实则具于吾心，犹之产业库藏之实积，种种色色，具存于其家。……而世之学者不知求六经之实于吾心，而徒考索于影响之间，牵制与文义之末……"① 从这段引文中，可以看出，王阳明认为六经中的语言文字与文献的思想内容并不是密不可分的形式与内容的关系，而把文献中的文字仅仅看作间接的表述工具，不认为是内心精神的表达，因而文献的主旨内容完全可以求诸内心，而不必通过"文义之末"来求索。换句话说，六经中的文字皆可以抛弃，仅仅需要内心的表述就可以了。这也就是完全割裂了语言文字与思想主旨的对立统一关系，将二者简单地绝对对立起来了。

同样的思想，在《五经臆说序》中也有表述："得鱼而忘筌，醪尽而糟粕弃之。鱼醪之未得，而曰是筌与糟粕也，鱼与醪终不可得矣。五经，圣人之学具焉，然自其已闻者而言之，其于道也，亦筌与糟粕耳。窃尝怪乎世之儒者求鱼于筌，而谓糟粕之为醪也。夫谓糟粕之为醪，尤近也，糟粕之中而醪存。求鱼于筌，则筌与鱼远矣。"② 所谓鱼者，文献的思想精神；筌者，即文献中的文字语言。其中心意义讲的，仍然是不拘泥于五经的文字语言系统，而主张用心求"鱼"，用心求"醪"。从这里体现出来的，是一种整理、研究古文献的主观唯心论，他片面强调了内心体悟的作用，而忽视甚至忽略了语言文字表达思想内涵的基本功能。又如，《传习录》上卷中提道："(《春秋》)以事言谓之史，以道言谓之经，事即道，道即事。《春秋》亦经，《五经》亦史：《易》是包牺氏之史，《书》是尧舜以下之史，《礼》《乐》是三代之史。其事同，其道

---

① 吴光、钱明、董平等：《王阳明全集》，浙江古籍出版社2010年版。
② 同上。

同，安有所谓异？"在这里，从表面来看，王阳明虽然认为六经都是史，但将其本义归结于"道"，这与《稽山书院尊阁记》所说"六经者非他，吾心之常道也"的主旨是一致的，这是一种典型的主观唯心主义的解释经学的方法论，虽然认为六经为史，但不从事实与本史中去探求，而从内心出发，用"心"来解史，是从根本上割裂语言文字与思想内容的辩证关系。①

割裂语言文字与主旨内容辩证关系的直接后果，是任意否定古文献的文字和语言，由此，必然否定对文字的训诂、注解与考据，即否定对古文献中语言文字的解释、注解，否定对古文献中典章名物的考据。例如，王阳明在《稽山书院尊经阁记》中说："世之学者，不知求六经之实于吾心，而徒考索于影响之间，牵制于文义之末，硁硁然以为是六经矣。"② 原本从理论上来说，通过训诂与解释文义的方法，是理解六经本义的主要手段，是解读古文献的重要途径，但王阳明认为通过这种方法难以得到"六经之实"，即从根本上否定了训诂、考索与求证的方法论，体现出强烈的唯心主义色彩。

否定训诂与注解的言论，在其别的著述中也有类似的记载，如《传习录》上卷中说："'礼'字即是'理'字。'理'之发见可见者谓之'文'；'文'之隐微不可见者谓之'理'：只是一物"③ "看书不能明如何？先生曰：此只是在文义上穿求，故不明。如此，又不如为旧时学问，他到看得多，解得去。只是他为学虽极解得明晓，亦终身无得，须于心体上用功。凡明不得，行不去，须反在自心上体当即可通。"④ 王阳明在这里说到的"文义"，是指古文献上的语言文字的表面意思。从因果关

---

① 孙钦善：《论王守仁的古文献学思想》，《古籍整理研究学刊》1991年第2期。
② 吴光、钱明、董平等：《王阳明全集》，浙江古籍出版社2010年版。
③ 同上。
④ 同上。

联上来说，表面意思虽然不尽等于思想内容与精神实质，但语言文字与主旨内容二者从本质上来说是不能分割开来的。研究、整理古文献，只有从表面意思入手，才能得到深刻的主旨精神与思想内容。但王阳明认为，在"文义上穿求"是难以得到思想内容与精神实质的，即他所说的"凡明不得，行不去"。他认为，只有在"自心上体当""只要解心"，古文献的思想内容也就融会贯通了。这无疑又是一种主观主义认识论，他把研究整理古文献的过程完全颠倒了。又如，《传习录》答顾东桥书中说："'格'字之义，有以'至'字训者，如'格于文祖''有苗来格'，是以'至'训者也。然'格于文祖，必纯孝诚敬，幽明之间，无一不得其理，而后谓之'格'；有苗之顽，实以文德诞敷而后格，则亦兼有'正'字之义在其间，未可专以'至'字尽之也。"① 对于"格"字本义而言，有"至"义，又有"正"义，还有其他解释，但联系上下文，根据实际情况，只能用一个义来解释，而断不可能同时具备两个毫不相干的解释义项。王阳明在这里对于文字的解释，可以说基本上违背了语言的解释规律。② 实际上，一味强调"解心"，不弄通"文义"，甚至抛开字面意思，其结果自然是穿凿附会，失去认识古文献思想内容与精神实质的客观依据。

上述是王阳明否定注解与训诂的论述，否定考据的言论，也有不少记述在其著述当中。例如，《传习录上》中记载："名物度数，亦须先讲求否？先生曰，人只要成就自家心体，则用在其中。如养得心体，果有未发之中，自然有发而中节之和，自然无施不可。"③《传习录下》中说："圣人无所不知，只是知个天理；无所不能，只是能个天理。圣人本体明白，

---

① 吴光、钱明、董平等：《王阳明全集》，浙江古籍出版社2010年版。
② 孙钦善：《论王守仁的古文献学思想》，《古籍整理研究学刊》1991年第2期。
③ 吴光、钱明、董平等：《王阳明全集》，浙江古籍出版社2010年版。

故事事知个天理所在,便去尽个天理。……天下事物,如名物度数、草木鸟兽之类,不胜其烦。圣人须是本体明了,亦何缘能尽知得?"[1] 这里,王阳明把研究古文献的顺序弄颠倒了,他认为"天理"与"本体"先于名物制度而存在,只要具备"天理"与"本体",便可事事尽能得知,这样颠倒的目的是为了便于任意附会。又如,《传习录》中卷说:"于是乎有训诂之学,而传之以为名;有记诵之学,而言之以为博;有辞章之学,而侈之以为丽。若是者纷纷籍籍,群起而角立于天下,又不知其几家,万径千蹊,莫知所适。"[2] 又如,《别三子序》说:"《六经》分裂于训诂,支离芜蔓于辞章业举之习,圣学几于息矣。"[3] 上述所言,总的来说,王阳明显然以为考据之学为支离之学。解释名物典制不必通过考据,尽在性理、天理与所谓的本体之中。这样,就把原来的实学变成了空疏之学,从而鄙弃了考据的功能。

所有这些言论,无一不是否定注解、考据的作用,而刻意强调了性理的作用,显然,这与传统的考据学是向背而行的,与宋代以来的程朱理学是有天壤之别的。例如,朱熹曾经在《论孟精义序》中说:"汉魏诸儒,正音读,通训诂,考制度,辨名物,其功博矣。"[4] 在朱熹看来,汉魏经学的解说儒经章句正读、名物训诂功不可没,体现了他经学思想兼取融会汉魏训诂之学与两宋义理之学的特点,是肯定训诂、考辨在研究古文献中的作用的,这与王阳明否定考释的主观唯心论形成了十分鲜明的对比。由此可见,王氏性理之学在研究整理古文献的过程中割裂了语言文字与思想内容的辩证关系,否定训诂与考据的作用,依凭性理与"本体"一味牵强臆断,这种思想间接或直接导致了明中叶以后整体学风的空疏与务虚,与宋

---

[1] 吴光、钱明、董平等:《王阳明全集》,浙江古籍出版社2010年版。
[2] 同上。
[3] 同上。
[4] 束景南:《朱子大传》,. 商务印书馆2003年版,第316—317页。

以来重考据的实学方法有着本质的区别。

因此，当明代结束后，考据学便顺应历史的潮流复兴。到清代乾隆、嘉庆两朝时，考据之学盛行，其古文献研究方法被后世称为考据学派。此后，王阳明的心学体系及古文献研究的主观本体论自然不免受到众多考据、训诂与辨伪学者的质疑与修正。

（原文刊登于《绍兴文理学院学报》1990年第10期）

徐渭与越外、越中曲家的交往及其对后学曲家的影响

佘德余[*]

摘　要：本文通过徐渭与越外剧作家、越中剧作家及门下弟子的交往，旨在说明徐渭的戏曲理论及其创作，不仅对越中曲家及后学产生了直接影响，而且对当时及以后的曲坛也曾产生过一定影响。

关键词：越外曲家；越中曲家；交游影响

徐渭生活于中国资本主义萌芽时期，是一位极具个性的思想家、文学家、戏曲家、书画家。他在戏曲理论上首先开拓了南戏研究的领域，在当时曲坛激烈斗争中，他孑然独立地为南戏大声疾呼，为南戏争一席之地，认真总结南戏创作的得失，倡导本色论，为研究南戏提供了宝贵的戏曲资料。他的戏曲理论虽然没有形成完整而严密的理论体系，却以精辟的艺术见解抨击了曲坛的弊端，代表了当时革新、发展的进步倾向和要求。他的《四声猿》杂剧的创作，无论从剧本体制，还是剧作题材等诸方面，

---

[*] 佘德余（1943— ），男，绍兴文理学院中文系，副教授。

都代表了明代杂剧的转变,是一部开时代风气的作品。这里就徐渭与当时曲坛和越中曲家的交往,从中客观评价他在当时曲坛上产生的影响和曲派中的地位。

一 与越外曲家的交游

(一) 与梁辰鱼的交往

梁辰鱼(1519—1591),字伯龙,江苏昆山人。梁辰鱼大徐渭2岁,早卒于徐渭2年,享年同为73岁。他们之间的交往可能始于嘉靖二十五年(1546)冬,徐渭《徐文长自著畸谱》载曰:"二十六岁,科丙午,北。妇潘死,十月八日寅也。丧毕,赴太仓州,失遇而返。"据徐朔方《晚明曲家年谱·徐渭年谱》嘉靖二十五年条,此年"文长在吴,似曾设帐授徒,写有《吴门逢孔将军于塾》《授经馆中怀江东诸同志》等诗"。可见,徐渭在太仓州住过一段时间,那么,极有可能与梁辰鱼相识。其后徐渭加入胡宗宪幕府,深得胡宗宪的信任,故梁辰鱼于嘉靖四十一年(1562)秋游越,想通过徐渭、沈明臣诸朋友介绍,加入胡幕。后不知何因,梁辰鱼不久即离越还归,徐渭有《送梁君还昆山》,诗云:"送子返吴城,怜予也远行。锦囊俱佩笔,青嶂独题名。被邀来何莫,治装去不停。翻嫌养鹦鹉,持赋送祢衡。"(《徐渭集》卷六)梁辰鱼也有酬诗《寄山阴徐文长》,诗云:"别墅分诸谢,千峰丘壑连。春开镜湖水,雪放剡溪船。修禊是何日,笼鹅应几年?此中多逸事,投翰拟联翩。"(《鹿城诗集》卷14)梁辰鱼《鹿城集》卷21《寄信丰俞子自序》云:"壬戌秋,予游越中……归吴门不数月,而幕中诸公以尚书去位,亦皆瓢散云驰,无一存者。"此指同年十一月，胡宗宪被逮削籍，总督府解散事。其时，梁辰鱼《浣纱记》传奇和徐渭《南词叙录》皆已定稿，惜未见他们涉及戏曲方面的交谈资料。

（二）与梅鼎祚的神交

梅鼎祚（1549—1615），字彦和，又字禹金，晚号胜乐道人，安徽宣城人。其父守德，嘉靖二十九年至三十二年（1550—1553）任绍兴知府。梅鼎祚少徐渭28岁，少年时，越中曲家陈鹤和王学思想家王畿至宣城，曾与游。鼎祚科举蹭蹬，从19岁至43岁，9次秋试皆未中举，与徐渭经历何其相似。徐渭与梅禹金之间未见有直接交游文字，很可能由于陈鹤、王畿早年的介绍和其父守越而留下的影响，梅鼎祚中年完成的《昆仑奴》杂剧，引起了晚年孤独多病的徐渭的注意。万历二十年（1592），徐渭在《致钟天毓》（名廷英、上虞人）信中提道："宁国梅君名禹金，字九鼎，所作《昆仑奴》杂剧，十有五七可取，而少瑕三四耳。"基本上予以肯定，又在《题昆仑奴杂剧后》评说"此本于词家可占立一脚矣，殊为难得""梅叔《昆仑奴》剧已到鹊竿尖头，直是弄把喜戏一好汉""曲中引用成句，白中集古句，俱切当，可谓拿风抢雨手段"。因为此剧基础较好，徐渭才于"阅南北本以百计，无处著老僧棒喝。得梅叔此本，欲折磨成一菩萨"。把它修改、锻炼成为典范的剧本。同时，徐渭也指出其瑕处，即宾白"未足本色"。表现在"散白太整，未免秀才家文字语，及引传中语，都觉未入家常自然"。例如，崔千牛责骂昆仑奴云："你是个厮养们苍头辈，只好做酒囊饭袋。图它些酪配膨脖，那晓得我心事来。"（第一折）散白文而晦，强为押"皆来"韵，结尾硬凑上一"来"字，且扭捏使句整齐，脱离日常口语的习惯。徐渭认为，散白"尤忌文字、文句，及扭捏使句整齐"，反对"截多补少，促成整句"，而且特别提出"散白与整白不同，尤宜俗宜真""语人要紧处，不可着一毫脂粉，越俗越家常，越警醒，此逸是好水硾，不杂一毫糠衣，真本色"。此外，徐渭还指出《昆仑奴》在构思上，如果"云在张老时已为仆几时矣，今复谪此"，那么，说昆仑奴为仙，"则益为有据"（《徐文长逸稿》卷2）。以上所述表明了徐渭戏曲理论的一贯认识。《昆仑奴》杂剧的评改，对于当时文人传奇、杂剧剧本创作的雅化趋向，确实是"老僧棒喝""一渡彼岸梢公"，为戏曲创作的本色化指出向上一路。可惜徐渭一人的声音太小了，未能阻遏这一创作趋向的发展。梅鼎祚有否看到徐渭对他《昆仑奴》的评改，是否接受徐渭的意见，未见资料，不敢妄说。但从其晚年创作的《长命缕》传奇和《长命缕记》云："意不必使老抠都解，也不必傲士大夫以所不知……兼参雅俗，遂一洗浓盐赤酱厚肉肥皮之近累"看，已一改青年时代骈绮的倾向，"终于走上了追求雅俗共赏的道路"（周育德《汤显祖论稿》，文化艺术出版社1991年版）。

（三）与汤显祖的交往

徐渭长汤显祖29岁，是汤显祖的前辈，他们之间的交往缘起徐渭批评汤显祖的《问棘邮草》。汤显祖的《问棘堂集》（《问棘堂邮草》）刊于万历八年（1580），收编了他28—30岁时所作的诗文。其时，徐渭应张元汴招请，携二儿徐枳赴京，在北京于张元汴舍旁开馆收徒授经，与张元汴、沈襄等诗酒书画时相过从，偶阅汤显祖《问棘堂集》，兴奋地写下《与汤义仍》书信一封，信云："渭于客所读《问棘堂集》，自谓平生所未尝见。便作诗一首以道此怀，藏此久矣。倾值客有道出尊乡者，遂托以尘。《问棘》之外，别构必多，遇便倘能寄教耶？湘管四枝，将需洒藻。"（《徐渭集》卷16）对汤显祖诗文才能十分欣赏，称赞不已。又满怀深情写下了《读问棘堂集——拟寄汤海若》诗，诗云："兰苕翡翠逐时鸣，谁解钧天响洞庭？鼓瑟定应遭客骂，执鞭今始慰生平。即收《吕览》千金市，直换咸阳许座城。无限龙门蚕室泪，难偕书札报任卿。"(《徐文长三集》卷7)对汤显祖《问棘堂邮草》的总评是："真奇才也，生平不多见。五言诗大约二谢、二陆作也。其用典故多不知，却自觉其奇，古妙而又浑融，又音调畅足。"赞赏汤显祖的诗"是六朝而无六朝之套，自也新奇，多异少同"(《送新建丁右武理闽中》批语)。汤氏《问棘堂集》中有《芳树》七言歌行古体诗，以一词多次重复出现的修辞方法，音节潦亮，读之有铿锵和谐、回环的效果。徐渭喜新尚奇，又作七言古诗《渔乐图》，自注云："都不记创于谁，近见汤君显祖，慕而学之。"全诗16句，中段12句："新丰新馆开新酒，新钵新姜捣新韭。新归新雁断新声，新买新船系新柳。新鲈持去换新钱，新米持归新竹燃。新枫昨夜钻新火，新笛新声新暮烟。新火新烟新月流，新歌新月破新愁。新皮鱼鼓悲前代，新草王孙唱旧游。"

徐渭在由衷赞赏、欣喜之余，也毫不客气地批评汤显祖作赋爱用古字古语的毛病。他指出汤显祖的《广意赋》："调逼《骚》。然却似象胥不汉语而数夷语，是好高之心胜也。亦岂堆垛剪插者之所能望其门屏者哉？""使在今日夏衣葛而冬衣裘者，必冬披兽皮而夏衣木者，其可乎？故圣贵时也。"时代变了不应一味求古。他又批评《感士不遇赋》说："有古字无今字，有古语无今语时，却是如此。使汤君自注，如《事类赋》，将不得不以今字易却古字，以今语易却古语矣。此似汤君自为四夷语，又自为译字生也。今译字生在四夷馆中何贵哉？亦庸人习之，亦能优为之耳。道贵从朴尚素，故曰君子中庸。上古圣人朴故奇也，亦不过道上古之常也。"反对一味地刻意求奇向古，提倡从朴尚素，在常语、今语中下功夫。徐渭对汤显祖语重心长、坦率的批评，切中汤显祖年青时尚古求奇的要害。

万历十一年（1583）汤显祖进士及第，于北京礼部见习以俟补缺，至次年秋分发南京任太常博士，至万历十九年（1591）因上《论辅臣科道疏》谪徐闻县典吏前，很可能看到了徐渭批评的《问棘堂集》及《渔乐图》诗，于是通过接触的越中人士了解徐渭情况,并作《秣陵寄徐天池渭》诗,诗云:"百渔咏罢首重回,小景西征次第开。更乞天池半拗水,将公无死或能来。"热情邀请文长至南京相会。徐渭晚年体衰多病,惜未能成行。

由于古代交通和信息的不畅,徐渭与汤显祖未能谋面,只是在读了他的《问棘堂集》以后产生的神交。《与汤义仍》的信及《答问棘堂集·拟寄汤海若》一诗皆未及时寄出,在身边整整藏了 10 年。万历十八年(1590),徐渭诗文集付诸刊刻。此前万历九年(1581),他曾有书与李如松曰:"仆有胡说六七百叶,今拟刻其半,得参十五斤可矣。待尽之人,妄希一二语留后,此故人千百之惠也。"至万历十七年(1589)十一月,值二儿徐枳岳父王道翁六十寿辰,并道翁弟溪翁五十寿辰,徐枳自李如松幕回绍庆寿,顺便带回了李如松所赠的人参等礼物。徐渭得以刻印《徐文长集》16 卷,《阙编》10 卷行世,因经费有限,刻印颇草劣。在此之后,徐渭给汤显祖寄出诗文集刻本及毛笔等物,并在 10 年前未寄出的那封信的基础上添上了"鄙刻二种,用替倾盖之谈"等内容,足见徐渭对汤显祖的诚挚。徐渭在《致天目兄丈》的信中说:"刻本驰二,与射堂共看,一谨留之。有紧要处与之,非十分紧要莫与也。缘此事弟不欲广传,非讳丑,乃大有说也。"(《徐文长佚草》卷 4)他的诗文集不欲广为流传,担心道学先生们的议论,故只在同道好友中传阅,而便托人捎给临川的汤显祖,足见他与汤显祖的友谊非同一般。

据徐朔方先生《汤显祖年谱》记载,万历十九年春,汤显祖曾访友黄两高、钱楘至绍兴,登兰亭,访问同时是否与徐渭有过接触,不得而知。当年夏,汤显祖因上《论辅臣科道疏》而谪广东徐闻典吏,三年后量移浙江遂昌知县。万历二十四年(1596)秋至绍兴结课,晤孙如法,经嵊县入新昌县署,又入会城,其时徐渭已经亡故,两年后罢职回临川老家。其后,汤显祖读了徐渭的杂剧十分佩服,他对人说:"《四声猿》乃词坛飞将,辄为之演唱数遍。安得生致文长,自拔其舌。"(王思任《批点玉茗堂牡丹亭叙》)万历三十六年(1608),会稽县陆梦龙寄书汤显祖求教,汤显祖作诗与书答之。《答陆君启孝廉山阴序》云:"某府君至,忽授以山阴孝廉陆君启良书。大雅之辱,烂焉千言。"在此期间,汤显祖曾给任山阴知县的好友余瑶圃去信,书云:"贵治孝廉陆君梦龙,成其材,不下东海长卿,知门下当为下榻。徐天池后必零落,门下弦歌清暇,倘一问之。林下人闲心及此。"据《绍兴府志》《山阴县志》记载:"余懋孳,三十二年任,入祠。"从名字上看,余懋孳就是瑶圃,万历三十二年至三十九年(1594—1601)任山阴知县。当时汤显祖已弃官回乡,自称林下人。他估量徐渭去世后,后代必然零落,希望时任山阴知县给予照顾。可见,汤显祖对徐渭家境了解之深,也足见对徐渭的情深。

(四) 对徐复祚的影响(1560—1629)

徐复祚,字阳初,常熟人。比徐渭小39岁。徐渭与徐复祚之间未见直接交往的记载。由于徐复祚家庭纠纷,导致其一生经历十分坎坷,为此他以"三家村老"为号,自认为比徐渭的身世更为坎坷不幸。对于徐渭《四声猿》中的《狂鼓史》《玉禅师》两剧评价较高,云:"余尝读《四声猿》杂剧,其《渔阳三挝》,有为之作也,意气豪侠,如其为人,诚然杰作,然尚在元人藩篱间;余三声,《柳翠》犹称彼善,其余二声及其书绘,俱可无作。"(徐复祚《三家村老委谈》)可见,徐渭对其的影响。在本色论的问题上,他继承了徐渭的思想,他说:"《香囊》以诗语作曲,处处如烟花风柳。……丽语藻句,刺眼夺魄。然愈藻丽,愈远本色。《龙泉记》《五伦全备》,全是措大书袋子语,陈腐臭烂,令人呕秽,一蟹不如一蟹。"批评郑若庸的《玉玦记》"堪与《香囊》伯仲。《赏荷》《看潮》两大套,亦佳,独其好填塞故事,未免饾饤之门,辟堆垛之境,不复知词中本色为何物"。批评梅禹金的《玉合记》是"徒逞其博洽，使闻者不解为何语，何异对驴而弹琴乎"（《曲论》），认为戏曲语言应通俗易晓，反对用典。

二 与越中曲家的交游

（一）与陈鹤的交往

陈鹤（1516—1560），字九皋，又字鸣野，号海鹤、海樵、水樵生，山阴人。陈鹤长徐渭5岁，经历与为人性格对徐渭有较大影响。

陈鹤生平有四奇。一是爱好奇：少时即好古字画，喜欢收集奇帙名帖。二是经历奇：年十七，因祖父军功荫袭百户，然非其素志，郁郁寡欢而得奇疾，遍求医莫疗，遂自学为医自为诊疗，七年而病愈，遂弃官隐居，筑室于城内飞来山麓。三是才学奇：手不释卷，昼夜讽诵，以至诗文、骚、赋、词曲、草书、图画、尽效诸名家，后又能间出己意，工瞻绝伦。所娱戏如吴歈、越曲、绿章、释梵、巫史、祝咒、棹歌菱唱、伐木挽石、薤辞傩逐、侏儒伶唱、万舞偶剧，以及投壶、博戏、稗官小说与四方语言，样样皆能。豪贤贵介，诸家异流，无不向慕而日造其庭，以得陈鹤片墨，或亲见，或一谈一饮为幸。省会诸司诸公、郡县长吏或衔命之史，有未见缙绅而先造陈鹤者，不能至者，即以书托，每旬月，积纸盈匣。四是结果奇：少时曾游金陵，晚年客居金陵，又死于金陵。

徐渭深受陈鹤影响，始交陈鹤，完全是由于对他的倾倒。他说："余从道上望见之，疑其仙人也。居数年，始得会山人于甥萧（萧勉、字汝行）家，酒酣言洽，山人为起舞也，而复坐，歌啸谐谑，一座尽倾。自是数过山人家。"（《徐渭集》卷26《陈山人墓表》）嘉靖二十四年（1545）

与结"十字社",并效陈鹤杂学各种技艺,如弹琴作曲,陈鹤的绘画、散曲对徐渭影响最大。陈鹤对徐渭有恩,徐渭《畸谱》列陈鹤于"纪知"中。陈鹤曾作画赠徐渭有十余幅。陈鹤善画写意花卉,尤善于用水,使画面出现幻化莫测而淋漓尽致的色墨肌理效果。徐渭对此心领神会,有《书陈山人九皋氏三卉后》跋云:"陶者间有变,则为奇品。更欲效之,则尽薪竭钧,而不可复。予见山人卉多矣。囊在日,遗予者不下十数纸,皆不及此三品之佳。然而云,莹然而雨,泫泫然露也,殆所谓陶之变耶。"(《徐文长三集》卷20)徐渭把这种水墨幻变的效果,比作瓷器的"陶变",亦即"窑变"。窑变在钧瓷中出现最多,但要制成一定的效果则很难。徐渭后来作画多利用这种奇幻效果,而创造大写意画中水墨的奇趣。

陈鹤有散曲集《鬼柯余韵》,死后,由其侄付梓,徐渭为其写了《曲序》:"予虽尚未见全篇也,而故尝与海樵君游,则固捻其声矣。辟若女子琴瑟然其音无所不具,其抒之于思也,极其所到,怨诽则可以称小雅,好色则可以配国风……故观兹谱者,人将以为登徒子莫如君,余独以为反登徒子莫如君,独其声绝耳。空同子称董子崔张剧,当直继《离骚》,然则艳者固不妨于骚也。"(《徐渭集》卷19)称颂陈鹤的艳情之曲,可以并称"风""雅",直继《离骚》。另著有传奇《孝泉记》,已佚。

(二) 与谢谠的交往

谢谠(1512—1569),字正卿,又字献忠,号盖山子、海门,浙江上虞县人。嘉靖十六年(1537)中举,二十三年(1544)中进士,任泰兴知县三年,因妻子去世,而回乡隐居,在荷叶山下建造白鸥山庄住宅,与友人吟咏著述为游,间为戏曲,有传奇《四喜记》。不入城市者20余年,晚年,邑令以宾礼敦请,始一二至县城。嘉靖三十一年(1552)倭寇入浙东,避寇于湖山,时徐渭正往来上虞、山阴一带侦察倭寇活动情况,与上虞葛煜、葛景文叔侄友善，又徐渭出谢谠好友季彭山门下，遂与之订交。嘉靖四十三年（1564）秋，徐渭应礼部尚书李春芳之聘赴京，谢谠赠诗《送徐天池入京》，诗云："莫负才名海内知，五云深处去何迟。丈夫须建非常业，万里风尘不可辞。"（《上虞盖东谢氏族谱》附录）谢谠以为徐渭入京，前鹏远大，加以鼓励。徐渭曾作《答谢泰兴海门》诗，诗云："江上芙蓉千万枝，交花接叶弄秋姿。片帆此日江湖去，怕接郎官送别诗。"（《徐文长三集》卷11）担心有负谢谠的期望，到了北京李如松幕果然大失所望。嘉靖四十五年（1566）六月，徐渭因发狂病而杀继妻张氏，革去生员籍下狱。第二年七月，谢谠曾至狱中探望，徐渭作《丁卯七夕，谢兴化公海门偕浩上人胡子文饷予以系，得牛字》，诗云："天上分银汉，人间隔画楼。并时双眼泪，啼断一年秋。赠鹊金钗解，辞欢宝带留。莫因河间往，也学祸牵牛。"（《徐文长逸稿》卷3）抒发了心中的怨愤。隆庆三年（1569）正月，谢谠去世，时徐渭尚在狱中，或因消息不通，或因羁押不能自由，未见有悼亡诗文。但他们之间的友谊应该说是稳固的。

谢谠大徐渭9岁，是王骥德《曲律》中所列举的曲家中年龄最高者，在越中曲家中资望最深，但因寿短，只活了58岁，又地处越郡较远的上虞谢家塘，所作《四喜记》传奇思想艺术都较平常，也无理论建树，因而人们归向徐渭，以徐渭作为越中曲派的领袖。

（三）对叶宪祖的影响

叶宪祖（1566—1641）在越中曲家中是个多产的剧作家。少徐渭45岁，生平中未见与徐渭有直接的交往，但由于徐渭在曲派中的作用、地位和越地的名声，受到了很大影响。其女婿黄宗羲云："余外舅叶六桐先生工于填词，尝言：'语入要紧处不可著一毫脂粉，越俗，越家常，越警醒。若于此一恶缩打扮，便涉分该婆婆，犹作新妇少年，正不入老眼也。至散白与整白不同,尤宜俗宜真,不可著一文字,与扭捏一典故事,及截多补少作整句,锦糊灯笼,玉镶刀口,非不好看,讨一毫明快,不知落在何处矣。正法眼藏似在吾越中,徐文长、史叔考、叶六桐皆是也。"(《黄宗羲集·胡子藏院本序》)这段话来自徐渭《题昆仑奴杂剧后》,可见,叶宪祖完全接受了徐渭本色论的思想。在创作上,叶宪祖剧作语言流畅浅显,雅俗共赏,读来朗朗上口,节奏性很强,尤其是能准确表现人物思想性格,体现人物在特定环境下的心理活动和真情实感,继承了徐渭"宜俗宜真"本色观。

三 与门下弟子的交往

徐渭以其诗文、戏曲、书画等多方面的成就博得了越中后学的敬仰,纷纷拜其为师,见于记载的弟子就有王骥德、史槃、王淡,陈汝元、柳元谷、王系、马策之、王图、陆韬仲、钟廷英等,徐渭《醉后歌道坚》诗云:"门前同学三十辈,何人敢捉诗天魔?"可见徐渭桃李之盛。

(一)与王骥德的关系

王骥德年轻时曾拜徐渭为师,亲聆徐渭讲授《西厢记》《琵琶记》,学习戏曲剧本的创作。万历初年,徐渭出狱后租居目莲巷,与王骥德家仅一墙之隔,王骥德经常到徐渭的柿叶堂请教曲学,"故师徐文长先生,说曲大能解颐,亦订存别本,口授笔记,积有岁年"(《王骥德新校注古本〈西厢记自序〉》)。徐渭对《西厢记》《琵琶记》都有深入研究,所以在给王骥德及史槃、陈汝元、王淡等讲学中,皆能"口授心解","大能解颐"。王骥德的《新校注古本西厢记》《校注〈琵琶记〉》就是在徐渭讲学基础上整理、增订而成的，其实是师生答问心血的结晶。王骥德还广泛搜求《西厢记》多种版本，请教徐渭。当时董解元《诸宫调西厢记》少有传本，王骥德从"友人刘生处乞得，以呈先生，先生诧赏甚，评解满帙，未及取回，为人窃去"（王骥德《新校注古本西厢记·评语》）。在此期间，徐渭为传授戏曲剧本的写作，亲自创作《渔阳三弄》《雌木兰》《女状元》杂剧。据王骥德《曲律》记载："先生与余仅隔一垣，此时每了一剧，辄呼过斋头，朗歌一过，津津意得。余拈所警绝以复，则举大白以酹，赏为知音。中《月明度柳翠》一剧，系先生早年之笔，《木兰》《祢衡》得之新创，而《女状元》则命余更觅一事，以足四声之数。余举杨用修所称黄崇嘏《春桃记》为对，先生遂以春桃为报。"《女状元》的题材还是王骥德为之提供的，从中可以看出，徐渭教学很重视调动学生的积极性，随时听取学生意见，做到教学相长。徐渭在柿叶堂作《唐伯虎画崔氏且题次其韵》（《徐文长三集》卷7）七言律一首，同时命史槃、王骥德各作一首，王骥德的和诗深受徐渭的赞赏。

上述有关徐渭与王骥德关系的记载，皆见于王骥德写于万历三十八年（1610）的《曲律》和刊于万历四十二年（1614）的《新校注古本西厢记》，而徐渭的著作中与诸弟子的诗文书简很多，却无一条有关王骥德的记载，同门及同时代人的著述对徐渭与王骥德的关系也只字未提。为此，张新建在他的《徐渭论稿》中认为："全面研究徐渭与王骥德的交往以及王骥德的戏曲理论，便不难发现王骥德的学说与乃师徐渭的戏曲理论有重大分歧，徐渭对王骥德并没有产生多大影响。"王骥德后来很少到徐宅或者没有往来，其原因很可能是政治思想和艺术观点的对立。

徐渭集中目前未发现有关记载王骥德的材料是事实，但是否就可得出上述的结论呢？笔者的回答是否定的。徐渭的《南词叙录》与王骥德的《曲律》成书时间不同，他们面对的戏曲环境也不同；徐渭《南词叙录》

面对的是嘉靖中后期重北曲轻南曲的剧坛环境，为此，他大声疾呼，肯定南戏；而王骥德的《曲律》针对的是万历中后期剧坛，当时北杂剧已趋衰微，代之而起的是以演唱四大声腔的文人传奇和以南曲为主的文人杂剧，特别是在文人传奇创作中提出了许多亟待解决的理论问题，如音韵格律和语言文采问题，剧本的舞台特点等问题。王骥德转益多师，在词学上（曲谱曲律）受到沈璟、孙俟居、吕天成和沈璟的影响，但这并不能否定他接受徐渭的影响。他在高扬人情，肯定才学，继承"本色论"方面都受到徐渭的影响，这都是不争的事实。这些在有关王骥德的章节中将作论述。

（二）与史槃的关系

史槃小徐渭11岁，从《徐渭集》来看，徐渭与众弟子来往最频繁关系最亲密的可能要数史槃。据徐朔方先生的《徐渭年谱》和《史槃行实纪年》考订，万历三年（1575），史槃始游徐渭门下，跟随徐渭学习书画、戏曲、诗歌创作。徐渭在《万历三年菊花望日，画百花卷与史甥，题曰漱老谑墨》总结了自己绘画技巧："世间无事无三昧，老来戏谑涂花卉。藤长刺阔臂几枯，三合茅柴不成醉。葫芦依样不胜揩，能如造化绝安排。不求形似求生韵，根拨皆吾五指栽。胡为乎，区区枝剪而叶裁？君莫猜，墨色淋漓雨拨开。"提出绘画要讲究天籁自然，不在步趋形似而追求神似、生气。万历七年（1579），《仲春，李子遂、季子牙、史叔考坐雨禹迹寺景贤祠中，醉余赋诗，并用街字。子遂来自建阳，一别数载》（《徐渭集》卷6）诗载，让史槃接待朋友并写诗。后有《送史叔考读书兵坑》，诗云："穷经朱简断，拓字墨光肥。霸白兴鸡早，茅红掣兔飞。逐时文股丽，人悟习心非。"勉励他刻苦学习，细心领悟。徐渭晚年体衰多病，大儿子徐枚不孝，二儿子徐枳远在李如松幕府，非常孤寂，史槃经常携带可口的酒与豆、河蟹看望徐渭，请老师饮酒作画。万历十九年（1591）《题史甥画卷后》文云："万历辛卯重九日，史甥携豆酒、河蟹，换余手绘。时病起，初见无肠（指河蟹），欲剥之剧，即煮酒以啖之。偶有旧纸在榻，泼墨数种，聊以塞责，殊不足观耳。天池山人书于葡萄最深处。"（《徐文长逸草》卷2）由于徐渭指导有方，史槃虚心求教，长期观摩实践，深得徐渭绘画真传。黄宗羲《思旧录》载：史槃"书画刻画文长，即文长亦不能辨其非己作也。"

史槃的散曲、戏曲创作也深受徐渭影响，取得了较大的成就。有散曲集《齿雪余香》，今佚。冯梦龙《太霞新奏》《南宫词记》《吴骚合编》曾辑录其部分散曲。任二北先生对史槃的散曲曾做了极其精彩的评论："《余香》书罕睹，文字有清利俊爽，允称集名者，迥非情籁中诸公之晦涩比也。如［醉罗歌］曰：难道、难道丢开罢，提起、提起泪如麻。欲诉相思抱琵琶，手软弹不下，一腔恩爱，秋潮卷沙，百年夫妇春风落花。耳边厢枉说尽了从良话，他人难靠，我见已差。虎狼也恨不过这冤家'。盖此一体文字，非如此一捆见痕，一鞭见血，倾筐倒篋而出不可，若吞吞吐吐，读之令人沉闷，则何有于曲，故当行曲家，下笔总须具有辣手。"（《曲谐》）史槃创作传奇15种，杂剧3种，今存传奇4种，本色自然，深得徐渭本色论的真谛。史槃传奇特别注意开场的剧情大意，自然明快，通俗易懂，祁彪佳《远山堂曲品》评其诸剧："幸其词属本色，开卷便见其概，不令人无可捉摸耳。"曲辞恬淡直率，"曲多儿女离合事，而无骈语、涩语、易谐里耳"（《远山堂曲品》，载《中国古典戏曲论著集成（第六册）》）。更主要的是以真实可信的生活细节，准确而自然地表现人物思想性格，体贴人情、真切动人。宾白，很少用整白，散白家常自然。

(三) 与王淡的关系

王淡师从徐渭学习诗文、散曲和戏曲，大约与史槃、王骥德同时，皆在万历初年。所著有诗集《墙东集》22卷，杂剧《樱桃园》一种今存；

传奇有《孝感记》《金桃记》等五种及散曲集《欸乃曲》，俱不传。

　　王淡一生贫困潦倒，为了谋生，南北东西漂泊不定。据徐朔方先生《王淡行实纪年》考订，万历二十年（1592）北上谋生，徐渭有诗《送王君北上》（《徐渭三集》卷4），勉励其凭借自己的诗文才能定能取得前程。后来王淡在京中谋生不利，生活困顿。徐渭获悉后又写诗予以劝勉，诗曰："颜子安箪瓢，宣尼乐蔬水。世人仇贫贱，与言多不喜。王君本通人，作客逗燕邸。富贵自有时，三春发桃李。未遇而索居，益足见高致。烦君将此言，寄语诸君子。"（《寄王君》《徐渭三集》卷4）万历二十一年（1593），徐渭卒，王淡作《哀八子·天池徐子》诗哀悼，诗云："先生天下士，声誉振当时，如彼病心者，而擅绝代姿。上书竟不达，叱咤悲数奇，几希郦炎毙，七载脱樊篱。隐德固简傲，文心乃雄奇，崇山莫穷际，大海难测蠡。感叹风流绝，洒泪沾裳衣。"（转引自骆玉明、贺圣遂《徐文长评传》，浙江古籍出版社1987年版，第211页）对老师一生的成就非常敬佩，对其命运的不幸寄予深刻的同情。可见师生情谊之深厚。

　　王淡是一位诗文作家，又是一位喜好戏曲的作家。王骥德说："吾友王淡翁，好为传奇。吾尝谓淡翁：'若毋更诗为，第月染指一传奇，便足持自愉快，无异南面王乐。'淡翁曰：'何谓？'余谓：'即若诗而青莲、少陵，能令艳冠裳而丽粉黛者日日作《渭城》曲唱乎？'淡翁大笑，鼓掌以为良然。"（王骥德《曲律》卷4）为此，以诗文之创作传奇，因而剧作"饶有才情""吐词丰蔚"，工于修辞。王淡"自能度品登场，体调流丽"，他的剧作"闲于法而工于辞""守律亦严"，便于演员演唱。其《樱桃园》杂剧继承了其师文人杂剧抒情写愤的传统，抒发了下层文人遭受科举弊端而屡困科场，儒冠误身的怨愤，曲辞、宾白简洁明快，清丽可人，不失为本色当行之作。王淡的《樱桃园》杂剧深受徐渭《四声猿》的影响，不失为晚明文人杂剧的佳作。

（四）与陈汝元的关系

陈汝元年轻时曾拜徐渭为师，跟随徐渭学习诗文、书法和戏曲创作。汝元出身于书香之家，家中藏书颇丰，徐渭曾为陈汝元的藏书室函三馆写了《函三馆记》，"函三"本义是对老师的讲席保持一定距离，以示尊敬。《函三馆记》云："陈字起侯，名汝元，别号太乙。以《小戴礼》举明经，今为文学于郡者。抱美质，外醇而中茂，志渊以勤，意不欲沾沾税驾于小儒。仍作馆藏书，动以博文，静以观妙，昼夜孜孜，若有端倪，命馆于函三，记则属余。"（《徐文长三》集卷23）赞扬汝元学习勤奋，阅读面广博，学行兼优，胸怀远大抱负，不肯停留在"小儒"境界。又为太乙堂作联："思手泽，报春晖，剩有苦心同寸草；厉毛锥，抚秋桂，固应掉臂取高枝。"表达了对于后学殷切的鼓励和期望。在徐渭悉心指导下，陈汝元对书法和书法理论皆颇有研究，书法艺术造诣极高。徐渭于万历初年编辑书法著述《玄抄类摘》，自序："余故为分其类，去其不要者，而稍注其拙，正其讹，苦无考解者，则网之矣。"后来，陈汝元为《玄抄类摘》做了补注，并加考解，完成了老师未竟的工作。有署于万历二十年（1592）的刊本传世，后是书亡佚，原版传到日本。日本宝历五年（1755）泽井居敬曾以贺藩所藏明版重印，现国内有日本版《玄抄类摘》的传本。万历二十八年（1600），徐渭诗文为乡贤商维浚整理成《徐文长三集》出版，翰林院编修陶望龄作序，陈汝元楷书上版，可见其书法为时所重。

陈汝元工于词曲，有杂剧《红莲债》一种，传奇三种：《金莲记》《太霞记》《紫环记》，现存《红莲债》和《金莲记》两种。此两剧的取材明显受到其师《四声猿·玉禅师》的影响。杂剧《红莲债》四折，一、二折写五戒和尚奸淫红莲触犯色戒；三、四两折写五戒、红莲、一清转世投胎为苏东坡、朝云、琴操三人，明悟禅师转世投胎为佛印，经佛印点化，苏东坡三人一齐入道，前因与后果，过去与现在，皆融入一剧之中，情节简洁，结构严谨。祁彪佳《剧品》评曰："简略恰得剧体。"正如徐朔方先生所言："陈汝元的杂剧《红莲记》显然是徐渭的《玉禅师》的通俗化。"传奇《金莲记》则在《红莲债》的基础上，更多地融入了现实社会的内容。它以苏轼政治生活为中心，依据有关苏轼政治上浮沉的史料加以想象虚构，人物之间的矛盾，苏轼与王安石、章惇、程颐等人的交往和冲突，系作者有意为之，想象、虚构的成分居多。作者对王安石的变法是否定的，这是囿于传统的偏见。但从整部作品看，剧中描写的苏轼与王安石、章惇、程颐等人之间的矛盾，实际上反映了封建社会官场中普遍存在的倾轧与斗争。才气横溢、曾以"整顿乾坤""洗清世界"为己任的苏轼，在屡经挫折以后，他的壮志衰退了，最后竟勘破世情，出世逃禅。剧本比较细致地描写了苏轼从入世至出世这一思想变化过程，揭示了封建时代这一类型的知识分子的悲剧命运，继承了徐渭杂剧的批判精神，具有较强的典型意义。

陈汝元戏曲语言重视遣词造句，无论是杂剧《红莲债》还是传奇《金莲记》都比较讲究辞采。祁彪佳评《红莲记（债）》曰"藻艳俊雅，神色俱旺"，评《金莲记》曰："韵金屑玉，以骈美而归自然，更深得炼字之法。"（祁彪佳《远山堂剧品》《远山堂曲品》）可见，陈汝元受到了当时文人学士好雅尚文和文人传奇剧的影响。

四　对越中后学曲家的影响

万历二十一年（1593），文坛的巨星，越中曲派的领袖徐渭与世长辞了，"尔曹身与名俱灭，不废江河万古流"。从万历中后期至康熙前期，随着晚明中国封建社会内部资本主义生产关系的发展，方兴未艾的市民审美趣味的深入，以及文人士大夫对程朱理学思想长期禁锢的逆反心理的发泄和内在才情的心理需求等社会、文化、心理的诸因素影响，戏曲创作和理论探讨都呈现出百花齐放、万象更新的局面。越中曲派，徐渭的弟子们及受其影响的曲家，一方面继承了徐渭戏曲创作抒情写愤的批判精神及戏曲本色理论；另一方面，随着戏曲发展面临的新形势，又不断充实、丰富了他的本色论思想。在此同时，越中地区于明崇祯至清康熙前期，又相继涌现了一批剧作家和理论批评家，如王应遴、张岱、孟称舜、祁彪佳及其兄弟、高奕、来集之、李廷谟等，他们一致推崇徐渭的戏曲创作和曲派的本色理论体系，继承了越中曲派的衣钵，继续高扬曲派旗帜，全身心地投入戏曲创作实践和戏曲理论的探讨。

王应遴（？—1645），字堇父，号云莱，明山阴人。撰有传奇《清凉扇》《离魂记》两种，今佚。《清凉扇》是一部反映明末与阉竖魏忠贤斗争之作。祁彪佳《远山堂曲品》评云："妖姆、逆珰之罪状，有十部梨园歌舞不能尽者，约之于寸毫片楮中，以此作一代爱书可也，岂正在音调内生活乎！"又撰写杂剧《逍遥游》（又名《衍庄新调》）一种，今存。皆继承了徐渭戏曲创作抒情写愤的批判精神。《逍遥游》借鉴了徐渭《狂鼓史》《歌代啸》荒诞的艺术构思，精心设计了一个荒诞不经的故事情节：人与骷髅的对话，表达对人生的顿悟："我想人生在世，何殊石火电光？碌碌浮名，真如蜗角；恋恋火宅，何异梦中？"这种构思方式，其实是"庄周梦蝶"的变种。

张岱（1597—1680），字宗子，号石公，又号陶庵，山阴人。出身于世宦家庭，高祖张天复、曾祖张元汴、祖父张雨霖，张家几代都与徐渭密切交往，张家的厅堂、居室留有徐渭的墨迹，《徐渭集》中留存着与张家交往的许多诗文，徐渭与张家有着特殊的关系。张岱深受徐渭影响。他曾自谓"余少喜文长，遂学文长诗"。"向年，余老友吴系曾梦文长说余是其后身，此来专为收其佚稿。"（《琅嬛文集·琅嬛诗集序》）17岁，整理《徐文长佚稿》。博学多才，诗文、史学、收藏样样皆能。因为从祖父辈起家里就蓄养戏班，先后有"可餐班""武陵班""苏小小班"等六个之多，自少就喜欢看戏，"好梨园，好鼓吹"（《自为墓志铭》）。曾多次率领戏班外出演出，曾创作杂剧《乔坐衙》，今佚。魏忠贤倒台后，他删改增补并排演了《冰山记》传奇，"城隍庙扬台，观者数万人，台址鳞比，挤至大门外。一人上，白曰：'某杨涟'，口口诤曰：'杨涟！杨涟！'声达外，如潮涌，人人皆如之。杖范元白，逼死裕妃，怒气岔涌，嚏断嚘喑。至颜佩韦击杀缇绮，噪呼跳蹴，汹汹崩屋"（《陶庵梦忆·冰山记》）。取得了极大成功。张岱还针对明崇祯年间传奇创作"至今怪幻极矣！生甫登场，即思易姓；且方出色，偏要改装，兼以非想非因，无头无绪，只求热闹，不论根由，但要出奇，不顾文理"（《琅嬛文集·答袁箨庵》）的创作倾向，提出"布帛菽粟之中，自有许多滋味咀嚼不尽，传之永远，愈久愈新，愈淡愈远"的创作主张，要求戏曲创作从社会生活实际出发，反对追求怪诞，全面地继承并发展了徐渭本色理论。

孟称舜（1599—1684），字子塞，号卧云子，会稽人。著有传奇《娇红记》《贞文记》《二胥记》等五种，现存三种；杂剧《桃花人面》《英雄成败》等六种，现存五种。戏曲理论散见于他编撰的《古今剧合选》的序和评点以及所著的传奇题词中。孟称舜很是敬佩徐渭的戏曲创作才能，他说："文长《四声猿》于词曲家为创调，固当别存此一种。然最妙者《祢衡》《木兰》两剧者。"（《酹江集·狂鼓史渔阳三弄》眉批）同时，在继承徐渭、王骥德本色思想的基础上，从两个方面做了发展：一方面，他推崇"元人高处在佳语、秀语、致语、难在作家常语，老实痛快而风致不乏"（《古今剧合选·东堂老》批语），强调意境的醇厚深远、语言的浑朴含蓄，趣味隽永；另一方面，他与王骥德一样，将"当行"与本色联系在一起，主张"因事以造形，随物而赋象"，按照事物本来面貌来塑造舞台艺术形象，"使之笑之有声，啼则有泪，喜则有神，叹则有气"可以诉诸观众感官的可视、可闻、可感，栩栩如生。并指出，剧作家必须"身处于百物云为之际，而心通乎七情生动之窍"（《古今剧合选序》），深入生活，进入人物内心世界，只有这样，"作者极情尽态，而听者洞心耸耳，如此者才为当行，皆为本色"（《古今词统序》），从而将本色理论提到一个新的高度。

祁彪佳（1602—1645），字幼文，号世培，别号远山堂主人，山阴人。祁彪佳十分推崇徐渭的《四声猿》杂剧，把四剧皆列入妙品，并分别加以评论。评《渔阳三弄》曰："此千古快谈，吾不知其何以入妙，第觉纸上渊渊有金石声。"评《翠乡梦》曰："迩来词人依傍元曲，便跨胜场。文长一笔扫尽，直自我作祖，便觉元曲反落蹊径。"评《雌木兰》曰："腕下具千钧力，将脂腻词场，作虚空粉碎。汤若士尝云：'吾欲生致文长而拔其舌。'夫也畏其有锋如电乎？"评《女状元》曰："南曲多拗折字样，即具二十分才，不无减其六七。独文长奔逸不羁，不馘于法，亦不局于法。独鹘决云，百鲸吸海，差可拟其魄力。"（以上皆录自《远山堂剧品》）评价之高、心之诚确乎少见。祁彪佳有感于徐渭对于南戏的重视，对于那些民间艺人创作的弋阳诸腔剧本，他也选录了46种。这些虽属"坊间俗本"，却在当时村镇高台广场演出，为文化低下的农民群众喜闻乐见的戏曲作品，表现了他不同风俗的艺术眼光。

李廷谟，字告辰，号延阁主人，山阴人。生卒年不详，与画家陈洪绶友善，约生活于明万历末期至清初。李廷谟十分赞赏徐渭的《四声猿》杂剧，由衷地颂扬说："文长以警魂断魄之声，呼起睡乡酒国之汉，和云四叫，痛裂五中，真可令渴鹿罢驰，痴猿息弄，虽看剑读骚，豪情不减。予窃拟古自命，曰数日不读《四声猿》，觉舌本间强，因得刘海日先生评点而出之梓。"（叙《四声猿》，周中明《四声猿》校注附录）专门出资刊印徐渭的《四声猿》剧本，推崇《四声猿》的本色，曰："文越俗越佳，是其力大处。""无雕饰穿凿之工，而字字挟珠玑横碧之贵，的是大方手笔。"（明代延阁本评语，周中明《四声猿》校注附录之四）他还保存了由徐文长评点过的《西厢记》评本，并出资刊印了由他订正的《徐文长先生批评〈西厢记〉》，此书《西谛书目》称为"明延阁主人订明末刊本"，《上海图书馆善本书目》卷四称"明崇祯山阴延阁主人李廷谟本"。陈洪绶曾于崇祯三年（1630）为李廷谟本写了《题跋》，并为其插图。李廷谟在《凡例》中说："《西厢记》之徐评，犹《南华》之有郭注也。"认为徐文长批评的《西厢记》的作用和贡献可以与郭象注释的《庄子》媲美，可谓推崇备至。

（原文刊登于《绍兴文理学院学报》2000年第1期）

感恩与怜才：徐渭与张岱家族关系考

汪永祥[*]

摘　要：文章以"感恩与怜才"为主题，对徐渭与张岱家族的交往和友谊进行了考释。

关键词：张岱家族；徐渭；怜才与感恩

徐渭（1521—1593），字文清，后改字文长，别号青藤等，明晚期杰出文学艺术家。张岱（1597—1679），字宗子，明末清初著名文学家。400多年前的绍兴城中，张岱家族中的张天复、张元忭、张汝霖祖孙三代，以及张岱本人，与徐渭一起，构成了一段以"怜才与感恩"为主题的风雅往事。

---

[*] 汪永祥（1971—　），男，浙江绍兴人，绍兴县文化发展中心文物保护处处长，文博馆员。

一　相知

徐渭从小居住在大云坊观桥弄大乘庵东边的榴花书屋（今青藤书屋），距张岱高祖张天复和曾祖张元忭居住的车水坊状元府，大约只有10分钟的步程。徐渭生于明正德十六年（1521），比生于明正德八年（1513）的张天复小8岁，又较生于明嘉靖十七年（1538）的张天复的大儿子张元忭大17岁。因此，徐渭与张氏父子可能从小就熟，但由于年龄的原因又不可能有太深的交往。

从目前所掌握的文献来看，徐渭与张氏父子交往的第一次记录是在嘉靖庚戌年（1550）。那年，徐渭写了首《送张伯子往嘉兴沈氏读书》："我闻石联丈人如大海，无宝不有藏真大。手书万卷付乃郎，何止珊瑚八尺长。伯父今日为我别，上堂手触山人篋，一撒铁网莫教空，会有金谷园中七尺红。"[①] 文中的张伯子即张元忭，石联即沈爔（字士明），嘉靖四年（1525）举人，伯父即张岱的高祖张天复。查徐渭《张太仆（天复）墓志铭》中有"庚戌服除，谒选，授礼部祠祭司主事"[②]。这一年天复丁母亲忧服除，去北京就任礼部祠祭司主事，顺道送13岁的儿子元忭赴嘉兴沈爔处读书，徐渭送行，故有此诗。但徐渭与天复的交往时间似应更早。天复补邑诸生在嘉靖甲午年（1534），嘉靖癸卯年（1543）领乡荐，嘉靖丁未年（1547）中进士。徐渭则是嘉靖庚子年（1540）进山阴学诸生，嘉靖癸卯年（1543）第二次参与乡试。[③] 因此，徐渭与天复很可能是在嘉靖庚子年

[①]《徐渭集》，中华书局1983年版。
[②] 同上。
[③] 徐渭：《畸谱》，《徐渭集》，中华书局1983年版，第1327页。

（1540）共同乡试后开始熟识、相知而交往起来的。

嘉靖四十一年壬戌（1562），天复左迁云南按察司副使，徐渭有《送张大夫之滇》诗云："锵锵剑珮鸣，万里赴王程。楚泽鱼龙侯，沅州杜若生。碧鸡来入赋，白马去提兵。想见南夷定，相如拥汉旌。"① 诗中叙述了天复从湖广提学副使到云南按察司副使的经历，时云南为沐氏所统治，土酋拥兵自重，因此，徐渭表达了"想见南夷定，相如拥汉旌"的美好祝愿。然而，天复云南平乱不但无功，反受到祸害牵连，子元忭奔走申冤终使之得脱。元忭赴云南迎父，徐渭作《灯夕送张君之滇，迓其尊人》相送："今岁风光倍觉饶，无人不去踏虹桥。独辞午夜千门月，去迓高堂倍里遥。飞盖梅花梁苑雪，归帆杨柳楚妃腰。此行不为营名利，要度衡阳雁影高。"② 元忭接父亲恰逢正月十五，故有"今岁风光倍觉饶，无人不去踏虹桥"。相传北方大雁因惧凛冽寒风而成群往南迁徙，飞至气候温和的衡阳，便歇翅停回。因此，"此行不为营名利，要度衡阳雁影高"有元忭远去云南，是迎父而不是为了享受的意思，表达了徐渭对元忭孝父之情的赞赏。

元忭嘉靖戊午年（1558）举于乡后，"连上春官不第"，徐渭也是连举连北，共同的科举经历，让徐渭和元忭熟识起来。某年，元忭又去会试，徐渭前去送行，并赋诗二首。其一《送张子荩春北上》云："离筵驿路正芳梅，骑马听莺是此回。旧日缥生关吏识，新年罗袖内家裁。泽兰把赠携春色，苑杏留花待异才。却说涸鳞县尾在，欲从天上借风雷。"其二《赋得紫骝马送子荩春北上次前韵》云："紫骝嘶断驿亭梅，紫色翩翩燕共回。不用连钱千个剪，只借葡萄几点裁。桃杏满堤冲雪片，烟云一道本风才。

---

① 《徐渭集》，中华书局1983年版。
② 同上。

要知他日飞腾处，试听蛟潭夜半雷。"① 驿亭、梅花、嘶骝、翩燕，徐渭与子荩相别。"泽兰把赠携春色，苑杏留花待异才"表达了徐渭对元忭会试成功的信心，但现下如涸辙之鲋，尚处困境之中，因此，"欲从天上借风雷"，等会试中殿飞腾处，便能"试听蛟潭夜半雷"。这诗何尝又不是八试不售徐渭的夫子自道？

二　救难

徐渭与张氏父子的关系，因其嘉靖四十五年（1566）杀妻下狱而变得紧密起来。

狱中的徐渭，引来了众多的同情和营救者，张氏父子便是其中之一。

张天复来探望狱中的徐渭，徐渭有《张云南遣马金囊（时余尚羁而张亦被议）》记之："百颗缄题秋暑清，遥闻摘向最西营。张骞本带葡萄入，马援难抛薏苡行。万里锦苞辞晓露，一泓寒舌搅春饧。年来不为临邛病，无奈羁愁渴易生。"② 马金囊为药名，缄题原指信函的封题，此处应指装马金囊的包裹。"时余尚羁而张亦被议"指徐渭尚在羁押之中，而天复在云南事件中虽得释，但问题也没有彻底解决。尽管天复尚处谤议之中，他还是给狱中的徐渭捎来了马金囊，希望他能保重身体。

隆庆五年（1571），元忭再次赴京参与会试前看望了徐渭，徐渭作《送张子荩会试正月十七日》："……身伴棘墙鼠，心摇芳草途。不得双握手，惟听只呼卢。看君将笔赌，一掷万青蚨"，③ "身伴棘墙鼠，心摇芳草

---

① 《徐渭集》，中华书局1983年版。
② 同上。
③ 同上。

途",尽管身陷囹圄,徐渭仍倾心相送。"看君将笔赌,一掷万青蚨。"《淮南子》中把"青蚨"称为"神钱",有"青蚨飞去复飞来"之说。因此,这两句诗表达了对元忭为会试所付出的勤劳必有回报的良好祝愿。

这年春天,元忭会试中了状元,徐渭"侧闻胜事,便拟随俗称庆,念无可致羔雁者。得报之夕,喜而浮太白者五,制词者二,敬书以充"。兴奋之余,徐渭没有忘记去向天复道贺,作有《闻张子荩廷捷之作,奉内山尊公》诗。

徐渭对元忭中状元的激动,固然是为朋友高兴,另一方面也从中看到了他出狱的希望。

早在隆庆四年(1570),徐渭在给好友、礼部右侍郎诸大绶(1523—1573,字端甫,号南明,绍兴山阴人)的《书启》中就说过:"……每及诸公,相与举手加额曰:'亏却礼部工部。'或添寸烛,不觉屈指再陈云:'莫忘老张新张。'……盖明公之拨不肖,如圣众取经于西极,历百艰而务了一心;不肖之答明公,如贫僧拜忏于荒庵,有赞叹而无供养。兹念罔极,何以为情!"[①] 文中的礼部即礼部侍郎诸大绶,工部即时任工部营缮司主事的陶幼学(1521—1611,字子行,绍兴会稽人),老张即张天复、新张即张元忭。"不肖之答明公,如贫僧拜忏于荒庵,有赞叹而无供养",徐渭在文中表达对这四位同乡官员救援自己的感激之情。

在1570年前后,由于张氏父子等人的救援,徐渭终于解下戴了4年的枷栲。张元忭的儿子、张岱的祖父张汝霖(1557—1625,字肃之,号雨若)去狱中看望徐渭:"余髫时颇为所喜,尝入视圜中,见囊所著械悬壁,戏曰:'岂先生无弦琴耶?'文长笑:'此子齿牙何利!'其《阙篇》成,自序用'怯里赤马',余偶语人:'徐先生那得误怯里马赤作怯里赤马耶?'

[①] 《徐渭集》,中华书局1983年版。

其人往告，文长曰：'几为后生窥破。'"① 徐渭虽解除了枷栲，但尚未正式豁免，因此将枷栲挂在壁上，故有张汝霖的戏言——"岂先生无弦琴耶？""怯里马赤"为蒙古语，意译为翻译者，引申为代言人。徐渭将"怯里马赤"误为"怯里赤马"，或是由于其发音的佶屈聱牙。然这一错误竟被一个小孩发现，所以徐渭要有"几为后生窥破"的感叹了。

隆庆六年（1572）天复六十大寿，生日那天，徐渭作《张大夫生朝》祝贺："解组归来白发新，每因萸菊赏年辰。沅州芳草行吟后，镜水荷花荡桨春。百粤既凭传檄定，五湖宜着浣纱鞶。南冠未必长留系，来问桃源第几津。"② 天复自云南削职归来，在镜湖之滨构筑许多别业，以养鱼灌花、诗酒自娱。凭着天复对镜湖别业景色的描写，加之徐渭旧日游憩时的记忆和想象，在《张大夫生朝》基础上，徐渭为天复的别业赋有《镜波馆》《流霞阁》《垂纶亭》七律三首。徐渭诗中有"南冠未必长留系，来问桃源第几津"，"南冠"有"囚犯"之意。因此，这二句诗意味着，徐渭已经感到出狱有望，开始向往起陶渊明式的生活。

徐渭《畸谱》称："五十三岁。除，释某归，饮于吴。明日元旦，拜张座。"③ 万历元年（1573），徐渭在张氏父子等人的努力下，加上适逢万历皇帝登基大赦，在除夕终于保释出狱。徐渭没有忘记张氏父子的情谊，元旦即去拜访了张氏父子。这年冬天，元忭因父病归越，开始编纂会稽县志，"今之文学士优于史无如徐生渭者"④，同时推荐徐渭来参加编写工作。万历《会稽县志》中的序文总论，均出自徐渭手笔。

万历二年（1574），张天复去世，徐渭悲恸欲绝，作《祭张太仆文》：

---

① 张汝霖：《刻徐文长佚书序》，《徐渭集》，中华书局1983年版，第1349页。
② 《徐渭集》，中华书局1983年版。
③ 同上。
④ 张元忭：《会稽县志叙志》，《绍兴丛书》第一辑《地方志丛编》7《会稽县志》（明）万历三年（1575）刻本，中华书局2006年版，第83页。

"嗟乎！公之活我也，其务合群喙而为之鸣……其同心戮力而不贰……夫以公德于某者若此，即使公在，某且不知所以自处，而公今殁矣，将何以为酬也！嗟乎！此某虽不言，而寸心之恒，终千古以悠悠也。"① 徐渭回忆起纯厚好施天复，待己如兄长一般的点点滴滴，对自己以后的生活感到了一丝的迷惘，发出了"夫以公德于某者若此，即使公在，某且不知所以自处，而公今殁矣，将何以为酬也"的感叹。

万历三年（1575），经元忭疏通，徐渭正式释放，心情大好，准备去游天目山，留有《十四日饮张子荩太史宅，留别（久系初出，明日游天目诸山）》诗。

由此，由杀妻入狱，到保释、正式释放，经过张氏父子的一路呵护，徐渭得以重获自由。

三 生隙

万历八年（1580）徐渭来到北京，以授经为生。"狱事之解，张宫谕元忭力为多，渭心德之，馆其舍旁，甚欢好。"② 徐渭将家安置在长安街张元忭宅的旁边。

这一段时间，徐渭经常为元忭代书，交往比较频繁。徐渭有《答张翰撰（阳和）》，与元忭讨论了书画用纸问题。北京一夜大雪后清晨，元忭给徐渭送来了短袖羔羊皮袄和老酒，徐渭留下了《答张太史当大雪晨，惠羔羊半臂及菽酒》一诗并序："仆领赐至矣。晨雪，酒与裘，对症药也。酒无破肚脏，罄当归瓮；羔羊半臂，非褐夫所常服，寒退，拟晒以归。西兴

---

① 《徐渭集》，中华书局1983年版。
② 同上。

脚子云：'风在戴老爷家过夏，我家过冬。'一笑。"① 老酒喝光得还瓮，短袖皮袄不是我这种平民百姓所能穿，寒潮过后晒晒也当奉还。信末所引的一句民谚最有意思。明朝时萧山西兴是绍兴前往杭州、北京等地的码头，那里的挑夫不避寒暑长年辛劳，他们说："风在戴老爷家过夏，我家过冬。"诙谐中不乏自嘲。徐渭这一短笺似受不受，似谢非谢，充分显示了徐落拓不羁的个性，说明当时其与张元忭的关系很是不错。

然而，就在元忭送徐渭皮袄和菽酒的那个冬天，一缕阴影出现在徐渭和元忭之间。

徐渭在《梧阴洗砚图》诗中道："夏景冬题欲雪辰，翻思炎暑渴生尘，梧桐世上知多少，解得乘凉只此人。"②《梧阴洗砚图》描绘的是夏景，索画者却在冬季求题，"解得乘凉只此人"，徐渭的题画诗含有世态炎凉的反讽意味。诗中徐渭注云："某翰撰索题，时值（冬季）。"徐仑认为，某翰撰应是指朱赓，徐渭的题画诗引起了朱赓对徐渭的不满。③ 因为，徐渭在《答朱翰林》中说过："日者于某人书见公及某之言，似以某有意自外于门墙，而高自矜匿，不令人望其颜色。某不惟不能辨，且不敢……"④ 朱翰林即朱赓（1535—1608，绍兴山阴人），隆庆二年进士，万历六年（1578）以侍读为日讲官，故徐渭称其为朱翰林。朱赓认为徐渭故作清高，称其"有意自外于门墙，而高自矜匿，不令人望其颜色"，徐渭因之作《答朱翰林》以抗辩之。元忭与朱赓曾一起读书龙山，既是儿女亲家，又同朝为官，故在朱徐矛盾上，更多站在朱赓一边，导致张与徐的关系逐渐冷淡起来。当时徐渭的心情颇感压抑，《九月朔，与诸友醉某于长安邸舍，得花字》表达了他的郁闷："满庭山色半阑花，觞曲交飞古侠家，肝胆易倾除

---

① 《徐渭集》，中华书局1983年版。
② 同上。
③ 徐仑：《徐文长》，上海人民出版社1962年版，第177—178页。
④ 《徐渭集》，中华书局1983年版。

酒畔，弟兄难会最天涯。不教酩酊归何事，望到茱萸节尚赊，烛暗沟浑都莫虑，近来宫道铲堆沙。"① 诗题中徐渭有一注："时一旧友稍贰，故及之，时又值大除沟道。"说明郁闷是因"旧友稍贰"而起。因精神郁结，徐渭旧病复发。张汝霖说过："（徐渭）尝私言余：'吾圜中大好，今出而散宕之，迺公误我。'"② 迺公即乃公，指张汝霖的父亲元忭。可见，徐渭将自己重新发病的原因归咎于了元忭。

万历十六年（1588）元忭去世，已闭户十年不出的徐渭，以一种特殊的方式送别张元忭。张汝霖记道："先文恭殁后，兄弟相葬地归，阍者言：'有白衣人径入，抚棺大恸，道惟公知我，不告姓名而去。'余兄弟追而及之，则文长也，涕泗尚横披襟袖间，余兄弟哭而拜诸涂，第小垂手抚之，竟不出一语，遂行。键户十年，裁此一出，呜呼，此岂世俗交所有哉！"③

万历二十一年（1593），徐渭在贫困和疾病中死去，其与张天复、张元忭父子的交往，由此落下帷幕。

四 辑佚

张天复、张元忭父子与徐渭已先后离世，然而徐渭与张岱家族的故事还在继续。

元忭曾孙张岱对徐渭十分景仰。其《跋徐青藤小品画》中对徐渭的画做了如下高度评价："唐太宗曰：'人言魏徵崛强，朕视之更觉妩媚耳。'崛强之与妩媚，天壤不同，太宗合而言之余蓄疑颇久。今见青藤诸画，离

---

① 《徐渭集》，中华书局1983年版。
② 张汝霖：《刻徐文长佚书序》，《徐渭集》，中华书局1983年版，第1349页。
③ 同上。

奇超脱，苍劲中姿媚跃出，与其书法奇崛略同，太宗之言为不妄矣。故昔人谓'摩诘之诗，诗中有画；摩诘之画，画中有诗'。余亦谓青藤之书，书中有画；青藤之画，画中有书。"①

元忭父子雅与徐渭游好，笔札丰富。在徐渭门人商浚（字维濬）等合编《徐文长三集》29卷的基础上，张岱箕裘博雅，得逸稿分类为若干卷，从而校辑出徐渭集外佚文《徐文长逸稿》24卷，并于天启三年（1623）刊印。王思任对张岱的《徐文长逸稿》有如此评价："予有搏虎之思，止录其神光威沈，欲严文长以爱文长；而宗子有存羊羔之意，不遗其皮毛齿角，欲仍文长以还文长。"②认为他自己编徐渭集是在精上做文章，而张岱编徐渭佚稿则是在广博上下力气。张岱编徐渭逸稿的一个目的，就是想通过广收徐渭文章，让人们不仅了解徐文长其才，还能了解徐文长其人，还原一个完整的徐渭。对于这一点，张岱祖父张汝霖在《徐文长逸稿》中说得十分明了："今海内无不知有徐文长矣！……（袁宏道）方其挑灯夜读，亟呼周望，惊叫称奇，如将欲起文长地下，与之把臂恨相见晚也。顾中郎知文长，似人尽于文；而余素知文长者，谓其人政不尽于其文。文长怀祢正平之奇，负孔北海之高，人尽知之；而其侠烈如豫让，慷慨如渐离，人知之不尽也。……余孙维城，搜其佚书十数种刻之，而欲余一言弁其端。为文长搜佚书，故亦搜佚事与之，使知其人果不尽于其文耳。若以文，则当吾世一中郎足矣……"③

纵观张岱家族，从张天复、张元忭经过张汝霖到张岱，都十分欣赏徐渭的才学。从送马金囊、短袖皮袄和菽酒，鼎力帮其出狱，到编写《会稽县志》，天复、元忭父子主要通过生活上、行动上体现了对徐渭的关爱，

---

① （明）张岱：《张岱诗文集》，夏咸淳校点，上海古籍出版社1991年版，第306页。
② 王思任：《徐文长先生佚稿序》，《徐渭集》，中华书局1983年版，第1351页。
③ 张汝霖：《刻徐文长佚书序》，《徐渭集》，中华书局1983年版，第1349页。

而张汝霖、张岱祖孙俩，则通过写文辑书的方式表达了他们对徐渭的敬意。

徐渭在自编《畸谱》的"纪恩"栏中只提到四人："嫡母苗、张氏父子、绩溪少保胡司马。"① 嫡母苗氏对徐渭有养育之恩。胡宗宪（1512—1565）为抗倭名将，徐渭作为幕僚参加了胡宗宪组织的抗倭活动，颇得胡宗宪信任，这对举于乡者八而不一售的徐渭来说，是一个极大的安慰，徐渭自然也要纪恩。张氏父子能和苗氏、胡宗宪列在一起，被徐渭纪恩，说明张氏父子在生活上、行动上对他的关爱，徐渭已铭记于胸，永世不忘。

感恩和怜才构成了徐渭与张岱家族关系的主线，尽管由于徐渭"贱而懒且直，故惮贵交似傲，与众处不浼袒裼似玩"②，而张元忭则是一种介耿不苟的性格，因此，徐张之间的矛盾与冲突在所难免，但这仅仅是徐渭与张岱家族关系主线中的一种变奏，反而丰富了徐渭与张岱家族关系的内涵。400多年后，当我们回顾徐渭与张岱家族间的这一段风雅往事，无疑已经成为一个传说、一道风景。

（原文刊登于《绍兴文理学院学报》2013年 第3期）

---

① 《徐渭集》，中华书局1983年版。
② 同上。

藏书世家山阴祁氏家风及其地域传承

许经纬[*]

摘　要：藏书世家山阴祁氏不仅因三代藏书而闻名遐迩，而且，其家风传承也独具魅力：藏书传家是祁氏家风传承的基本范式，忠敏齐家是祁氏家风的价值取向，艺文怡家是祁氏家风传承的主要方式和状态。祁氏家风具有独特的文化内涵，兼含"时代性"和"区域性"特质，具有越文化基因，于今仍可资借鉴。

关键词：藏书世家；三祁；家风特色；越文化

中华书局在《祁彪佳集》前言中曾指出："祁氏的澹生堂藏书，在明代的浙江，是和会稽钮氏的世学楼，宁波范氏的天一阁齐名的。"[①]祁氏藏书家世发轫于7世祁清，于9世祁承㸁、10世祁彪佳、11世祁理孙形成了藏书文化抛物线之高峰。"三祁藏书"被图书馆学界认为具有独特的文化内涵。

---

[*] 许经纬（1977—　），女，浙江绍兴人，绍兴文理学院图书馆馆员，研究方向为地方文献。
[①] 祁彪佳：《祁彪佳集》，中华书局1960年版。

所谓"三代而下，教详于家"，祁承㸁、祁彪佳、祁理孙藏书家学三代因袭，其良好家风又通过家规、家训、言传身教，世代传承，堪为典范。

山阴祁氏家族处于明清社会剧变之际，作为藏书世家，祁氏家族家风传承的基本范式、价值取向和传承方式有其独特秉性。

一 藏书传家

清道光十二年（1832）杜春生编纂《祁忠惠公遗集》时根据祁氏家谱编成山阴梅墅祁氏世系。祁氏一脉自明初定居山阴梅墅，始祖祁茂兴至11世祁理孙为止的谱牒应为可靠。后绍兴文史工作者编写《祁承㸁家世》，世系续至21世孝字辈，弥补了祁氏家谱"文革"时被毁的缺憾。笔者外子老家梅墅，排辈分应为祁氏23世孙。这门望族在梅墅曾经是一个巨大的存在。这里不仅有被称为"察院第"的台门、"旷园"的假山等地表遗址，更有大量文化遗存。

"家风是一个家庭或家族长期以来形成的能够影响家庭成员精神、品德及行为的一种传统风尚和德行传承。"[①] 有论者认为，儒家伦理"是传统家风的价值取向，'耕读传家'是传统家风的基本范式，家学传承、家规、家训、家庭教育等是传统家风传承的主要方式"[②]。我国传统文化历来推崇"耕读传家""书香传家"，祁氏家族当无例外。只是这种家风传承的基本范式，于祁氏家族则主要通过藏书家学得以凸显。

一个家族的振兴，内因多在于良好家风的作用；而良好家风的形成和

---

① 郝亚飞、李紫烨：《中国古代家风建设及其当代启示》，《河北大学学报》2015年第1期。
② 周春辉：《论家风的文化传承与历史嬗变》，《中州学刊》2014年第8期。

绵延，则离不开家族中成功者的引领。祁氏家族自四世祁仁入仕为官起，书香传家开始蔚然成风。祁家为教育子孙计，遂大量聚书，藏书，至七世祁清、八世祁汝森，已有遗书57架传于九世祁承㸁。

祁承㸁非常认同司马光的聚书爱书以及训子的"贾竖藏货贝，儒家唯此耳"的话，藏书的目的性更为明确，自觉性更强。他认为，自己既然是一个儒家信徒，就应该积极地聚书；同时为了儿辈的发展，更应该勉励他们继承家风，有所发扬，决不能让读书种子断绝。

"藏书传家"实为"读书传家"。祁家是"读书之藏书家"，而非"藏书之藏书家"，如祁承㸁所言"世有勤于聚而俭于读者，即所聚穷天下书犹亡聚也"①。只是他家儿孙所读的书已经过成功者的筛选。有了私家藏书，读书会更方便，针对性可更强，视野也会更开阔。祁承㸁充分认识读书的意义和作用，提倡有选择地收藏，有选择地阅读，他对于择书、藏书、读书、用书的要求可见诸其《藏书约》之中。祁承㸁对儿辈提出以能读为继承藏书家传的先决条件。对于图书，不仅能聚能藏，而且能读能用。他提出收藏图书的标准是："审轻重""辨真伪""核名实""权缓急"和"别品类"。简言之，其藏书要藏好书，藏有用的书，不仅可供儿孙博览，还在于经世致用，有利于儿孙成才。

《祁承㸁示彪佳札原迹》有云："父母生子，恨不得一日见他成立。汝体父母之心，只是一刻不闲过。用心读书，便是好儿子。"② 祁彪佳从小就寝馈在家藏的书卷中间，加上父亲的精心教育，17岁便中了举人，21岁成了进士。由于家庭环境熏陶，彪佳对于图书方面的各种活动，也早已司空见惯。鉴于《澹生堂藏书约》有非常严格的限制，不能满足要求，祁彪佳便像他父亲那样"穷收博采"，而且继往开来，建起了自己的"八求

---

① 杨绍溥：《明季江阴祁氏家族述略》，《求是学刊》1993年。
② 钱亚新：《浙江三祁藏书和学术研究》，江苏省图书馆学会，1981年。

楼"。彪佳《八求楼》一文亦道出了他藏书之目的:"丁颉有曰'吾聚书多矣,必有好学者为子孙'。以先子一生孜孜矻矻,青缃世继,予不敢为他日可勉也,庶以望之后人云耳。"①彪佳并留下遗嘱云:"书可共守,要看者可分取。"

祁彪佳长子理孙也算得上善于继承家风遗志的肖子。他卖田聚书,建立了"奕庆藏书楼",并历经十年之久,把先人遗书和自己增益的部分汇编成《奕庆藏书楼书目》。祁理孙对于丛书立部这一创制,为藏书家学的弘扬了新的贡献。

祁氏祖孙三代藏书,对于图书的聚、藏、读、用一系列工作,绝非以前绝大部分藏书家所能企及。此一家学,一脉相承,然又各有特创。祁承㸁在图书分类和编目方面堪为先驱。祁彪佳注意广为收集戏曲等艺文类作品,建起了对后世产生深远影响的特色馆藏,他又是一位戏曲和散文学家。中华书局在《祁彪佳集》前言中说:"他所作的《远山堂明曲品、剧品》,是我国古典曲、剧中的最重要的文献,足以和吕天成的《曲品》、高奕的《新传奇品》后先媲美。"②祁理孙则在编目方面匠心独具,至今被图书馆学界誉为"我国优秀的目录学家"。被称为"浙东三祁"的藏书家学、藏书文化成了不可多得的文化遗产。

以后,因国祸家祸,祁家藏书多有流失,但祁家子孙们仍牢记先祖手书的《藏书铭》中留下的"子孙益之守弗失"的遗言,最终保留了万卷藏书。1954年,祁氏21世孙祁起孝向国家捐献了"澹生堂"遗书,至此,祁氏藏书家世已基本结束。然而,爱藏书、爱读书的家风仍然绵延未绝。

---

① 钱亚新:《浙江三祁藏书和学术研究》,江苏省图书馆学会,1981年。
② 祁彪佳:《祁彪佳集》,中华书局1960年版。

二　忠敏齐家

"修身、齐家、治国、平天下",这是儒家思想传统中士大夫们尊崇的信条。祁氏一脉读书为仕,注重修身养性,自不待言。当时,梅墅故宅挂满名人匾额楹联,其中有朱熹撰写的"存忠孝心,行仁义事",曾国藩书写的"传家惟孝友,报国有文章"的对联,祁家台门充满书香传家的浓浓气氛。从家风传承的角度考察,儒家伦理是祁氏家风的价值取向,而忠勉齐家,即以忠诚奋勉之精神治家,是祁氏家风的基调,也是特点。

祁氏家族自四世祁清始,相继走上"读书做官"的道路,因一门连出七进士,被公认为山阴望族。这一家族发扬越中"自我实现"的精神,形成了勤奋读书、勤勉为官、忠诚义烈、爱国爱家的风尚。称为"浙东三祁"的祁承㸁、祁彪佳、祁理孙三代,把此一家风渲染得更为浓烈,展现了鲜明的价值取向,树起了祁氏家风之标杆。

祁承㸁勤学苦读,坚持不懈,直到43岁才中进士。其为学为官,淡泊明志,忧国忧民,耿耿于怀。他的《闻警》一诗,写于明败于后金之际,"既知残奕推劫胜,坐视危樯欲覆舟",对当权派"食肉者鄙,未能远谋"之形状表示了深深的忧思和愤懑。祁承㸁那些与做官经历相关的著作《澹生堂杂著》《澹生堂全集》等后被清廷列为全毁之书,足可反证他爱国家爱民族的思想十分强烈。祁承㸁十分重视对后代的"忠勉"教育,他还把祁彪佳从小带在身边言传身教。他亲自选定子孙读书的书目,"他认为更重要的还在于通过读书,要能把忠信孝友四个字贯彻到日常生活和言行中去,能经世致用,以有利于国计民生"[①]。

---

① 钱亚新:《浙江三祁藏书和学术研究》,江苏省图书馆学会,1981年。

祁彪佳自幼奉夷度公（承㸁）持身修心之学，在博览澹生堂藏书中，他特别爱看史书，逐步养成了喜爱忠贞之士，痛恨奸恶之徒的感情，立下了忠贞为国的志向。

诚如范文澜先生所言，"忠实于儒家学说的儒者，常为人民发出诉疾苦、申冤抑的言论，也常为人民做出去祸害、救灾难的事迹，甚至不惜破家杀身对君主犯颜直谏，要求改善政治"[1]。祁彪佳就是这样的大儒。处于明季王朝没落之际，社会求治之心愈显迫切。祁彪佳在朝为官时，革耗清弊，刚正不阿，曲体下情，直言谏陈；任职地方时又颇多善政：治海寇，禁恶讼，平强籴，救灾荒，仰慕先贤，甄录人才，上表名硕，风励来兹……如会稽名士吴杰所言，后之学者"读其制义而挹其经腴""读其奏议而想其忠謇"。

明朝亡国后，祁彪佳拒绝清廷招抚，留下"含笑入九泉，浩气留天地"之绝笔沉湖殉节。南明唐王谥之为"忠敏"。

忠敏齐家，于此熠熠生辉，更为后人坚守。祁氏家族良好家风的形成，还得益于女眷。彪佳夫人商景兰缅怀先人，作《悼亡》诗云："公身成千古，吾犹恋一生。君臣原大节，儿女亦人情。折槛生前事，遗碑世后名。存亡虽异路，贞白本相成。"商景兰敬仰丈夫气节，忠敏齐家，使族人后辈，涵润其中，皆知书明理。

彪佳殉节以后，祁理孙、祁班孙及族中兄弟，广结抗清复国之士，并毁家纾难，以图复明。后因事败受到牵连，兄弟俩在受审时又争先承担，表现了舍生取义的高贵品德。理孙秉承先人遗志，弘扬忠敏家风，及至临终遗嘱，还对夫人张德惠明示："子孙生计，不必予为筹划，至于忠孝，是我家故物，应勉励儿辈毋坠家声。"[2] 自理孙辈起，祁氏一族坚持不参加清朝的

---

[1] 范文澜：《中国通史》（第二册），人民出版社1986年版。
[2] 钱亚新：《浙江三祁藏书和学术研究》，江苏省图书馆学会，1981年。

科举考试，也没人做过清朝品官，他们都一直保持着祖宗的民族气节。

祁氏家族忠敏义烈相传，英杰辈出。此一家风，遗绪尚存，祁家后裔不乏抵抗外侮的志士和献身人民解放事业的功臣，族中更有科教兴国、实业富乡之人范。

三 艺文怡家

论者普遍认为，家教、家学是传统家风传承的主要方式。笔者对祁氏一脉藏书家学和以儒家伦理治家之家教主轴已作概论。然而，家教、家学之内化过程，更多体现在润物细无声的文化熏陶之中。祁氏家族注重培养和提高世族子女的文学素养和艺术才能，其优美之门风，凝成了特色鲜明的家族文化。艺文怡家也是祁氏家风的状态和家风传承方式的特色之一。

所谓艺文怡家，乃指祁家用特色的文艺才能、文化修养涵养性情、抒发情感，形成了和谐环境、睦谊家风。在祁氏大家庭中，充满着浓厚的文化艺术氛围，最具影响力的是他们在文学、戏曲和园林艺术方面的造诣和成就。

诗词几乎成了"三祁"及其家庭的共同爱好及擅长。祁承㸁的《澹生堂诗文抄》稿本、祁彪佳的《远山堂诗集》、祁理孙的《寓山诗稿》和《藏书楼诗稿》、祁班孙的《紫芝轩逸稿》等诗集，大多渗透着他们寄情山水、寄托思念、坚持民族气节的高雅格调。值得一提的是，以祁彪佳夫人商景兰为领袖，祁家还有一批诗坛才媛。她们的诗歌造诣被认为超过了她们的男人们。商景兰有《锦囊集》，其女德渊有《静好集》，德琼有《未焚集》存世，《吴越诗选》之"名媛诗"也收有理孙夫人张德蕙、班孙夫人朱德蓉的诗作。清道光十五年（1835），会稽吴杰在为《祁忠惠公遗集》作序时，有赞云："读诗、词、尺、牍而知公（祁彪佳）之逸致，读《锦囊集》而知公倡随之雅,读《紫芝轩逸稿》及《未焚集》而知公家学之富、遗泽之长。"①

祁家亦爱好戏曲。以祁彪佳为代表,从其父辈到族中兄弟姐妹及儿孙辈,组成了一个戏曲家群体。收藏剧本,整理曲目,品剧演戏,是祁氏家族日常生活的重要组成部分。祁承㸁的"澹生堂藏书楼"就收藏了大批戏曲作品,祁彪佳收藏的曲品、剧品合计有708种。祁彪佳不仅大量收藏戏曲作品,而且还亲自创作、改编了一批戏曲,可以说,他的文学成就和贡献首先在戏曲上。其论著《远山堂曲品》和《远山堂剧品》最受今人推崇。

祁家又素有园林之好。祁承㸁在梅墅建有密园和旷园,祁彪佳营造了寓园,从兄祁豸佳筑有柯园。承㸁号夷度,又称旷翁、密园老人,这与他喜爱园林艺术是分不开的。祁彪佳后来耽于碑石,经营寓山,完全受承㸁的影响。祁彪佳家居时乐此不疲地建园,并多方求取题咏,并编纂《寓山志》和《越中亭园记》,读之可知其适意于林泉,那一亭一阁、一草一木、一丘一壑中无不寄托着作者某种忧愤之思和人生感慨。

综上所述,祁氏家风传承的主要方式,内化过程,可归纳为言传身教、环境熏陶,他们赋诗抒怀,建园作记,作曲品剧,展现了祁氏家族的文化成就和独特的文化个性,可谓家风之"殊相"。

四 越文化基因

我们考察山阴祁氏家风,不仅因为其家学传承,家庭文化氛围及家庭生活方式使然,其家风传承的独特内涵,还包括了祁家秉承了越文化的优

---

① 祁彪佳:《祁彪佳集》,中华书局1960年版。

秀传统，烙有地域文化的深深印记。

"藏书传家"不仅是祁氏家风传承的基本范式，更是越文化之传统。绍兴名人辈出的两条基本途径是：外推式的强烈的树人意识和内在式的强烈的成才意识。这种意识及至宋明之际几乎成了越中的心理倾向，汇成了"自我实现"的人心主流。在成才入仕的心理动力驱使下，致使士大夫家族更喜聚书、藏书、读书。有鉴于此，宋元明清时，越中涌现了很多藏书家。据《嘉泰会稽志》所记，南宋时，"越藏书有三家，曰左丞陆氏，尚书石氏，进士诸葛氏"。他们都是三世或二世藏书，尤以陆游家族的藏书最有影响。在元代，又有杨维桢的铁崖岭藏书，及至明代除祁氏祖孙三代藏书外，与之齐名的还有钮石溪的世学楼藏书，另有山阴徐渭、新昌胡桢、上虞韩广业等多家。除私家藏书以外，还有官府藏书、书院藏书、佛寺藏书等，至清代，越中藏书事业更为繁荣。藏书成为越中风尚，遂有越中"耕读传家"传统之说，盖与越中"自我实现"的人文精神相关。

祁氏"忠敏齐家"有其独特内涵，其价值取向亦根植于越文化之土壤。明清之际，越中理学一新，王守仁倡导阳明心学，一改程朱理学之传统教义，提出了"致良知"说，后刘宗周又提倡"自我诚意"，将"慎独"之功，置于"修身""治家"之首位，建立了"慎独"为宗旨的儒学思想体系。祁彪佳称赞刘宗周门下，不时与之探讨生死义利问题。后祁彪佳、刘宗周在三天内先后沉湖、绝食而死。诚如学者赵素文所言："这绝不会如前人解说的仅为国殉节那样单纯，而是一种很具有时代特征的行为。"[①] 刘宗周、祁彪佳同以自身的人格特质，实现了心灵境界的升华，树起了人格典范。祁氏家风修身标诚意，师友重气节，因此祁彪佳对"忠

[①] 赵素文：《祁彪佳研究》，中国社会科学出版社2011年版。

敏"内涵的诠释，具有那个时代的特征，这正体现了越中人物精神的传承。

祁氏"艺文怡家"的文化个性，亦与社会文化背景相关。明清以来，随着经济发展，越地深藏于民间的文化因子被激活，民间文艺勃兴，最能体现越文化精粹和区域文化特色的要算地方戏曲和文学创作。祁氏家族不仅形成了浓郁的崇尚戏曲和诗文创作的氛围，而且，他们走向社会，与戏曲家、文学家们广泛交流，同时为地方文化的兴起推波助澜，做出了巨大贡献，留下了丰富的遗产。

山阴祁氏因"书香传家"而造就了藏书世家及其特色家学；他们秉承儒家的价值取向，从而，在明清之际的特定社会环境中树起了忠敏义烈的标杆；他们崇尚文学艺术，在诗意地栖居，祁氏大家庭文以化人，以高雅情操和审美观念，营造了优美的门风。此一家风传承样本，于今可资借鉴。

（原文刊登于《绍兴文理学院学报》2017年第2期）

晚近士绅社会研究

辛亥前后的浙东士绅与兴学活动

蔡 彦* 胡军军

摘 要：浙东地区素来文化发达，人才辈出，这与其历史上注重教育有很大的关系。清末国势衰危，改革呼声日高，为培养人才，各地纷纷开办新式学堂，其中以地方士绅举办的民立学堂占多数。此文分析了辛亥前后浙东士绅阶层的转变与兴学活动及其影响。

关键词：辛亥革命；士绅；兴学活动

浙东的宁波、绍兴地区一直就是文风鼎盛、人文荟萃之地。府县取得功名者多，世代为官者多，士绅阶层的势力较大。步入近代，与内地不同的是，浙东的士绅阶层处在经济转型的前沿阵地，他们的感觉更为灵敏，思想转变更为迅速。一部分人受"实业救国"思想的影响以及资本主义企业丰厚利润的引诱，投资兴办企业；另一部分人投入商界，积累了一定财富。甲午战争后，他们认识到，国家强盛的关键在人才，人才的基础在教育，弃旧学求新学已在士绅阶层中蔚成风气。加上两地士绅长期受经世致

---

* 蔡彦（1975— ），男，江苏苏州人，绍兴市图书馆馆员，经济师。

用学风的熏陶，忧国忧民的思想强烈，向来有捐资兴学的传统，所以在国家有难的关头，一经政府提倡，便开风气之先，出现了较大规模的兴学热潮。

一　士绅阶层早期的兴学活动

鸦片战争后，东南地区处于社会变革的前沿。在维新思想以及清末新政的推动下，一批开明士绅和受西学影响的留洋知识分子相结合，率先以私产捐资办学，以新学为特征的近代教育诞生了。当时所办的学堂，根据不同的创办者分为三类：由官府出资兴办的称官立学堂；由私人创办的称私立学堂；由某村、某族集体创办，经费从庙产、公田、公祠等公共收入中支出的称公立学堂。公立和私立两类，统称为民立。这一时期在浙东境内出现的各类学堂，小学堂如辨志学堂、当阳初等小学堂，普通中学堂如绍郡中西学堂、东湖通艺学堂、越郡公学，专门学堂如大通师范学堂、明道女子师范学堂、绍兴法政学堂、汝湖初等农业学堂等多非官立，而系民立。据光绪二十三年（1897）六月十七日《浙江巡抚廖寿丰为遵旨开办求是书院兼课中西实学事奏折》："（浙江）各府属经臣分札饬办（学堂），如宁波、绍兴、金华、湖州、台州、严州、温州、海宁等属或就书院加课，或设学堂专课，各视经费多寡议章开办，亦均未请动公帑。"这里所说的宁波学堂就是由宁籍旅沪绅商严信厚和地方士绅汤云崟、陈汉章等发起创办的"中西储才学堂"。"储才"二字寓有为国家储备人才之意。校址系借用月湖西面的崇教寺（今偃月街小学），经费依赖捐助。储才学堂开设的科目有译学、算学、经学、史学、词章、舆地。光绪三十年（1904），储才学堂改办为"宁波府中学堂"。

《廖寿丰折》中的绍兴学堂指的是绍兴士绅徐树兰于"光绪二十一年（1895）捐款倡设（的）绍郡中西学堂，至光绪二十四年（1898）遵旨改设中学堂，因即归并办理"。《浙江绍郡中西学堂章程》载明了学堂宗旨："吾越人文自昔称盛……我朝定鼎后，姚熙之功在台湾，傅重庵泽流苗峒。盖时局变则学问不得不变。道咸以来习于故常，咿唔佔毕，不求实用。而中外通商，藩篱尽撤，时局又一变。今钦奉谕推广学校，各省渐次举行，而吾越风气未开，士多守旧。今并为中西学堂遴选乡人子弟之颖异者而程课之，以翼其成，亦独十年教训之意尔。"《章程》记录了学堂创办之初的一些情况："设立中西学堂必先择地建造堂宇，公款既无所出，一时亦无合宜现成房屋可购，故借山会二邑谷仓暂作学舍。"学堂校舍需借用，学堂规模限"创办之初，艰于筹费，不得不先图其要。查盛杏荪（盛宣怀）京卿在天津道任内禀请北洋大臣奏设之头、二等学堂最为得要。绍郡经费未充，只能设立二等学堂。今拟仿其规制，参酌办理"。蔡元培在《自写年谱》中回忆说："光绪二十四年（1898）绍兴已经有一所中西学堂，是徐君诒孙的伯父仲凡先生所主持的，徐先生向知府筹得公款，办此学堂，自任督办（今所谓校董），而别聘一人任总理（今所谓校长），我回里后，被聘为该学堂总理。"据光绪二十五年（1899）蔡元培日记："二月一日学堂开学，学生到者二十三人，附课生三人，算学师范生一人。"是年，学校更名为绍兴府学堂。据《光绪二十六年绍兴府学堂重订详细章程》："学堂初立，于国文普通学外兼教英吉利、法兰西二语学，名曰中西学堂。今添课日本语学，遂更名绍兴府学堂。学堂教授国文普通学外，其别五：曰经学、曰物理学、曰史学、曰词学、曰算学。学生兼学外国语言文字，其别三：曰日本、曰英吉利、曰法兰西。"

二　辛亥前后的浙东士绅与兴学活动

辛亥前后是浙东士绅兴学活动的高峰。据宣统三年《浙江教育官报》："浙省教育经费不充，由官款拨给者尤居少数，其各属设立大小各校得以有增加者，每由绅民热心捐助。"中国第一历史档案馆《光宣年间浙江兴办新式学堂史料》汇编了当时宁绍地方官员对士绅兴办学堂的奏报。下面例举四例。

（1）光绪二十八年八月初七日《浙江巡抚任道镕为请奖捐资省城安定学堂、绍兴府通艺学堂官员事奏片》：……再，浙江省城改设学堂，业将办理情形于上年十二月间奏明在案。其外府县应设中小学堂，据报已经开办者计有三十余处，其余均饬次第设立。惟事当创始，筹款维艰，尚赖地方绅富集资捐办，以辅官力之不足。……又，三品衔花翎候选道陶濬宣，于绍兴府城设立通艺学堂，计修建学舍、置备器具及开办经费，捐洋一万八千元。该绅等情殷乐育、好义急公，虽据声称不敢邀奖，惟为数较巨，不敢壅于上闻。应如何量予奖励之处，出自天恩。谨附片具陈，伏乞圣鉴训示。谨奏。朱批：户部核给奖叙。

《浙江巡抚聂缉椝为余姚县绅士捐资办诚意学堂请奖匾额事片》：……再，据藩司具详，据余姚县绅士江苏补用知府何恭寿等禀称，前在县治硬北乡建设义塾。继改诚意学堂，三年以来，规模渐备。现已筹得经费七千三百两，存本取息岁可得银五百余两。又，劝募上海同乡绅富认捐，常年经费岁约二千余元，统计出入可以相抵。其房屋由试用训导谢淮镛先世别墅二十余间，值银二千数百余两助入学堂。另又添置余地四亩六分，以备增建学舍。今年复筹款新建礼堂五间，寄宿舍二十二间，并辟操场。招合邑生徒报名，于秋冬间收考一次，即于今年为始，至丁未年为毕业期限，合计新旧生徒留取四十名。教授之法悉遵学务大臣审订，各项书籍课本，按照高等小学科目，分科教授。应请保护随时考察，将来毕业后与官立学堂一律考验、保送，由司核明，详请奏咨立案。等情前来。

臣查余姚县绅士江苏补用知府何恭寿等倡设诚意学堂，试办已著成效，虽非一人捐资，而集款数逾巨万，规模较大。合无仰恳天恩，俯赐准予立案，以昭激劝。除由臣照章奖给匾额并咨学务大臣查照外，谨附片具奏，伏乞圣鉴训示。谨奏。光绪三十年十一月十九日奉朱批：学务大臣知道。钦此。

《浙江巡抚聂缉椝为上虞县经正书院改设小学堂请奖捐资绅士事奏片》：……再，据办理浙江全省学务处藩、臬、运三司具详，据署上虞县知县何金魁详称，该县现拟将城东经正书院改设高等小学堂，惟是开办经费为目前紧要之款，估计约需洋二千元方可办理。商诸绅士，二品衔候选道陈渭（陈春澜）慷慨独认，如数捐助经费洋二千元，洵属急公好义。查例载地方士民捐银至千两以上，准予专案请奖。今陈渭所捐合银已在一千两以上，核与定例相符，详请奏奖前来。臣复核无异。合无仰恳天恩，俯准敕部将上虞县二品衔候选道陈渭议给旌表建坊，给予急公好义字。除分咨查照外，谨附片陈请，伏乞圣鉴训示。谨奏。光绪三十一年二月初一日奉朱批：着照所请，礼部知道。钦此。

宣统二年三月二十一日《浙江巡抚增韫为镇海县绅樊棻捐建便蒙小学堂请奖事奏折》：……窃据署提学使袁嘉谷详，据代理镇海县知县胡钟黔详称，据在籍户部山西司员外郎李濂等禀称，邑绅花翎三品衔江苏候补知府樊棻，早岁读书，深明大义。迨投身商界，旋居沪渎，宾礼文士，常如不及，一时名公巨卿、海内知名士道经沪上者，辄闻声造访，缟带联欢。该绅究心教育，时以启发童蒙、培植后进为己任。光绪二十九年正月于邑城创设便蒙初等小学堂，章程皆其手定。逮奉诏兴学，樊绅益欢欣鼓舞，逐加推广。爰改办两等小学堂，额定百名，教授管理诸法悉遵钦定章程，益臻完善。自筑校舍，由族人而推及阖邑，悉与收录。计开办六年，捐助用款四千八百二十六元；购置校地建筑校舍五千元；置办器具、图籍二千四百二十八元；常年经费基本金二万二千元，总计用洋三万四千二百五十四元，均系独立担任。……该绅产仅中人，乃能挥斥巨资，注意教育，似此热诚办学，理应表彰。

查奏定初等小学堂章程第十节：一人捐资较巨者，禀请督抚奏明给奖。该绅所捐银数较之定例千两以上准予建坊者，已及二十余倍，实非寻常捐输可比。备具该学堂章程规则并程度表及捐建支用等项数目，暨履历各清册，请加结具详，奏旌建坊。并援照上年七月江苏金匮县绅士毕鸿模捐款兴学，经江苏巡抚臣瑞澂奏准给奖实官成案，以为热心兴学者劝。呈由该县将原送该堂册表加具印结，详请转为奏给奖叙等情。当经饬府按照册开各款，逐细复查。确切估计款目，悉属相符，并无浮冒虚糜之弊。取具该堂领结各件由司核明，详请奏奖前来。

臣查该绅樊棻独立创办便蒙两等小学堂，历年捐助银洋至三万四千二百五十余元之多，以一五合银，其数已在二万两以上。洵属疏财仗义，热心教育。查该绅由三品衔补用知府，请免补本班，以道员仍留原省补用，并加二品衔。伊子樊修中由选缺后升用知县不论双单月候选县丞，请免补本班，以知县不论双单月选用，并加同知衔。按照十成例银，核计尚属有盈无绌。合无仰恳天恩，俯准援案旌表建坊，并给予奖叙，以昭激劝。除将册结章程图说咨送度支部、学部查核暨吏、礼二部查照外，理合恭折具奏，伏乞皇上圣鉴训示。谨奏。

继徐树兰创办绍郡中西学堂之后，三品衔花翎候选道绍兴士绅陶濬宣于绍兴府城内设立通艺学堂，计修建学舍、置备器具及开办经费，捐洋18000元。陶濬宣（1846—1912），原名祖望，字文冲，号心云，别号东湖居士，又号稷山居士，会稽陶堰人。光绪二年（1876）举人。后任广东广雅书院山长，在福建漳州开过煤矿，在会稽白米堰创办丝厂。面对内忧外患，深感教育革新的重要性。学堂取名"通艺"是因为在他看来"国子是教，六艺是职，艺可从政，渊源圣门"，故名之。

光绪二十五年（1899）陶濬宣《捐建东湖通艺学堂呈稿》中透露了绍郡中西学堂和东湖通艺学堂举办的背景："濬宣自甲午中日辍和后，激于国耻，日夕皇皇。其时军事甫定，皇上顺穷变通久之义，将新庶政以图自强。推广学校，建大学堂于京师，外省大吏亦各于省会创建一二处，但士多校少，风气未开。时创办绍郡中西学堂，暂假山会豫仓为谋课之地，唯斋舍未营，事难图久。濬宣切不自量，思为天下育才，为国家储才，奋不顾家，毁产负债，独立捐建东湖书院于绍兴府城东乌门山麓，立通艺堂分史学、子学、算学、译学四斋。苦心经始于光绪二十二年（1896）春，落成于二十四年（1898）正月。本年八月初一日奉上谕改各省所有书院为学堂；于省城均改设大学堂；各府厅直隶州，均设中学堂；各州县均设小学堂；并多设蒙养学堂……伏查各省会书院不过三四，各府厅州县则不过一二处。今欲改书院为学堂。夫书院课士，每院多者至千余人，学堂定额仅容数十人，而经费反大于书院数倍。教课与考课事功之不同，故近日各省大吏欲遵图改设而尚筹经费之难也，况以一省会府厅州县之大，仅设学堂一二处，何裨于事。即如绍兴一府，只有蕺山书院，山会两县仅龙山、稽山二书院，其余六邑如之。今改六邑九堂，学生只容数百人，而绍府属生员五千余人，文童一万数千人，势必大半向隅。仅待府县所办之一二学堂，必不能容。若别开广厦，则公款难筹，且外洋授学，必借绅民私建学堂以补官办之所未及也。查东西洋私办学堂之数且数十倍于官办，至一切教规及学生卒业出途皆与官学一式……潘宣伏念吾越为人文渊薮，自中西学堂停止之后，前月始改设府学堂而学额仅限数十人，群士喁喁。因遵上谕改前年捐建东湖书院为东湖通艺学堂。现定学生额四十名，凡绍府所属皆许入堂肄业，外籍有愿附者听之。定于明年正月开办。"为了捐办通艺学堂，陶氏可谓竭尽思虑。

显然，士绅们的兴学举动得到清政府充分肯定。光绪二十四年（1898）五月十七日谕令：能独立创设学堂者予特赏。五月二十二日谕令：着将各省、府、厅州县现有之大小书院，一律改为兼习中西学之学校。六月十一日又谕令：各省中小学堂应一律设立，以为培养人才之本。唯事属创始，首贵得人，着就各省在籍绅士中选择品学兼优能孚众望之人，派令管理各该学堂一切事物。光绪二十七年（1901），清政府宣布实行新政。当年在文化教育方面的措施有：七月十六日谕令科举考试废除八股，改试策论。八月初二日再次颁布兴学诏书，提出兴学育才为当务之急。谕令将"各省书院一律改设学堂"。又规定"一切教规及学生卒业出途皆与官学一式"，确保新式学堂毕业生与科举士子一视同仁。至光绪三十一年（1905）

"停止岁科考试，专办学堂"。据《绍兴县立第一高等小学校概览·校事纪略》：壬寅年（光绪二十八年，1902），邑人钱绳武、徐伟（字仲苏）等创议办学，修改蕺山书院旧宇为校舍，名曰山阴县学堂，由县署照会钱绳武为堂长，徐锡麟任总理。这是绍兴府城开办的第一家官立学堂，经费以书院原有款产之收息充之。堂长钱绳武，字荫乔，清末举人，入民国后编有《龙山诗巢志略》《陆放翁生日诗辑》。

实际上就清政府而言，对建立新式学堂一直很积极，但鉴于困拙的实力，其能做到的恐怕还只是提倡，给创设学堂者予特赏。尽管这样，学堂数量还是不足。清末新政期间颁行的有关兴学的法规都反复强调只有官绅合力，方能风气渐开。光绪三十年（1904）上虞经正书院改设高等小学堂，绅士陈渭（陈春澜）慷慨捐助经费洋 2000 元，经浙江巡抚聂缉椝奏报，以"旌表建坊，给予急公好义字"加以褒奖。此时已有明确的兴学请奖"定例"。受到褒奖的陈渭又捐资 5 万元，"在县北四十里横山之阳建造校舍一所，计上下楼房平屋共五十余间，用银一万三千元有奇，除置办图书器具外，约余银三万六千元，置产生息作为常年经费，定名春晖学堂，先办初小，以次递升"，[①] 稍后，为鼓励士绅捐款兴学，对捐助数额较大者除依例褒奖外，还可给予"给奖实官"的重奖。据宣统二年（1910）三月二十一日《浙江巡抚增韫为镇海县绅樊棻捐建便蒙小学堂请奖事奏折》，由于镇海县邑绅樊棻捐建便蒙小学堂的"捐银数已及（定例）二十余倍"，学生"由族人而推及阖邑"，实非"寻常捐输可比"，故由浙江巡抚增韫奏请"免补本班，尽先补用"。

在清末兴学过程中，绍兴各地举办的学堂大多由地方绅士捐资创办。据光绪三十三年（1897）《浙江教育官报》的统计：旧绍兴府属五县共有

[①] 陈渭：《捐建横山春晖学堂呈文》，《浙江教育官报》，宣统元年（12）：3。

小学堂145所，民立逾九成。至民国初年，绍兴民间捐资办学仍较为普遍。民国元年（1912）统计五县共有小学校446所，民国二年（1913）为685所，居全省第二位。光绪三十四年（1898）《浙江教育官报》显示宁波府有小学堂280所，中学堂5所，专门学堂6所。

三　部分士绅开始向"学绅"转变，成为"职业教育家"

　　1905年清政府废除科举制度迫使一大批士绅转向新式教育。据当时官方的报告，"各省初办学堂，学生率皆取诸原业科举之士"①。在辛亥革命前后不少有功名的士绅通过留学海外或国内的新式教育机构接受"再教育"，同时有许多绅士成为新式学堂与学务机构的教职员。这些由"绅而为学者"，成为清末以新式教育或新的文化事业为职业的"学绅"。

　　思想家、教育家蔡元培（1868—1940）是中国近代史上重要人物，他26岁就中了进士，任翰林院编修。为了探索教育救国的道路，毅然放弃令无数科举学子歆羡不已的官职，南下故乡，担任绍郡中西学堂监督，甘当致力推动新式教育的"学绅"。光绪二十七年（1901）他到上海，先后创办了中国教育会、爱国女校与爱国学社，成为上海最早的教育团体。蔡元培的日记中曾经回忆过多位辛亥前后的"学绅"形象，其中包括自己的僚婿薛炳。他说："薛炳，字闻仙，山阴县人。少时与我同受业于王子庄先生，那时君年十六岁，我十四岁。我元配王昭夫人，即君之姨妹，所以君与我为僚婿。君好书好客，我于书肆中见有好的书，无力购买，一告君，君就往购，与我共读，我很受君的益。君治经，守家法，治《毛诗传》，

---

①　舒新城：《近代中国教育史资料》（上册），人民出版社1981年版，第197页。

治《礼义疏》，详读数次，用红笔点勘，一句一字不放过。"薛炳先后任绍郡中西学堂、上虞春晖学堂教习，但骨子里对新式学堂的态度仍然摇摆不定。据蔡元培日记："（中西学堂中）反对我及马君的，实自君始。民国七年，我以北大校长兼任国史馆长，曾聘君任国史馆编纂，然不久君即辞去。"这样一位守旧老师，却博得了学生好感。30年后，胡愈之在《我的老师》一文中动情回忆起这位春晖学堂老师说："薛老师教我读书，从没有半点老师架子。每次薛老师在面前，我觉得他是一个大孩儿。他时常要我学习把古代文译成平易通俗的今代文。"

当时，在蔡元培去职后任中西学堂总校的鲍临、马传煦，东湖通艺学堂学监陶濬宣，储才学堂首任监督杨敏曾，慈湖中学堂堂长关维震都是经术湛深、好古力学的"学绅"。

四 "宁波帮"在兴学活动中扮演了重要角色

宁波是近代首批对外开放的港口，商业发达。近代"宁波帮"在捐资兴学活动中扮演了重要角色，其中以创办叶氏中兴学堂的叶澄衷和创办锦堂学校的吴作镆成绩最为突出。光绪二十五年（1899）上海"五金大王"叶澄衷斥资三万两白银，在庄市叶家筹建忠孝堂义庄，附设叶氏义塾，供族姓子弟启蒙教育。他去世后，叶氏义塾由其族叔叶志铭遵嘱继续督建，于光绪三十年（1904）落成招生。光绪三十二年（1906）改名为叶氏中兴学堂，开始允许异姓子弟入学，包玉刚、邵逸夫、包从兴、赵安中等许多享誉海外的宁波帮实业家都毕业于该校，因此被誉为"甬商摇篮"。光绪三十一年（1905）旅日华侨吴作镆在慈溪东条山购地50亩，创办锦堂学校。吴作镆，字锦堂，以字行，慈溪人。他31岁（光绪三十一年，1885）

赴日本经商，成为日本举足轻重的大企业家。吴氏深谙日本发展与教育的关系，认为"近世列强竞争，教养二事，实为至要。国民失养，则无以为生，国民失教，则难以争存"。据光绪三十四年（1908）十二月十五日《申报》中《请奖独立办学堂》："（吴氏）先设两等小学堂……俟将来两等卒业再酌改为中等农工商实业学堂，而以小学堂附之。"宣统元年（1909）小学堂落成，宣统三年（1911）小学堂改办为农业中学堂。至民国九年（1920）锦堂学校由浙江省政府接收，改名为浙江省立慈溪锦堂师范学校，前后共历时25年。

对比宁、绍两地士绅兴学活动可以发现，由于宁波很早就被列为通商口岸，部分士绅因商致富，他们往往更有财力来投入举办学堂的活动。据宣统三年（1911）《慈溪锦堂农业中学堂遵造册报呈请》中所记："学校经费所出：海地租息、浙江铁路股息、汉冶萍煤铁厂股息；经常费数目：地租岁约银三千元、铁路股息银一千四百元、厂矿股息银四千元。临时费数目：随时应用由校主捐助无定数。"通计常年经费达8400元。而同时期绍兴府学堂的常年经费是3700元，不及其1/2，为弥补经费来源，还不得不向钱庄借款，月息6厘，学堂一度出现了办而中辍景象。[①] 宁波绅商投入兴学的资金不仅数额大而且来源稳定，保证了学堂的正常运转，已经初步具备了现代教育某些特点。

五　最早的留学生群体

甲午海战后，大批青年学生不惜背井离乡，出国留学，特别是留日学

[①] 蔡元培：《浙江筹办学堂节略》，《蔡元培全集》，中华书局1984年版，第132页。

习成为一种风尚。据《清国留学生会馆第一次报告》：光绪二十八年（1902）清国留日学生608人，浙江占84名，位居全国第三。而在这84名学生中，山阴、会稽两县就有14名，大致占全省1/6。这其中，地方士绅起到了重要的推动作用。据光绪三十一年（1905）八月十六日《浙江巡抚聂缉椝为浙省考选一百名官费生赴日学习师范事奏折》中说："浙省考选官费生一百名送往日本学习完全师范。札由学务处转饬各属保送十八岁以上、二十五岁以下之精力强壮，不染一切嗜好、恶习，中学已有根底各生，由各该府考取册报。兹经学务处司道调省，分场扃试，秉公取定，杭属十一名，嘉属九名，湖属九名，宁属九名，绍属十名，台属八名，金属十名，衢属六名，严属七名，温属八名，处属十二名，驻防二名，共计合格生一百名。"这些"派往日本各生"需由"地方官与士绅通饬遍举"，意"在将来各属皆有本地教习，各学教法均归一律起见，实为改革全省学务之根本。事属创办，关系甚大，所望各该生专心致志，兼程并进，庶可策效将来"。宁波、绍兴两地数量在全省排名第四。留日学生除学习日文外，还"赴会馆，跑书店，往集会，听演讲"，在他们影响下，浙东有一大批青年接踵而去，其中就有光复会的主将秋瑾、徐锡麟、陈伯平、孙德卿、王金发、范爱农等。在辛亥革命过程中，这些留日学生发挥了很大作用。

六　近代传媒业在浙东的发展

教育改革的推进，带来了近代传媒业的发展，并与社会改革相呼应。光绪二十九年（1903）闰五月十五，《绍兴白话报》创办，其宗旨为"唤起民众爱国，开通地方风气""致力于为宣传革命而推广白话文"。该报每期仅四五千字，但内容丰富，文字通俗，辟有"论说""大事记""五千年人物谈""小说""绍兴近事"等专栏[①]，办报人为陈公侠、王子余、蔡同卿。光绪二十九年（1903）12月19日《中国白话报》一篇报道称它是"老牌子"。据《五四新文化的源流》一文统计，1876—1903年全国有白话报15份，《绍兴白话报》就是其中之一。辛亥前后，绍兴府城有《绍兴白话报》《绍兴公报》《越铎日报》《越州公报》等报纸，这些报纸的创办为辛亥革命的爆发打下了舆论基础。从举办者来看，它们都是由商界名人资助的，文人执笔。从这个意义上讲，近代绍兴的商人觉悟较早。商人办报反映了他们随着经济地位的变化，寻求社会变革的愿望在上升。

比《绍兴白话报》创办稍后，光绪二十九年（1903）宁波人钟显鄳、虞士勋、陈屺怀（字训正）等在上海福州路惠福里发起创办《宁波白话报》，以"开通宁波之民智，联合同乡之感情"[②]。光绪三十一年（1905）正式创刊。《宁波白话报》的内容"虽然近乎改良主张，可是文字运用明白浅显的白话对于旧礼教、旧习惯，且肯用力抨击，仔细想来，不仅在宁波文化中，是报界先进，就是在中国文化史上，也是难能可贵的一页"。[③]

辛亥革命前后，士绅阶层的兴学活动深刻反映了近代社会的变迁，体现了一部分士大夫顺应时势，向近代知识阶层的转变。这股兴学热潮在1905年废除科举制度后达到高潮。士绅阶层在新式教育的背景下"兴民权、开民智"培养人才，推动了民众觉醒和辛亥革命爆发。

（原文刊登于《绍兴文理学院学报》2011年第6期）

[①] 王文科等：《浙江新闻史》，浙江大学出版社2010年版，第47页。
[②] 庄禹梅：《关于宁波旅沪同乡会》，《全国政协文史资料》（第三十四辑）．文史资料出版社1963年版，第262页。
[③] 五长：《从"宁波白话报"谈到本报》，《宁波人周刊创刊号》，民国三十五年（1946）七月十日，第18页。

绍兴先贤在五四运动中的作用

林文彪*

摘 要：本文认为：绍兴先贤发动和领导了伟大的五四运动。蔡元培是北京五四运动的发动者、总后台，罗家伦是北京五四运动的学生领袖。邵力子是上海五四运动的发动者，朱仲华是上海五四运动的学生领袖。孙越崎和周恩来分别是天津五四运动的发动者和领导人。

关键词：绍兴先贤；五四运动；领导人

发生在82年前的五四运动，以其彻底的反帝反封建的勇气，开辟了中国历史的新纪元。在这场伟大的爱国运动中，绍兴先贤起了极其重要的作用——蔡元培、罗家伦在北京，邵力子、朱仲华在上海，周恩来、孙越崎在天津，他们不但以饱满的热情参加斗争，而且成为这场运动的组织者和领导者。

---

* 林文彪（1962— ），男，浙江绍兴人，绍兴文理学院成教学院副教授。

一

　　北京是五四运动的发源地，也是五四运动前期的中心，蔡元培是五四火炬的点燃者和总后台。1917年年初，蔡元培掌管北大后，锐意改革，提出了"思想自由，兼容并包"的方针，聘请《新青年》主编陈独秀当文科学长，以后又聘请了李大钊、胡适、钱玄同、刘半农、鲁迅等具有真才实学和革新思想的人来任教，使北大变成了民主与科学的中心。在蔡元培的倡导下，北大成立了马克思主义研究会、新潮社等进步社团，与封建思想展开激烈斗争。蔡元培还亲自撰文驳斥了封建顽固派林琴南的责难，为五四运动奠定了思想基础。正如顾颉刚回忆中所说的："我的亲身经历使我深信：北大成为一九一九年五四运动的发源地和指挥部，同蔡元培先生的办学方针有密切的关系。"[①]

　　1919年5月2日，当蔡元培获悉中国代表在巴黎和会上外交失败并决定在丧权辱国的和约上签字的消息时，在绝望和震惊之余，他不得不把挽救国家的希望寄托在爱国的青年学生身上，当即将此消息告诉了北大学生代表罗家伦、许德珩等，并召集全校教职工开会，商讨挽救办法。5月3日晚，在蔡元培的赞许下，北大学生在法科礼堂召开全校大会，决定5月4日赴天安门前集会抗议，一场改写中国历史的伟大运动由蔡元培亲自点燃了。接着，蔡元培又为营救被捕学生到处奔波，他向束手无策、万分焦急的学生说"你们放心，被捕同学的安全，是我的事，一切由我负责"，并不顾个人安危，亲自与北洋政府警察总监吴炳湘交涉。为保出学生，蔡

[①] 顾颉刚：《蔡元培先生与五四运动》，《蔡元培先生纪念集》，中华书局1984年版，第178页。

元培表示"愿以一人抵罪"①。在义正词严的交锋中,北洋政府不得不释放被捕学生。之后,蔡元培又亲自率领北大全体教职员和学生在红楼前面的广场上迎接,并发表讲话,倍加慰勉。学生们情绪十分激动,热泪盈眶。许德珩回忆当时的情景说:"蔡元培是那样的沉毅而慈祥,他含着眼泪强作笑容,勉励我们,安慰我们,给我们留下了极为深刻的印象。"②而北洋军阀政府则恨透了蔡元培,认为他是"罪魁祸首","把所有学界的举动,都归到北京大学;把大学生们的举动,都归到蔡校长一人身上"③。

罗家伦是北京五四运动的学生领袖之一。在新文化运动期间,曾与傅斯年创办《新潮》杂志,任主编,该杂志是继《每周评论》之后响应《新青年》白话文主张最有影响的刊物,在鼓吹"文学革命"方面刊出了不少文学创作和译作,鲁迅的短篇小说《明天》即发表在《新潮》第2卷第2号上。北大旧派代表辜鸿铭宣传旧思想,罗家伦带头起哄,把这位大学问家搞得十分狼狈,直至蔡元培把他解聘。④五四运动发生时,罗家伦成为北大学生领袖,他起草了影响深远的《五四宣言》,提出了"外争主权,内除国贼"的口号。⑤这一口号概括了五四运动反帝反封建的性质,是五四运动的旗帜。罗家伦艺高胆大,能言善辩,又懂英文,五四游行到东交民巷时被外国军警阻拦,学生们公推罗家伦为代表,到英、法、美、意等国使馆交涉,在谈判中,罗家伦要求各国给予"同情之援助"。不久,由于蔡元培辞职南下,罗家伦又被推选为南下迎蔡的代表,足见他在学界的影响。5月26日,罗家伦在《每周评论》上发表传诵一时的《五四运动之精神》一文,首次提出了"五四运动"这一概念,一年后又发表纪念文

---

① 周天度:《蔡元培传》,人民出版社1984年版。
② 同上。
③ 同上。
④ 萧超然:《北京大学与五四运动》,北京大学出版社1995年版,第149页。
⑤ 罗家伦:《回忆〈新潮〉和五四运动》,《五四运动回忆录》(续),中国社会科学出版社1979年版。

章，概括了五四运动的三种精神："学生牺牲的精神""社会别裁的精神""民众自决的精神"①。罗家伦因其在五四时期杰出的社会活动才能，而在以后相继担任了著名的清华大学校长、中央大学（今南京大学）校长，成为中国近代史上屈指可数的大教育家。

二

上海是五四运动后期中心，邵力子是上海五四运动的发动者。他早年曾参加过辛亥革命，十月革命发生后，在自己任主编的上海《民国日报》上第一个撰文介绍十月革命胜利的消息。1919年5月6日，邵力子兴奋地携带着刊有五四运动消息的《民国日报》驰往复旦大学，先与部分教师及学生自治会主席朱仲华商议，然后由朱仲华紧急集合全校学生。邵力子登台宣读了当天报上关于五四运动的新闻，慷慨激昂地说："现在正值国家危急之秋，北京同学能有如此爱国举动，难道我们复旦同学和上海学生会没有吗？"②学生顿时喧腾起来，呼声、掌声连成一片，上海学生运动由此而起，邵力子以其崇高声望与对政治敏锐的洞察力，利用《民国日报》为阵地，为学生运动摇旗、呐喊，通宵达旦地赶写时评。例如，5月8日的时评中称："擒贼必须擒王，孰重用曹、陆、章，实为卖国渠魁，凡我国民，当一致声讨之。"词锋犀利、催人奋进，为运动指明了方向。5月31日，当朱仲华在孙中山先生直接授意、支持下率万余名学生冲出租界时，邵力子站在三茅阁桥的民国日报馆二楼阳台上使劲地鼓掌、欢呼，给游行

---

① 罗家伦：《回忆〈新潮〉和五四运动》，《五四运动回忆录》（续），中国社会科学出版社1979年版。

② 朱仲华：《五四忆旧》，《上海青运史资料》1984年第1期。

示威的学生以极大的鼓舞，6月4日，当邵力子获悉北京学生遭北洋军警大逮捕时，立刻跑到复旦大学，并联络工商各界支援。第二天，标志着工人阶级登上政治舞台的上海"三罢"斗争开始了，从此，五四运动的中心由北京转移到上海，终于迫使北洋政府拒绝在和约上签字、释放被捕学生，邵力子为五四运动的最后胜利做出了重大贡献。

如果说邵力子是上海五四运动的发起者和引路人，那么朱仲华就是上海五四运动的实际指挥者。运动发生时，朱仲华正在复旦大学文学系三年级就读，其善于言辞早就闻名全校，曾获该校英文演讲第一名，任该校学生自治会会长。5月6日，当邵力子将北京五四运动的消息告诉朱仲华后，他当即表示，全校从即日起罢课，并倡议成立上海学联组织，分头联络上海各大中学校。复旦在上海被人称为"老大哥"，振臂一呼，全市响应，连帝国主义控制下的圣约翰大学也开始罢课，这一举动受到孙中山先生的赞扬。5月11日，上海学联宣告成立，朱仲华被推为总会计兼总干事（秘书长），在那些日子里，整天奔波、呼喊、游行、演说。5月31日，上海学联在西门公共体育场召开追悼郭钦光大会。会后，朱仲华带领万余学生进老北门，冲法租界。这是觉醒的中国人第一次向帝国主义挑战。接着，朱仲华又动员上海工人罢工，商人罢市，上海荣昌祥西服店最早被朱仲华等说服，带头打烊停业。此后，上海淮海路、南京路上的商店和工厂一家接一家地跟着罢市、罢工。"三罢"之势的形成，为运动的最后胜利提供了保证，朱仲华功不可没。

令朱仲华终生难忘的是，在整个运动期间，孙中山始终关注、支持学生的爱国行动，三次约见朱仲华。5月29日，孙中山要市学联派代表去叙谈，结果由会长何葆仁和朱仲华应嘱去了，孙中山先生肯定了学联的行动，并为他们请好了外国律师，以备不测，使朱仲华备受鼓舞。6月2日，朱仲华与何葆仁第二次晋见孙中山，当孙中山听到圣约翰大学也参加罢课的消息时,赞扬他们:"你们能攻破上海这个'顽固堡垒',是很了不起的胜利。"① 10月22日,孙中山与宋庆龄单独在书房约见朱仲华,并亲笔题写"天下为公"横幅,上款是"仲华先生嘱",落款是"孙文"。据朱仲华先生回忆,孙中山先生题写的"天下为公"横幅。写有上款的仅两幅,其中一幅毁于"文革",现仅存朱仲华一幅。1959年,朱仲华将墨宝献给了绍兴文管处,国家文物鉴定委员会认定为一级品。朱仲华以其突出的才干,确立了他在上海五四运动中领导人的地位。

三

天津五四运动在全国占有重要地位,学生运动由北京发起之后,是天津学生首先起而响应的。孙越崎是当时天津最高学府北洋大学的学生会会长,对天津五四运动的发起和领导起了很大的作用。

据孙越崎晚年回忆,北京学生遭逮捕的消息传到天津后,天津的学生群情激愤,立即起来响应。天津市大中学校的学生代表九人秘密集会,讨论声援办法,其中北洋大学的代表是孙越崎。时天津仅有三所高校,北洋大学的规模和影响最大,是天津学校的"老大哥",因此,孙越崎的态度直接关系到全市的运动。当讨论到第二天是否进行总罢课时,孙越崎代表北洋大学第一个站起来表态,慷慨激昂地说:"我代表我校全体同学,从明天起,一定罢课。"② 接着,高等工业学校的谌志笃,南开中学的马骏等也站起来表示坚决罢课。会后孙越崎顾不上吃饭,立即找来学生骨干,分

---

① 朱仲华:《五四忆旧》,《上海青运史资料》1984年第1期。
② 孙越崎:《天津五四运动的回忆》,《爱国老人孙越崎》,《爱国老人孙越崎》一书是《绍兴县政协文史资料第十五辑》,非正式出版物。

头到宿舍进行动员。对北洋大学来说，罢课能否成功，关键取决于即将进行毕业考试的高年级同学，因为如果罢课不参加考试，将拿不到毕业文凭，意味着将来找不到工作。因此，孙越崎先找来毕业班中平时成绩优秀的同学谈心，请求他们支持，在取得默契后，孙越崎摇铃召开全校学生大会，庄严宣告：从明天起全市大中学校一律罢课，北洋大学是天津学校的老大，应该带好这个头。同学们情绪激昂，一致拥护，天津的学潮由此全面发动。

几天后，孙越崎与其他各校代表决定进行一次全市学生总游行，出发地是南开中学。不料，这一天南开中学大操场被天津警察厅厅长杨以德派兵包围，孙越崎等指挥学生多次冲击均不成功，双方僵持不下。学生们公推孙越崎、马骏、谌志笃、沙主培四人为代表，到直隶省府与省长曹锐谈判。在省府衙门中，荷枪实弹的军警站立两旁，如临大敌。曹锐假装和善，请学生代表吃水果和点心，但孙越崎等答复是：不满足同学的要求，坚决不吃。曹锐见引诱不成，就进行恫吓："刚才日本海军司令和总领事来看我，对天津学生游行示威提出警告，如果学生游行，扰乱秩序，他们就要开炮轰击。"并命令同学立即复课。孙越崎等四人针锋相对，毅然起立，以蔑视的态度对他说："不拍电报，我们决不复课，北京学生一天不释放，我们一天不复课，天津地区闹出事来，由你省长负责！"① 正在这时，大队学生已来到省府门口，曹锐怕事态扩大，只好让学生罢课游行，直到暑假以后运动取得完全胜利才复课。

在天津五四运动中，周恩来是一位卓越的青年领袖。1919年初夏，他刚从日本留学归国，立即投入了这场爱国运动。由于他一贯思想先进，品学兼优，热心社会活动，善于团结群众，享有极高的威信，很快被推举参

---

① 孙越崎：《天津五四运动的回忆》，《爱国老人孙越崎》，《绍兴县政协文史资料第十五辑》，内部印刷。

与运动的组织领导工作,他除了用巨大的热情主编《天津学生联合会报》和《觉悟》期刊作为宣传群众、指导运动的喉舌以外,还积极参加其他领导活动,从事各种实际斗争。他两次被推为学生代表赴京,和北京的学生一起,与反动军阀展开面对面的斗争,表现出杰出的领导才能和无所畏惧的革命精神。

作为五四时期天津的青年领袖,周恩来比一般人有更宽的视野,他明确提出了打倒军阀官僚和对社会进行彻底改造的革命主张,他大声疾呼"打倒安福系,推倒安福系所依仗的首领,打倒安福系所凭借的军阀,打倒安福系所请来的外力"[①]。矛头所向是北洋政府及其依靠的军国主义。周恩来在《"觉悟"的宣言》中宣布:"凡是不符合现代进化的军国主义、资产阶级、党阀、官僚、男女不平等界限、顽固思想、旧道德、旧伦常……应该铲除,应该改革。"这是一篇反帝反封建的檄文。在他主编的《天津学生联合会报》中,呼吁"全国一致,互相声援",打烂旧社会的"秩序",破坏军阀政府的"安宁"。他组织的觉悟社、被北京一家报纸称赞是"天津的小明星",以周恩来为首的觉悟社成员"是天津学界中最优秀、纯洁、奋斗、觉悟的青年"[②]。

综上所述,在伟大的五四运动中,绍兴先贤们在关系民族生死存亡的危急关头,挺身而出,正是他们为民请命、奋不顾身地改写了中国的历史。他们之中,周恩来后来成为中国革命的领袖,世纪巨人;邵力子、孙越崎、朱仲华等均成为民革中央和地方的领导人;蔡元培和罗家伦是中国近现代史上著名的教育家,为发展科学、传播民主思想做出了杰出贡献。

(原文刊登于《绍兴文理学院学报》2001 年第 2 期)

[①] 石仲泉:《周恩来的卓越奉献》,中共中央党校出版社 1993 年版,第 6—7 页。
[②] 同上。

蔡元培与近代绍兴人才群

苏莉莉[*] 徐嘉恩[**]

摘　要：近代的绍兴，人才群起，举国称雄，涌现出一批又一批中外知名的志士仁人和专家学者，如蔡元培、鲁迅、周恩来等，不胜枚举。绍兴近代之所以能形成人才群，除了经济、文化、环境的因素之外，特别重要的因素是因为有蔡元培这一近代绍兴人才群的核心的存在。近代绍兴一批又一批知名的人才，大都与蔡元培有师承、同事、战友、同乡等千丝万缕的联系，他们都得到过蔡先生的培养、奖掖、护卫、扶植、勉励和营救。

关键词：人才观；近代绍兴人才群；"蔡元培人才现象"；人才成因

绍兴素称"文物之邦"，自古以来人杰地灵，人才辈出，名流荟萃，如群星灿烂。绍兴历史上曾涌现出众多的政治家、思想家、军事家、文学家、艺术家、史学家和科学家。毛泽东同志对绍兴的人才有很高的评价："鉴湖越台名士乡，忧忡为国痛断肠。剑南歌接秋风吟，一例氤氲入诗囊。"

绍兴确是名士之乡，据绍兴市志统计，从禹至明、清，绍兴名人已逾

---

[*] 苏莉莉（1963— ），女，山东人，绍兴市文物管理局政工师，副局长。
[**] 徐嘉恩（1936— ），男，浙江绍兴人，绍兴文理学院副教授。

2000 人。

古代绍兴虽名人辈出，但未形成庞大的人才群（团）。只有到了为期百余年的近代，绍兴才人才群起，举国称雄，涌现出一批又一批中外知名志士仁人和专家学者：葛云飞、汤震、蔡元培、鲁迅、陶成章、徐锡麟、秋瑾、许寿裳、周作人、竺可桢、马寅初、马一浮、马孝焱、陶孟和、邵力子、周恩来、马叙伦、杜亚泉、蒋梦麟、陈仪、周建人、范文澜、陶行知、朱自清（祖籍绍兴，自称绍兴人）、孙越崎、俞大绂、陈建功、陈半丁、经亨颐、夏丏尊、刘大白、平步青、俞秀松、王一飞、梁柏台、张秋人、何赤华、叶天底等一批一流人才。至于二流人才为数更多，不胜枚举。

众多的人才中，蔡元培、鲁迅、周恩来可誉称"越中三巨人"。蔡元培是"学界泰斗，人世楷模""民族伟人""学术领袖"；鲁迅是新文化运动的奠基人、"文化革命主将""思想家"；周恩来是无产阶级革命家、政治家、外交家、军事家，名震世界。

近代绍兴一批又一批知名的人才群中，大都与蔡元培有师承、同事、战友、同乡等千丝万缕的联系。他们都得到过蔡先生的培养、奖掖、护卫、扶植、勉励和营救。人称"先生北上，人才北聚，先生南下，人才南聚"。其人才数量之多，质量之高，名列全国前茅。这种现象几乎可谓之曰人才学中的"蔡元培现象"。因此，研究蔡元培与近代绍兴人才群这一课题，不仅具有重要的历史意义，而且具有重大的现实意义。

一　蔡元培的人才观

蔡元培是"学界泰斗"，他学贯中西，对于人才有以下三个独特的见解。

第一，蔡元培认为人才是革新之人。蔡元培在总结戊戌变法失败的原因中指出，由于维新派"不先培养革新之人才，而欲以少数人弋取政权，排斥顽旧，不能不情见势绌"①。所以，他专门委身教育，以培养人才入手，来实现救国救亡的革命宏愿。

他的人才观，是既批判地继承儒家教育传统，又吸取西方近代人才教育而形成的。培养什么样的人才呢？首先继承儒家教育传统——"以德化人"。早在20世纪初，他在主办爱国女校时，已明确指出对人才的教育"德育实为完全人格之本。若无德，虽则体魄、智力发达，适是助其为恶，无益也。"②他这样说，自己也这样做，并感化同辈、后辈。他之所以重视人才的道德，因为他认为培养高尚道德是改造社会建设国家的需要。这一认识，在现今仍有重要的意义。

第二，蔡先生提出德、智、体、美、劳五育并举的人才教育观。这一人才观，是适应辛亥革命以后的需要，也是适合当时我国的情况的。它是为培养资产阶级民主共和国建设人才，"养成共和国民主健全的人格"服务的。"五育并举的意义，在于'一为养成科学之头脑；二为养成劳动的能力；三是为提高艺术之兴趣'。"③要造就既具备"一如狮子样的体力；二如猴子样的敏捷；三如骆驼样的精神"，又"有美术的素养和自爱心的美德的人"④。

第三，人才应重视科学研究，开拓创新，用科学来振兴祖国。早在1915年6月，蔡先生就明确提出"欲救吾族之沦胥，必以提倡科学为关键"。他在1928年5月15日大学院召开的全国教育会议上进一步强调科教兴国，并要求把它作为教育方针的第一条；1936年随着日寇侵华危机的加

---

① 蔡元培：《蔡元培全集》，中华书局1984年版。
② 同上。
③ 同上。
④ 同上。

深,他更强调科学救国。为此,他强调人才要"一方面从事科学上高深的研究;一方面推广民众的科学训练,俾科学的方法,为一般社会所运用"①。他还指出:"欲救中国于萎靡不振中,惟有力创科学化,故极期望时彦俊士,能急当之所急,一改空谈之旧习,致力于实际之探讨,庶国家前途有望焉。"②他还对为什么要科教兴国,培养人才做了科学概括:"教育文化,为一国立国之根本,而科学研究,尤为一切事业之基础"③"一个民族或国家要在世界立得住脚……而且要光荣的立住……是要以学术为基础的,尤其是在这竞争激烈的二十世纪,更要依靠学术。"④

蔡元培这一人才观,虽已跨越一个世纪,但对我们现在来说还那么贴近。21世纪是知识经济时代,是发生伟大变革的时代,是人才辈出和人才竞争更趋激烈的时代。人才竞争远居一切竞争之首,人才战略远居一切战略之先,人才建设应为各项建设之本。人才的威力已大大超过财物的威力,今天,谁培养人才多,谁掌握人才多,谁善于爱护人才,使用人才,谁就创造出成果,创造出成绩。

绍兴伟贤蔡元培不但具有这样先进的人才观,而且他亲自付诸实践,奖掖、扶植、支持了近代中国人才群,特别对近代绍兴人才群的形成起了很大作用。

二 蔡元培与近代绍兴人才群

近代绍兴人才群起的原因是多方面的。有外部的条件,也有内部的条

---

① 《中共中央唁电》,《新中华报》1940年3月12日。
② 同上。
③ 同上。
④ 同上。

件，但其中一个特殊原因，是绍兴出了近代绍兴人才群的核心"人世楷模"——蔡元培。这在绍兴人才史上，甚至中国人才史上，前无古人，后无来者，空前绝后。蔡元培在其人才观指导下，奖掖后进，扶植青年不遗余力；知人善任，广聚人才，同心合力，指引同辈并和他们生死与共，这种宏伟精神璀璨夺目。由于篇幅的关系，本文只谈以下四个组合。

（一）蔡元培与鲁迅、许寿裳、周作人

1. 蔡元培与鲁迅

鲁迅比蔡元培小 14 岁，非蔡先生之授业弟子，而是章太炎的学生。但蔡元培对鲁迅有特别深厚之情，表现在他与鲁迅之间真挚的情谊上。

鲁迅是中国文化革命的主将，蔡元培是近代中国知识界的先驱，他们两人紧紧联在一起，不仅因为是同乡，而且更重要的是志向相投，情操相洽。他俩共同继承了古越文化之精华："夫越乃报仇雪耻之国，非藏垢纳污之地。"为此，蔡元培翰林革命，鲁迅"我以我血荐轩辕"，共同表达了献身革命的决心。蔡元培是革命团体光复会会长，鲁迅是成员。蔡元培"为革命奋斗四十余年……培植无数革命青年"[①]。

鲁迅就是蔡元培培育的无数革命青年中的一个巨人。鲁迅是站在蔡元培肩膀上的巨人。虽然我们不能说没有蔡元培就没有鲁迅，但鲁迅成为文化主将、"空前的民族英雄"，同蔡元培的奖掖、扶植、护卫确实是难以分割的。蔡元培对鲁迅十分器重，关心爱护。无论是在蔡元培任临时南京政府教育总长时，还是在任北大校长时，均邀聘鲁迅在身边，作为属下和知己。特别是在鲁迅受"文化围剿"处于艰难时期，蔡元培以长者之风，战友之情，不畏风险，与鲁迅保持密切联系，并一道为正义而奋斗。正如郭

---

① 《中共中央唁电》，《新中华报》1940 年 3 月 12 日。

沫若先生所说的："影响鲁迅生活颇深的人，应该首推蔡元培先生吧！这位精神博大的自由主义者，对于中国的文化教育界的贡献十分宏大，而他对于鲁迅先生始终是刮目相看的。鲁迅的进教育部乃至进入北京教育界，都是先生援引，一直到鲁迅的病殁，蔡先生是尽了没世不渝的友谊的。"①1936年10月19日鲁迅先生逝世，蔡先生与宋庆龄组成治丧委员会，蔡、宋分别任正、副主席，不顾个人安危，亲为执绋送殡，发表讲话。蔡元培推崇鲁迅先生为"新文化开山""一代文宗"。蔡元培对《鲁迅全集》的出版，曾再三予以援助。他向当时国民党中宣部长疏通，"免除误解，使一代文宗，荣于身后，使一代文豪，荣于身后，亦全国文化之幸也"②。

2. 蔡元培与许寿裳

许寿裳也不是蔡先生授业弟子，是通过其求是书院的宋平子老师的介绍与蔡元培认识的，因为是同乡，又志趣相投，情同师生。蔡元培与许寿裳长期共事，谊属至交。1912年蔡任南京临时政府教育总长时，其属下就有鲁迅、许寿裳。1917年蔡元培任北大校长，许寿裳、鲁迅仍在教育部任职，蔡元培邀二人兼职北大讲师。1927年蔡元培任大学院院长，聘许寿裳任秘书、参事、秘书长。接着，蔡元培任中央研究院院长，聘许寿裳任文书、干事、主任等职。可见，蔡元培非常器重许寿裳。许寿裳在蔡元培的扶持下，协助蔡元培发展文化、教育、科学事业，而且对蔡元培保护进步力量、营救革命者与爱国人士的正义活动，也全力支持与推动。蔡元培的许多文件、信函是由许寿裳起草、拟稿的。许寿裳成了蔡元培的左右手。1933年任中央研究院总干事、中国保障民权同盟总干事的杨杏佛先生被军统特务暗杀，蔡一方面发电给林森与汪精卫要求严缉凶犯，一方面电召许寿裳来沪会商善后。在万国殡仪馆公祭杨杏佛先生之际，特务扬言要暗杀

---

① 郭沫若：《历史人物》，新文艺出版社1952年版。
② 绍兴市政协文史委：《绍兴文史资料第七辑》，浙江人民出版社1992年版。

宋庆龄、蔡元培、鲁迅、许寿裳,但他们几位将生死置之度外,毅然前往吊唁。1934年,许寿裳根据蔡元培的建议,就任北平大学女子文理学院院长。当时蔡元培在上海,许寿裳在北平。他们虽然相隔千里之遥,由于志同道合,仍然互相支持,一如既往。蔡元培与许寿裳情谊之深,不亚于蔡元培与鲁迅。

1940年3月5日,蔡元培在香港与世长辞。许寿裳在悼念蔡元培的文章中说:"噩耗骤闻,伤痛无极。旋知先生弥留之际,虽不能手书遗言,犹殷殷以抗战救国大业为重,连呼'学术救国'、'道德救国',二句用意何等深远!"这呼出了蔡元培与许寿裳的共同心声。蔡元培逝世一周年后,许寿裳又到青年会做了题为《蔡孑民先生的生活》的讲演,并对蔡元培全家十分关切,不忘培植之恩。

3. 蔡元培与周作人

周作人是鲁迅的亲弟弟,但由于家族矛盾和各种原因,后多年不和。可蔡元培欣赏周作人的文才,知人善任。蔡元培到北大后,聘周作人为教授。周作人积极参加新文化运动,在新文化运动中起过积极而重要的作用。周作人为了编辑出版李大钊先生遗文,通过许寿裳要求蔡元培写序言,蔡欣然同意,足见蔡元培对周作人的看重。周作人后来成为中国散文大家、翻译家,实与蔡元培的奖掖分不开。

(二)蔡元培与陶成章、徐锡麟、秋瑾

蔡元培、陶成章、徐锡麟、秋瑾是因为抗清排满创建民国的理想团结在一起的,他们共同组建近代革命团体光复会,共同承袭绍兴的优秀文化传统。蔡元培说:"古越多节义之士。"又认为"我辈欲造共和的国民以建立理想的国家"。陶成章恪守祖训"例不仕清";徐锡麟"蓄志排满";秋瑾立志要"扫荡毒雾见青天"。为此,他们跋山涉水,不辞辛劳,日夜奔

波联络绍兴与浙江各地的会党，为建立革命团体奠定了基础。但建立光复会必须有一个具有崇高威望的人物为首。蔡元培翰林出身，道德文章甲天下，会长非蔡莫属。蔡元培确实也具备这一条件。他一向以国事为重，为了救国救民的革命事业，可以舍弃个人的一切，包括高官厚禄与身家性命。这在绍兴籍热心革命的人士中影响极大。所以，当龚宝铨向蔡元培转达陶成章建议，要蔡任光复会会长时，他欣然同意。

光复会是近代在苏、浙、皖最有影响的革命团体。由于蔡元培热心革命，又知人善任，光复会中聚集着一大批当时的名士。绍兴近代一批志士仁人，绝大部分团结在蔡元培的周围。

关于蔡元培与陶成章、秋瑾，一般了解较多，这里略去不谈，而主要谈谈蔡元培与徐锡麟。

蔡元培主持上海女校时，徐锡麟到达上海，蔡就以爱国女校教员资格予以接待，商议革命之事，正如蔡元培所说："余在爱校，前后数次，凡革命同志徐伯荪、陶焕卿、杨笃生、黄克强诸君到上海时，余与从弟国亲及龚薇生等，互以本校教员资格，借本校为招待接洽之机关。其时较高级之课程，亦参加革命意义。"[①] 1905年1月，徐锡麟在上海由蔡元培介绍参加了光复会。蔡元培同徐锡麟谈到浙东抗清会党分散，各自为政，难以发挥其战斗力，约徐锡麟、陶成章两君商讨办法。蔡元培在《自编年谱》中写道："此两派各不相谋，而陶、徐两君，均与我相识。我约来两君来爱国女校，商联络方法。浙东两党的革命党由此合作，后来遂成立光复会。"可见，徐锡麟投身革命，直至为革命献身，实同蔡元培的引导、鼓励分不开。徐锡麟牺牲后，蔡为徐锡麟写墓表，1920年还为徐锡麟撰写了祠堂碑记。"……而独于伟人烈士，其丰功盛业，震烁一世者，往往铸像立墓，

[①] 蒋维乔：《中国教育会之回忆》，《东方杂志》1936年第33期。

垂传久远……"蔡元培对徐锡麟这位战友是十分敬佩的。

(三) 蔡元培与邵力子、蒋梦麟、朱自清

1. 蔡元培与邵力子

蔡元培与邵力子是同乡又有师生关系。邵力子就读南洋公学时，蔡元培任该校国文总教习，师生关系密切。邵力子一直敬称蔡为"孑师"或"夫子大人"，自称"受业"或"学生"。蔡元培是一个诲人不倦的良师，邵是一个学而不厌的高徒，师生共有振兴中华的理想，言语投机，感情深笃。邵力子深受"孑师"的影响。邵力子走上民主爱国的革命道路，后成为和平老人，都与蔡元培的训诲、鼓励、支持分不开。在蔡先生的支持下，邵力子与黄炎培成立"演学会"，评论时政，纵议国事。他们还组织了一个"以造新中国为己任"的"任会"，宣扬爱国民主，呼吁挽救民族危亡。邵力子的步步成长都渗透着蔡先生的教育。

邵力子在《我所追念的蔡先生》一文中回顾蔡元培对他的影响："……与蔡先生，是我在青年时代亲承教诲，而四十年来最所敬爱的两位老师……他教我们阅读有益的新旧书籍，他教我们留意时事，也教我们文汉读法，他教我们种种学术研究方法。他不仅以言教，而且以身教；他自己孜孜兀兀，终日致力于学问；他痛心清政府之腐败，国势之岌危，忧国的心情不时流露出词色；他具温良恭俭的美德，也不作道学家的论调而同学自然受其感化。"① 邵力子承传了蔡先生的爱国精神。

当蔡元培在北京发动五四运动时，蔡元培与邵力子师生心有灵犀一点通。邵力子时任上海《民国日报》主编，立即去复旦大学，发动复旦学生声援北京学生的爱国运动。他们在运动中南北呼应，推动了五四运动的深

---

① 邵力子:《我所追念的蔡先生》,《重庆中央日报》1940 年 3 月 24 日。

入开展。后邵力子追随蔡元培参加国民党，成为国民党元老，他参加国共谈判，倾向共产党，决然不回国民党，参加共产党建立中华人民共和国，成为举国闻名的和平老人。

2. 蔡元培与蒋梦麟

蒋梦麟（余姚人，余姚原属绍兴府）是蔡先生在绍兴中西学堂的学生。1904年考入上海南洋公学。两次受业于蔡先生，深受蔡先生的栽培。后去美留学，获博士学位。受蔡先生的影响，1918年创办《新教学月刊》。1927年由于蔡先生的推荐出任国立第三中山大学校长。1928年又由于蔡先生的引荐继蔡元培为大学院院长。1930年任北京大学校长。

3. 蔡元培与朱自清

朱自清是蔡元培在北京大学的学生。1917年朱考入北京大学哲学系本科。1919年受蔡先生的影响，参加"五四"爱国运动。朱喜爱文学，先后加入北大《新潮》杂志社和蔡元培组织的平民教育演讲团，从事新文化宣传教育活动。他承袭蔡先生"养成健全人格，提倡共和精神"的师训，成为我国著名的爱国教授。毛泽东在《别了，司徒雷登》一文中对他予以极高的评价："朱自清一身重病，宁可饿死，不领美国救济粮，我们应写闻一多颂，写朱自清颂，他们表现了我们民族的英雄气概。"朱自清不愧为蔡先生的子弟。

（四）蔡元培在北大、中央研究院，知人善任，广聚绍兴人才

蔡元培在北大、中央研究院知人善任，广聚的著名绍兴人才有以下七位。

马叙伦（1885—1970），字初，号石翁，祖籍绍兴，生于杭州。蔡元培任北京大学校长时聘马叙伦为教授。蔡元培与马叙伦志同道合共同支持"五四"爱国运动；马叙伦任北京中等以上教职员联合会主席，推动五四

运动深入广泛地开展。1922 年经蔡元培、李大钊推荐任浙江省教育厅厅长。1928 年任南京国民政府教育部次长。

马寅初（1882—1982），著名经济学家、人口学家。蔡元培在北京大学时，聘马寅初为教授、经济系主任。蔡元培在北大还设立了作为全校最高权力机关的教授评议会，并设立教务长。马寅初在选举中战胜了胡适，于 1919 年春当选为北大第一任教务长。在协助蔡元培改革旧教育制度方面起了重要作用。第一次世界大战结束后，北大放假三天大庆祝，并在天安门广场开演讲大会。蔡元培讲了"劳工神圣"专题；马寅初慷慨陈词发表了燃着爱国之情的"中国希望在于劳动者"的演说。五四运动爆发后，蔡元培与马寅初共同支持五四运动的发展。后马寅初任北大校长。

竺可桢（1890—1974），著名气象学家。他是我国高等学校最早讲授近代地理学的人。蔡元培邀请他参加中央研究院的筹务工作，任观象台常务筹备员，随后聘他任气象研究所所长。竺可桢不负蔡先生之期望，苦干实干为我国近代气象事业做出了开创性的业绩。

陈半丁（1876—1970），名年，字静山，号半丁，又号行，著名书画家。1896 年到上海，结识任伯牛、吴昌硕、袁梦白诸名家，朝夕相处，切磋技艺达十年之久，深受指导，尽得所传。1917 年后，蔡元培任北京大学校长，应蔡元培之邀聘，陈半丁任职于北京大学图书馆，深受蔡先生器重。

陶孟和（1889—1960），原名履恭，祖籍绍兴，生于天津。南开学校毕业，后赴英国留学，入伦敦经济学院，习社会学。回国后，任商务印书馆编辑。蔡元培主持北京大学时，陶应聘任北京大学教授、文学院院长，继马寅初后任北京大学教务长。1926 年受蔡元培建议，筹建社会调查部，后改称北平社会调查所，任所长。中华人民共和国成立后，任中国科学院副院长。

范文澜（1893—1969），字云台，著名历史学家。1917 年毕业于北京大学国学系。蔡元培任北京大学校长时，聘范为他的私人秘书。范文澜既是蔡先生的学生，又是蔡先生的得力助手。受蔡先生新思想的训导，后加入了中国共产党。先后在多所大学任教授。1934 年 9 月因营救被捕中共党员而遭逮捕，经蔡元培连夜发电致函汪精卫，与文化教育界知名人士 24 人联名具保，于 1935 年 1 月获释。范文澜一生受蔡元培的影响甚深，敬服蔡先生的道德文章，潜心于史学研究。

孙越崎（1893—1995），原名毓麟，著名矿业专家、民革中央副主席。五四运动爆发后，以北洋大学学生会会长的身份，积极领导天津学生的爱国运动，与直隶省省长曹锐当面交锋，被开除学籍。幸得蔡元培的帮助进入北京大学采矿冶金系学习。在校时深受蔡先生的关怀，离校后又受蔡先生的推荐，受翁文灏之邀，任矿室主任，随后任石油勘探处处长。1949 年 5 月毅然去香港与国民党决裂，险遭蒋介石杀害。中华人民共和国成立后，孙越崎从香港回到北京，到中央财经委员会任职。他一生敬服蔡先生，铭记蔡先生栽培之恩。

除以上一些名人之外，受蔡元培扶持与蔡元培关系密切的还有经亨颐、夏丏尊、刘大白、马一浮、杜亚泉、罗家伦、胡愈之、周建人、陈建功等，此不赘述。

三 蔡元培与近代绍兴人才群起原因探析

（一）近代绍兴人才群起的经济文化条件

具体说来，近代绍兴人才群起的经济文化条件有以下三点。

1. 经济文化的繁荣是近代绍兴人才群起的重要原因，蔡元培充分利用

这一条件广聚人才

绍兴虽是一个文化古城，但经济一向比较发达。清末民初，绍兴出现了民族资本主义工业，其中用于迷信活动的锡箔工业迅速发展。虽然社会效果差，可经济效果好，解决了不少绍兴人的就业问题，特别是为绍兴资本主义工商业发展积累了资本。随着外国资本主义的入侵，五口通商商品经济发展起来。绍兴商人与宁波商人组成的"宁绍帮"，是全国五大商帮之一。绍兴商人，经商各地，聚富绍兴，使绍兴经济更具实力。"清代钱庄，绍兴一派最有势力。"江浙财团是近代举足轻重的金融实力派，其中绍兴金融家占优势。蔡元培之父就是钱庄经理。绍兴经济的繁荣、发达，为近代绍兴人才的培养与交流奠定了物质基础。

近代绍兴不但经济繁荣，而且文化发达。绍兴素有"文物之邦"之美称，具有反抗异族入侵、报仇雪耻的爱国传统。明末清初，绍兴是抗清斗争最激烈的地方，黄宗羲等组成的义师，几乎清一色是绍兴人。众多的知识之士，都受到了黄宗羲民主主义思想的启蒙教育与熏陶，其爱国主义优良传统百代千秋，涌现不止。蔡元培认为，一种新思想的产生，一代新人的崛起，是与地方的经济文化繁荣和开放的社会环境分不开的。他承袭了绍兴这一优秀文化传统，为了革命救国，成立了革命组织——"中国教育会"，又与陶成章等成立了光复会。后蔡元培又与吴稚晖创办了留法勤工俭学会，发动和组织了大批爱国者出国留学。近代绍兴人才，就在以蔡元培为首的一些革命团体推动下，一人带一批（蔡元培带鲁迅、许寿裳、周作人），一批带一批（陶成章、蔡元培带秋瑾、徐锡麟、王金发、陈伯平），连锁般地前后相继，互相提携。光复会培养了众多的一、二、三流人才，为近代绍兴人才群起奠定了一定的组织基础。这在中国人才史上也属罕见。正如王国维在《康有为传》中指出的一样："文明弱之国人物少，文明盛之国人物多。"

2. 近代绍兴，以蔡元培这位"学界泰斗"为首特别重视教育和科学，这是成才的根本途径

绍兴注重教育已成传统，而以蔡元培为首的近代绍兴革命志士多抱教育救国之志。在蔡元培的带动下，陶成章、秋瑾、徐锡麟等人十分重视新学堂的兴办。蔡元培主持的绍兴中西学堂、斗门辩志学堂、孙端公学、冯道女子学校，陶成章、秋瑾、徐锡麟共办的大通学堂——近代第一所革命干部培训学校，通过蔡元培身带言教，培养了许多优秀人才，桃李满天下。

蔡元培也重视家庭教育。蔡先生生长在一个和睦宽容的家庭。他父亲为人宽厚，家中以"爱无差等"称之。周济朋友，有求必应，借款予人不忍索。母亲周氏贤而能，克勤克俭，抚养诸儿勉其成才。据他回忆，他性格上的宽厚，得自父亲；不苟取、不妄言，得诸母教。蔡元培把这家庭教育发扬光大，对近代绍兴的人才，积极培养、扶植、奖掖。

3. 以蔡元培为首的近代绍兴人才顺应历史潮流和时代要求，是人才群起的又一个原因

人才在社会中成长，整个社会是一个严密的系统，其发展变化有其客观规律。近代绍兴历史上杰出的人物均是历史发展的产物。

"江山代有人才出，各领风骚数百年。"历史唯物主义认为，时势造英雄。近代绍兴与全国一样，鸦片战争以后，中国社会进入了一个伟大的变革时期，而且是一个需要人才并能产生人才的时期。蔡元培不仅自己参加变革，翰林革命，而且带领一批绍兴人才参加革命；不仅自己带头改革教育、科学振国，而且还带领一批绍兴人才改革教育、兴办学堂、坚持科研。近代绍兴正是适应了时代这个需求，才名人频出，星光灿烂，应有尽有，勾画出一幅人才荟萃、层次分明、功能俱全的人才网络和人才群图。

（二）近代绍兴人才群起的其他因素

近代绍兴人才群起的其他因素主要有以下两点。

1. 崇高理想和优良品德是近代绍兴人才群起的精神基础

人才的内在动力，是人们的伟大理想和奋斗目标。蔡元培是"学界泰斗，人世楷模"，他的思想、言论、行动品德成为当时绍兴人才学习的榜样。蔡元培为了实现崇高的理想和挽救祖国民族的危亡，弃官参加革命，还培植了绍兴无数革命青年。正如周恩来同志对蔡元培的一生总结的那样："从排满到抗日战争，先生之志在民族革命，从'五四'到人权同盟，先生之行在民主自由。"在蔡先生的带领下，鲁迅也好，陶成章、徐锡麟、秋瑾亦好，他们为了实现崇高理想，所走的是一条终生奋斗的路。奋斗是成才的前提。古往今来，任何一个成大业者都有一番艰苦奋斗的经历，都有"一不怕苦，二不怕死"的顽强意志和献身精神。近代绍兴的志士仁人，徐锡麟、秋瑾均是蔡先生的战友，他们为革命献身时，徐锡麟说，"我今天在安徽洒下一点血，将来安徽要开无数之花"；秋瑾挥毫写下了"秋雨秋风愁煞人"。他们的精神鼓励着绍兴的一代代人。

2. 解放思想，勇于进行创造性实践，是蔡元培团结绍兴人才、凝聚绍兴人才的主要因素之一，也是近代绍兴人才成长的决定因素

创造性的实践是人才成才的决定因素。这是因为，实践是人们有意识有目的地改造客观世界的物质活动。在实践斗争中，人才获得成功的标志，无非是两方面：一是探索到新的真理，或者有所发明创造；二是打破传统观念，或者有所修正提高。我们一般可把创造性理解为创造新思想、新事物和新方法的能力。蔡元培在辛亥革命后，任民国政府教育总长，改革封建教育体制，破除旧学制；任北大校长，提倡"兼容并包""思想自由"，客观上团结并凝聚了一批绍兴人才。蔡元培以毕生精力，创造性地

贡献于祖国教育事业、科学事业，栽培了一批又一批绍兴人才，可谓"宏奖学术启文明，栽桃种李最多情"。

当然，除了以上所述的主客观因素外，还有绍兴优越的自然环境也为绍兴人才群起提供了必要条件。

近代绍兴人才群起与蔡元培先生密切相关。今天，我们预祝处在全球化、信息化、科技化的知识经济时代的绍兴，能够科教兴市，成为科技中心，再次让人才群起，再现辉煌。

（原文刊登于《绍兴文理学院学报》2001年第1期）

"老中国"形象的空间与场域展示[*]

——越文化空间中的鲁迅小说"场域设置"

黄　健[**]

摘　要：在中国的现代化进程中，如何把握对"老中国"的认知和审视，由此确立批判国民性、重铸民族魂灵的思想路径，鲁迅的独特之处是：依据个人独特的心理体验，择取他"熟知"的越文化空间，设置颇具地域文化景观特点的场域，展示他对"老中国"的深刻认识。"S城""鲁镇""未庄"是鲁迅在越文化空间中设置的三个看似不相关，但实际上则是紧密关联的空间场域。通过对它们内外结构的剖析，鲁迅揭示出蕴含其中的"老中国"错综复杂的意义关联，尤其是对其中的"固态""异化"和"衰败"空间意蕴进行了认真的阐释和形象的展示。

关键词：越文化；空间；场域；国民性批判

---

[*] 基金项目：2011年浙江省哲学社会科学规划重点项目"早期全球化进程与近现代文学重塑'中国形象'研究"（项目批准号：11JCZW01Z）；2012年教育部人文社会科学研究一般项目"早期全球化语境与近现代中国文学'中国形象'研究"（项目批准号：12YJA751023），并获"中央高校基本科研业务费专项资金"项目"全球化语境下百年中国文学与'中国形象'塑造研究"资助。

[**] 黄健（1956—　），男，江西九江人，文学博士，浙江大学中文系教授、博士生导师，主要研究方向为鲁迅与中国现当代文学和文化研究。

通过越文化的特定空间和场域,展示"老中国"的形象窘态,是鲁迅从越文化视域思考中国命运,批判国民劣根性的独特之处。从思想内涵上来说,鲁迅选择的是广泛存在于国民心理和性格中那些落后、愚昧、无知、麻木的精神,进行深刻的反省与批判。从形象展示上来说,则是为最大限度地反映国民劣根性,展现"老中国"闭塞、保守、停滞的形象。而之所以多选择越文化的空间和场域,鲁迅考量的依据有二:一是基于对越文化空间和场域的"熟知",个人对"老中国"的独特经验和心理感知,易于借此进行清晰的表达和展示;二是作为原本是中国最富裕地区之一的越文化区域,它的衰败则更能展示出"老中国"的形象窘态。通过越文化独特空间与不同场域的设置,从中反映"老中国"的落后和国民的劣根性,在鲁迅看来,则更能反映中国迈向现代文明的种种际遇和关键问题。如同马尔克斯在《百年孤独》中通过魔幻现实主义,描绘出整个拉美大陆在空前的变革中遭遇整体的孤独、惶惑一样,鲁迅在越文化的空间和场域中,也写出了整个"老中国"在社会变革、文化转型中的窘迫之状,揭示出一个故步自封、不思进取的"老大"的国民劣根性,显示他对于中国变革之难的深邃思考,以及对中国历史、文化、人生、国民性格的整体认识、把握和深刻的反省。

一 "S城":"老中国"的固态空间

任何场域都显示出其空间存在的主客观关系及其所形成的网络,它本身也是一个完整的空间构型,并具有相对的独立性和寓意性,以及自身意义生成的机制。皮埃尔·布尔迪厄和华康德指出:"在高度分化的社会里,社会世界是由具有相对自主性的社会小世界构成的,这些小世界就是具有自身逻辑和必然性的客观关系的空间,而这些小世界自身特有的逻辑和必然性也不可化约成支配其他场域运作的那些逻辑和必然性。"① 在鲁迅的小说中,以"S 城"为代表的越文化地域空间,原本是中国区域文化的一个最富有诗意的文化场域,也是中国历史上最富裕的一个区域。然而到了近代,随着现代性蔓延而不断产生的社会分化,这个曾经是富甲一方的区域,却日益显示出其一副老态龙钟的景象,如同鲁迅小说《风波》中九斤老太常挂在嘴边的那句话展示的那样:"这真是一代不如一代!"

面对着"大约太老了"② 的近代中国,鲁迅的小说是通过置于越文化空间的"S 城"的场域设置来展示它固体化的空间的,其特点是择取他最熟习的越文化的空间和场域,来对"老中国"的形象窘态进行的认真透视,展开他对于中国落后的深度思考。对于鲁迅来说,"S 城"是他的故乡,但在他看来,这也是"老中国"的一个独特的空间和场域,是"老中国"的一个形象缩影。作为生活和成长空间的"S 城",他不只是熟习,而是有着深切的内心体悟,用他的话来说,他在"S 城"中"看见世人的真面目"③"S 城人的脸早经看熟,如此而已,连心肝也似乎有些了然"④。在小说中,鲁迅通过"S 城"的场域设置,表现出了中国文化鲜明的世俗性特点。对这个世俗化空间和场域的描绘,鲁迅的心情是沉重的,伤感的,但又始终都努力地去展示其中的若干"亮色",以表现他对"老中国"最终出路的深层考量。像小说《在酒楼上》对"S 城"空间和场域的描述:"城圈本不大",且是"深冬雪后,风景凄清"。这幅"冷色调"极浓的空间和场域,给人一种冷漠和停滞不前的感官印象。鲁迅在这个本不大

---

① [法]皮埃尔·布尔迪厄、[美]华康德:《实践与反思——反思社会学导引》,李猛、李康译,中央编译出版社2004年版,第87页。
② 鲁迅:《两地书·四》,《鲁迅全集》(第11卷),人民文学出版社1981年版,第20页。
③ 鲁迅:《呐喊·自序》,《鲁迅全集》(第1卷),人民文学出版社1981年版,第415页。
④ 鲁迅:《朝花夕拾·琐记》,《鲁迅全集》(第2卷),人民文学出版社1981年版,第293页。

的"城圈"场域，设置了"洛思旅馆""一石居酒楼"和"废园"三个颇具象征寓意的场域。第一个场域只是"我""竟暂寓"的落脚点，它"租房不卖饭"，且"窗外只有溃痕斑驳的墙壁，贴着枯死的莓苔：上面是铅色的天，白皑皑的绝无精彩，而且微雪又飞舞起来了"。第二个场域则是"生客"眼中的那"阴湿的店面和破旧的招牌""依旧是五张小板桌"，仅是将"原是木棂的后窗却换嵌了玻璃"的"酒楼"。而第三个场域是远眺到的"废园"，但它"不属于酒家"，顽强生长在那里的"几株老梅竟斗雪开着满树的繁花，仿佛毫不以深冬为意：倒塌的亭子边还有一株山茶树，从暗绿的密叶里显出十几朵红花来，赫赫的在雪中明得如火，愤怒而且傲慢，如蔑视游人的甘心于远行"。

无疑，在小说中，"S"城的"洛思旅馆"和"一石居酒楼"的场域设置，其寓意是象征着"老中国"固态、迟钝、麻木和闭塞的形象展示。"我"与"阿纬"在"酒楼"的偶遇，尤其是置于"我"面前的"阿纬"，他的那副"乱蓬蓬的须发，苍白的长方脸……精神很沉静，或者却是很颓唐；又浓又黑的眉毛底下的眼睛也失去了精彩"的模样，与"旅馆"和"酒楼"构成了第三种的"场域"设置，说明"我""阿纬"在"S城"的空间场域里，构成了一种"无法逃避"的网络关联。无论是人与环境的关联，还是人与人的关联，都逃脱不了"被制约"的命运，就像一只"蜂子"或"蝇子"，"停在一个地方，给什么来一吓，即刻飞了一个小圈子，便又回来停在原地点"。阿纬早已消磨了他原先的人生意志，如同他自己感叹的那样："然而我能有什么法子呢？没有钱，没有功夫：当时什么法子也没有"，而且即使现在也是什么都没有，"踪影全无！""老中国"的停滞不前和闭塞守旧，消磨了当年意气风发的阿纬，使他只能是"现在就这样了，敷敷衍衍，模模糊糊""自然麻木"。在鲁迅看来，越文化地域空间表现出的人事现象，不只是单个的孤立事件，相反，则是带有一种普遍性。因为在历史的"破坏"又"修补"循环中,"老中国"一直未能走出"奴隶"时代,只是在"想做奴隶而不得"和"暂时做稳了奴隶"的两个时代里周而复始的循环,形成所谓中国历史"超稳定"的状态。而在这个空间场域中,"实际上,中国人向来就没有争到过'人'的价格,至多不过是奴隶,到现在还如此,然而下于奴隶的时候,确实数见不鲜的"。① 即使到了民国也是如此,"老中国"形象阴魂仍然挥之不去。鲁迅说:"我觉得仿佛久没有所谓中华民国。我觉得革命以前,我是做奴隶;革命以后不多久,就受了奴隶的骗,变成他们的奴隶了。……现在的中华民国也还是五代,是宋末,是明季。"② 老中国的停滞和闭塞似乎已成为一种常态,如同王德威指出的那样:"(老灵魂)是以背向——而非面向——未来。他们实在是脸朝过去,被名为进步的风暴,吹得一步步地'退'向未来。"③ 鲁迅透过越文化的空间场域,表达了他对于"老中国"的整体认知和把握,画出了在"老中国"固态化的空间场域中"失意者"的经典画像:他们背对现实,打磨时光,并连接过去与现在,积聚对抗未来的力量。因此,在这种极为冷酷的空间场域中,鲁迅要考量的是如何从中找到一种可以"破局"的力量:"我们一同走出店门,他所住的旅馆和我的方向正相反,就在门口分别了。我独自向着自己的旅馆走……"有,或许没有,但都必须"走",只要"走"的人多了,在本没有路的地方,也就有了"路"了。从这个维度来看,在小说中,鲁迅设置的第三个空间场域——"废园"的象征寓意就十分明显了:"寒风和雪扑在脸上,倒觉得很爽快。"因为"废"寓意着"破",自然也蕴含着"立"。

---

① 鲁迅:《坟·灯下漫笔》,《鲁迅全集》(第1卷),人民文学出版社1981年版,第212页。
② 鲁迅:《华盖集·忽然想到》,《鲁迅全集》(第3卷),人民文学出版社1981年版,第16页。
③ 王德威:《当代小说二十家》,生活·读书·新知三联书店2000年版,第88页。

置于越文化空间的"S城"及其展示的"老中国"形象,其停滞、闭塞、守旧和冷漠的气氛,始终是弥漫在整个空间和场域,给人一种空前未有的压迫感,众多的不觉悟者则是使少数的先觉悟者感到格外的"孤独"。在小说《孤独者》中,"S城"的空间和场域设置,不论是由"城"延伸到"山村",还是由远("山村")到近("书铺子""客厅"),也仍然离不开越文化的空间要素和色彩,并带有"老中国"之"城"的沉重背影。那个离城"旱道一百里,水道七十里"的"寒石山"村,说是乡村,却又离不开"城",也可以说是"S城"的另一个网络空间。在这里,无论如何变化,都"全是照旧"。在这个空间和场域里,作为先觉悟者的魏连殳也不得不向世俗低头,但内心极其孤独:"他流下泪来了,接着就失声,立刻又变成长嗥,像一匹受伤的狼,当深夜在旷野中嗥叫,惨伤里夹杂着愤怒和悲哀。"在"S城"的网络空间,鲁迅还设置了一个"书铺子"的场域。在这个原本的静雅之地,魏连殳仍然无法摆脱来自世俗的羁绊,看似清静无为,与世无争,但依然会有"小报上有匿名人来攻击他,学界上也常有关于他的流言"。尽管孤独一人,但"在这一种百无聊赖的境地中,也还不给连殳安住",结果"被校长辞退"。与此相关的"客厅"场域,则"满眼是凄凉和空空洞洞,不但器具所余无几,连书籍也只剩了在S城决没有人会要的几本洋装书。屋中间的圆桌还在,先前曾经常常围绕着忧郁慷慨的青年,怀才不遇的奇士和腌臜吵闹的孩子们的,现在却见得很闲静,只在面上蒙着一层薄薄的灰尘"。不论是"远",还是"近"的空间场域,都是令人窒息的,无处逃遁,这是魏连殳一类的先觉悟者的孤独之源。"老中国"的空间就是这样无形有形地压迫着每一个人,就像叔本华一针见血地说到的那样"每个人的生命,往往是个悲剧",因为"作为意志最彻底客观化的人类,在同样程度之下,是所有生物中最贫困的……从本质上看,希望就是痛苦,整个人生都在厌倦和痛苦之间来回摆动"①。"孤独"在鲁迅小说文本中与具体的情节似乎无关,然而,在来自"S城"的孤独心理感受,却如鱼得水地附在人物身上,深深藏匿着对过去、现状,特别是对固态化的世俗现实的一种最深沉的忧伤。越文化空间的"S城"的固态化,不仅在虚构世界中如此,在现实世界里也是如此。在《朝花夕拾·范爱农》一文中,鲁迅依然表达了他对"S城"的某种失望:"貌虽如此,内骨子是依旧的。"在他看来,共和制的民国建立,还只不过是"几个旧乡绅所组织的军政府",看似在变,却又什么都没变。"S城"折射出来的"老中国"镜像,依然如故,仍然是一张巨大的网络空间,让人"不能动弹",也"不想动弹"② 了,鲁迅由此获得"中国太难改变了"③ 的一种刻骨铭心的心理认知。

二 "鲁镇":"老中国"的异化空间

皮埃尔·布尔迪厄确立"场域"的概念,旨在把社会划分为一个个彼此独立又密切相连的空间。在他看来,社会是个"大场域"空间,它由一个个相互独立又相连的"子场域"空间构成,而每个"子场域"空间都具有自身特有的逻辑和规则。对于鲁迅来说,越文化空间有诸多的"子场域"空间,而"鲁镇"就是其中典型的一个。

虚构的"鲁镇"是越文化空间中的一个颇具特点的"小镇"场域,它的独特性在于有着像"酒店"一类的公共场域,如在小说《孔乙己》中,鲁迅就特意提到"鲁镇的酒店的格局,是和别处不同的……"如咸亨酒店

---

① [德] 叔本华:《叔本华人生哲学》,李成铭等译,九州出版社2003年版,第406页。
② 鲁迅:《坟·灯下漫笔》,《鲁迅全集》(第1卷),人民文学出版社1981年版,第212页。
③ 鲁迅:《坟·娜拉走后怎样》,《鲁迅全集》(第1卷),人民文学出版社1981年版,第164页。

那"当街的曲尺形大柜台",孔乙己就是经常在这里"站着喝酒而穿长衫的惟一的人"。不论客观的形势如何风起云涌,他依然迂腐、固执和麻木无衷。他无视时代的变动,也不知镇外的变化,而是依旧依照自己的方式"过着日子"。尴尬的身份,迂腐的行为,固执的心理,守旧的观念,表明他是一个"背时者""落伍者"。在鲁镇,咸亨酒店一类的公共场所,无论是掌柜、小伙计,还是那短帮长衫的平民百姓,无一例外地都显示出一种"不合时宜"的旧态。他们聚集在酒店这样的公共空间,嘲笑、捉弄他人,由此获得某种快感。其实,这个看似热闹,却没有人情的小镇,彼此都处在"看"与"被看""示众"与"被示众"之中,人与人之间缺乏"诚"与"爱",无法做到"心心相印"。这是一个在不断异化的空间和场域:外部空间在异化,如同"中秋过后,秋风是一天凉比一天,看看将近初冬",内部空间也在异化,如同孔乙己所感叹道的:"不多了,我已经不多了。""不多不多,多乎哉?不多也。"在人们异样的眼光中,孔乙己终究抵御不过来自内外异化空间的挤压,默默地死去。对于鲁镇来说,即使他生前有时也"使人快活",但只不过是一种被人取乐的对象而已,"没有他,别人也便这么过"。鲁镇还是鲁镇,与"S 城"一样,在异化中不断的固化,成为一种常态,如同鲁迅后来感叹的那样:"不是很大的鞭子打在背上,中国自己是不肯动弹的。"[1]

《祝福》展示的"鲁镇",与《孔乙己》不同,它是构成"杀死"祥林嫂的特定空间场域。小说虽然没有指控究竟谁是迫害祥林嫂之死的"凶手",但实际上生活在"鲁镇"的所有的人,几乎都是"杀手",有的是有形的,有的则是无形的。鲁四老爷、四太太、祥林嫂的婆婆、柳妈、卫老婆子,以及其他的鲁镇男女老少,共同组成了以越地"鲁镇"为代表的

---

[1] 鲁迅:《坟·娜拉走后怎样》,《鲁迅全集》(第 1 卷),人民文学出版社 1981 年版,第 164 页。

中国旧文化、旧传统的罗网，用不同的方式对祥林嫂进行了肉体、精神的摧残、迫害，使祥林嫂始终是在"想做奴隶而不得"和"暂时做稳了奴隶"的时代里苦苦挣扎，最后只能是孤寂与落寞地死去。鲁迅描绘的越地"鲁镇"，是一个带有浓厚的乡土气息的"村镇"。如费孝通所说，它虽然"不是具体的中国社会的素描，而是包含在具体的中国基层传统社会里的一种特具的体系，支配着社会生活的各个方面"①。乡土气息极浓的"鲁镇"，在鲁迅的笔下，显然不是一个迈向现代社会的对象和结点，而是相反，是一个阻碍物。它自身固有的生活逻辑系统，构成了特定的异化空间，无论是外部的空间，还是内部的空间，都是如此。如外部空间的场域展示，鲁镇的气象是："旧历的新年毕竟最像年底，村镇不必说，就在天空中也显出将要到新年的气象来。灰白色的沉重的晚云中间时时发出闪光，接着一声钝响，是送灶的爆竹；近处燃放的可就更强烈了，震耳的大音还没有息，空气里已经散漫了幽微的火药香。"年年依旧的村镇迎新年的气氛，永远不会改变，这是老祖宗留下来的"古训"，谁也不能动，越地民俗更是如此。民国虽然建立了，但这里的人们并没有感觉，依然按照"旧历"过新年。祥林嫂不是鲁镇的人，作为外来者，也是一个异己者，她置身于这样的空间环境，只能接受被异化的命运："这百无聊赖的祥林嫂，被人们弃在尘芥堆中，看得厌倦了的陈旧的玩物，先前还将形骸露在尘芥里，从活得有趣的人们看来，恐怕要怪讶她何以还要存在，现在总算被无常打扫得干干净净了。"外部空间环境如此，内部空间环境能好吗？

"就是——"她走近两步，放低了声音，极秘密似的切切的说，"一个人死了之后，究竟有没有魂灵的？"

……

---

① 费孝通：《乡土中国》，生活·读书·新知三联书店1985年版，第Ⅱ页。

"那是……实在，我说不清……其实，究竟有没有魂灵，我也说不清。"

无法说清楚的魂灵，在表明疑惑的同时，也表明了内部空间的一种"紧张"：有，还是没有，这真是一个问题。然而，无论有还是没有，都显示出内部空间的异化早已使人产生了对自身存在意义的怀疑。这是异化空间对人压迫的必然结果。一个无法获得自身变革动力的封闭社会，只能是在不断异化的固态化中被驱逐、被消失。

《明天》中的鲁镇"原来是僻静的地方，还有些古风：不上一更，大家便都关门睡觉"。显然，这既是越地的风俗，但也是由它呈现出来的"老中国"的一种"旧态"。鲁迅在这里设置了两个独特的空间场域：一是"咸亨酒店"，这里依旧热闹："几个酒肉朋友围着柜台，吃喝得正高兴。"二是"间壁的单四嫂子"的家："自从前年守了寡，便须专靠自己的一双手纺出棉纱来，养活他自己和他三岁的儿子"。显然，这里展示的鲁镇，与《孔乙己》《祝福》展示的并无两样，也是一个使人异化的无形空间，即使对一个守寡的"粗笨女人"也不放过。单四嫂子在丈夫死后，恪守"夫死从子"的妇道，只希望靠自己勤劳的双手来养活儿子。但是，她身处的鲁镇，却连这点小小的心愿也不满足她，尽管她总是幻想"明天"会变好，但她真的还有"明天"吗？这个一再被称为"有古风的"的村镇，实际上已没有了"古风"的淳朴，由老拱、蓝皮阿五、何小仙、咸亨的掌柜、王九妈这些无聊、麻木、自私的看客而构成的有形和无形的"杀手"，都在自觉与不自觉地吞吃着包括自己在内的所有的人。在鲁迅的笔下，越地的鲁镇并不是世外桃源，其异化的空间场域，处处都展示着"老中国"形象的闭塞、愚钝和落后窘态。

法国浪漫主义画家德拉克诺瓦曾说："每个文学家归根到底竭力追求的是什么？他希望他的作品读过之后，产生一幅画立刻产生的那种印象。"① 通过越文化空间的"鲁镇"场域的设置，鲁迅对"老中国"的形象进行了"蒙太奇"式的定格，形成一幅"老中国"形象独特的画面感，不仅越文化的地域色彩极为浓厚。同样，整个"老中国"形象的"老态""旧态"，国民的愚昧、麻木和无知之状也都跳跃于字里行间，在给人强烈的视觉冲击的同时，也带来心灵的震撼和思想的反省。

三 "未庄"："老中国"的衰败空间

相对"S城""鲁镇"来说，"未庄"是鲁迅在《阿Q正传》中展示的另一个重要的越文化空间和场域。它不是一座城，也不是一个镇（尽管鲁迅还将它称作为"村镇"），而是一个既具有典型的越文化风俗，又具有典型的"老中国"衰败特征的村庄。鲁迅对"未庄"是这样描写的：

> 未庄本不是大村镇，不多时便走尽了。村外多是水田，满眼是新秧的嫩绿，夹着几个圆形的活动的黑点，便是耕田的农夫。

表面上看上去是江南水乡——越地的秀丽景色，但"内骨子"里处处透露出"老中国"的衰败景象。无论外部世界发生了什么，未庄似乎都没有受到什么影响。"革命党"已进了县城，而未庄却依然"没有什么大异样"，更何况县政权只是改头换面为"革命"新政府，"知县大老爷还是原官""带兵的还是先前的老把总""不过改称了什么"。在未庄，无论是有权势的乡绅赵太爷、赵秀才父子，还是普通的百姓，都依然如旧地生活着，不是对外部的"革命"茫然无知，就是另作图谋。例如，未庄的几个

---

① ［法］德拉克诺瓦：《德拉克诺瓦论美术和美术家》，平野译，辽宁美术出版社1987年版，第136页。

"盘辫家",与假洋鬼子有交往,听他吹嘘"革命"而将信将疑,故采取盘辫子这种依违于清政府和革命党之间的"骑墙"做法,足见"看风使舵"的投机性格。还有阿Q、王胡、小D一类游民,靠着"精神胜利法",过着"倚强凌弱"的生活,嗜酒、赌博、打架、偷盗、调戏妇女,作奸犯科,乘势作乱,为己谋利。在未庄,人与人之间的冷漠,内心深处的隔膜,物质生活的贫困,精神上的愚昧落后,都呈现出"老中国"衰败的形象。

皮埃尔·布尔迪厄认为,任何场域都是由社会成员按照特定的逻辑共同建设的,是社会个体参与社会活动的主要场所,是集中的符号竞争和个人策略的场所。同时,任何场域又都旨在使那些进入空间和场域的人明白,你、我、他都构成了这个空间特定的场域关联,并形成这个空间场域的主导或"颠覆的力量"①。"未庄"虽然是越地的一个普通乡村,但它也具备了"老中国"社会的所有要素。在小说中,"未庄"空间的外置场域,是通过如"土谷祠""酒店""赵府""钱府""静修庵""破衙门""法场"等一系列极具越地景物特点来显现的,这些彼此看似并不关联的场域,却共同构成了"未庄"作为"老中国"形象的空间要素:静止、停滞、破败、衰落……而鲁迅之所以选择这些典型要素来进行外部场域的设置,展现它所谓"原先的阔"到如今的衰败,真正的目的还是要告诉人们,活动在这个空间和场域的人,已变得非常的"老朽",恍若是日益变化社会的"局外人"。正是从这个特定的维度,鲁迅对一群生活在这个特定空间的人的内部场域进行了设置,凸显出他们的迂腐、愚昧、麻木、无知、守旧和苟活的精神特征。在小说中,赵太爷、假洋鬼子、阿Q、王胡、小D、吴妈……所有生活在这个空间的人,其内心的场域形态尽管各不相

---

① [法]皮埃尔·布尔迪厄:《实践理性》,谭立德译,生活·读书·新知三联书店2007年版,第130页。

同，但其本质特性则并无两样，精神上的迂腐和守旧，不思变革，不思进取，整天在一个"绝无窗户"却"万难破毁"的"铁屋子"里或昏睡不醒，或混混沌沌"过日子"，用"精神胜利法"麻痹灵魂，且"使人们各各分离，遂不能再感到别人的痛苦；并且因为自己各有奴使别人，吃掉别人的希望，便也就忘却自己同有被奴使被吃掉的将来"[1]。透视这群人的内部生活及其精神场域，不仅可以审视其悲剧的人生，省思那些"人生的有价值的东西"如何被"毁灭"[2]的过程和状态，而且更重要的是能够更深层次地反省"有着四千年历史"的"吃人"的本性："于是大小无数的人肉的筵宴，即从有文明以来一直排到现在，人们就在这会场中吃人、被吃，以凶人的愚妄的欢呼，将悲惨的弱者的呼号遮掩，更不消说女人和小儿。"[3]"未庄"这个自然景观看上去还保留着秀丽的江南越文化景观的乡村，精神的"内骨子"里却处处都透漏出衰败的人文气息："从这一天以来，他们便渐渐的都发生了遗老的气味。"其实，何止只是从"这一天以来"呢？实际上，在整个中国被迫进入以现代化为核心的全球化进程以来，不都处处散发着"遗老"的"气味"呢？"造物的皮鞭"再不"到中国的脊梁上"，再想动，可能也不能动了，因为"这一样的中国，决不肯自己改变一支毫毛！"[4]

米勒曾指出："小说的解读多半要通过对重复以及由此产生的意义的鉴定来完成。"[5] 在越文化空间中，选择"S城""鲁镇""未庄"这三个有着颇有些重复特点的越文化地域空间场景，来对"老中国"形象进行场

---

[1] 鲁迅：《坟·灯下漫笔》，《鲁迅全集》（第1卷），人民文学出版社1981年版，第212页。
[2] 鲁迅：《坟·再论雷峰塔的倒掉》，《鲁迅全集》（第1卷），人民文学出版社1981年版，第192页。
[3] 鲁迅：《坟·灯下漫笔》，《鲁迅全集》（第1卷），人民文学出版社1981年版，第212页。
[4] 鲁迅：《呐喊·头发的故事》，《鲁迅全集》（第1卷），人民文学出版社1981年版，第465页。
[5] ［美］J. H. 米勒：《小说与重复》，亦春译，中国工人出版社1989年版，第65页。

域的设置，鲁迅也就为"老中国"的形象叙事，带来了一种极具象征寓意的叙事空间的扩展。尤其是它具有的地域文化特征和姿态，不仅丰富了叙事空间的地域性特征，而且更是以其对越文化具有的独特个人经验和心理感知，传达出了对特定空间和场域的固化、异化、衰败的深度解读。同时，在诉诸文本的多重意象中，不同场域境况的书写，也多维度地呈现出"老中国"形象的表征，使之成为空间意识表达的最好道具和方式，也让人们深刻地感受到，在社会变革、文化转型的背景下，传统的以"仁"为中心指向的象征性的认同价值整体上遭遇解体，但在特定的文化区域还仍然存留，改造国民性，重铸民族魂灵，如果不重视这种对这种空间的审视，也就不能真正来推动中国整体的进步。因为任何一个文化的空间和场域，它都具有高度渗透性质，外显的经济、社会、政治的变动。同样会影响内显的深层次的文化心理和性格的变动。如果不来一场灵魂深处的反省，在最高的意义上显示"灵魂的深"，也就无助于整体的国民性改造。同样，如果不深入地分析与把握这种空间的内部构造，描绘出其独特场域的实际境况，也就难以揭示"具有四千年文明"的"吃人"本质，无法真正做出吻合现代化发展潮流的自我选择。因此，鲁迅选择自己熟习的越文化空间进行独特的场域设置，目的是要透过特定的文化空间，择取典型场域，进行细致的解剖，确立一种标本或样本，获得"以点带面"的批判效果，揭示出"老中国"独特的空间结构、场域境况和逻辑运行方式，达到对其本质的认识和把握。并在"本无所谓有，无所谓无的"和"本没有路"的"希望"从中走出一条真正的"地上的路"，引领众多的不觉悟者在思想启蒙的洪流中，获得对自身蒙昧状态的最终超越。

（原文刊登于《绍兴文理学院学报》2013 年第 5 期）

鲁迅：越"名士文化"之个案分析

陈 越[*]

摘 要：绍兴有"名士乡"之誉，鲁迅为众多名士中的典型代表。以鲁迅为个案研究，可发现越地名士的若干"文化基因"，此种基因最早形成于史前时期，此后在漫长的历史时期中，隐性的文化基因得到了显性的张扬，而良性的循环形成了越地特殊的文脉，多年流淌，终于造就了特殊的"名士乡"。

关键词：越文化；名士文化；鲁迅；个案分析

越文化源远流长，在经济、文化、政治、军事等方面均留下了光辉灿烂的篇章，特别是在历史的长河中，越文化的中心地绍兴涌现了众多的杰出人物，史书称"海岳精液，善生俊异"，故绍兴有"名士乡"之誉。任何一个地方都不可能垄断产生知名人物的"专利权"，任何地方都可能产生某些优秀人物，但像绍兴那样在历史的长河中连绵不断地涌现出众多杰出人物，从而形成令人瞩目的"名士文化"现象，这在别的地方确实是罕见

---

[*] 陈越（1943— ），男，浙江绍兴人，绍兴文理学院人文学院教授。

的。特殊的文化现象就有特殊的研究价值：越文化这块土壤中是否具有某种文化"基因"，在历史的嬗变中形成了特殊的文化"血脉"，以至名人辈出，绵延不绝？

中国现代文学的奠基者、伟大的文学巨匠鲁迅，是绍兴众多杰出名士中的典型代表。鲁迅之所以成为鲁迅，诚然有多方面的原因，然而在笔者看来，其中非常重要的一点，就正由于他深受越文化的影响。越文化悠久厚重而又优秀的传统，是最初滋润鲁迅这棵"独立支撑的大树"生根、发芽、成长的土壤。鲁迅首先是从区域文化的"母体"中，获得某种文化"基因"，吮吸了最初的乳汁，奠定了他今后健壮"发育"的基础。

综观越地众多名士，明显有三个共同之处。其一，突出的"精英"特征。绍兴的历代名士，多是在各自领域中做出了杰出贡献，取得了重大成就的精英式人物，如东汉的袁康、吴平辑录《越绝书》，为中国地方志之鼻祖。魏伯阳撰《周易参同契》，是中国第一部炼丹术专著，它在世界科技史上占有很重要的地位。魏晋，南北文化大交流，寓居越地的贺循、王羲之、谢安、孙绰、谢灵运、嵇康等，都是名士大家；永和九年（353）三月三日兰亭修禊聚会，王羲之撰写的《兰亭集序》，被称为"天下第一行书"。唐至元，有贺知章、陆游、杨维桢等诗人。陆游为我国古代诗作最多的爱国诗人，有"六十年间诗万首"之说，前人评为"亘古男儿一放翁"。明清，有著名心学大师王阳明，蕺山学派创始人刘宗周，浙东学派的中坚人物黄宗羲，被吴昌硕称为"画中圣"的青藤画派的创始人徐渭，被后人评为"明三百年无此笔墨"之杰出画家陈洪绶，散文大家张岱，提出"六经皆史"的新史体创立者章学诚，"海上画派"的主要创始人任伯年。至近现代，除周氏兄弟外，著名教育家蔡元培、现代地理学和气象学的奠基人竺可桢、著名高能物理学家赵忠尧、钱三强、数学家陈建功、人口学家马寅初等，都是各相关领域中的领军人物。其二，讲操守，重气节，轻生死，具有民不畏死，奈何以死惧之的硬气。特别是在历史转折或民族存亡的关键时刻，越人身上往往迸发出刚正不阿、坚贞不屈、舍生取义、视死如归的眩目光芒。鲁迅曾说左联五烈士之一的柔石有浙东"台州式的硬气""有时会令我忽而想到方孝孺"。在越文化的中心地绍兴，有这种"硬气"的人物可谓比比皆是。例如，魏晋时的嵇康因"刚肠疾恶"而为司马昭所不容，临刑一曲《广陵散》，成千古绝唱。明代会稽沈炼刚正不阿，嫉恶如仇，严斥严嵩父子，终被严嵩罗织罪名处死。明末山阴王思任，怒斥奸相马士英"叛兵至则束手无措，强敌来则缩颈先逃"，宣告"夫越乃报仇雪耻之国，非藏垢纳污之地"，拒绝马士英退避绍兴。后绍兴城破，大书"不降"两字，绝食而亡。同时的山阴刘宗周，清以礼相聘，刘书不启封，并勺水不进，壮烈殉国。山阴祁彪佳，亦拒绝清之礼聘，置《别庙文》与《绝命词》于桌，自沉于寓园梅花阁水池。志书记载："东方渐明，柳陌浅水中，露角巾寸许，端坐卒矣，犹怡然有笑容。"至于清末的徐锡麟、秋瑾，世所皆知。还有近代的马寅初，中华人民共和国成立前，他抨击时弊，国民党当局用尽种种手段，也无法压制他的声音。中华人民共和国成立后，他的《新人口论》，被诬为"中国的马尔萨斯主义"，煽起全国性的大围剿，但他拒绝检讨："我虽年近八十，明知寡不敌众，自单身匹马，出来应战，直到战死为止，决不向专以压服不以理说服的那种批判者们投降。"其三，在思维特性上坚持独立性，不盲从，对所谓的正统文化或理论具有强烈的反叛性和反叛意识。在区域文化的关系上，中国历史上曾有过明显的文化偏见，即把中原文化周边的众多部族，贬之谓"北狄""南蛮""西戎""东夷"，越为"南蛮"之一。管仲曾说过："越之水重浊而洎，故其民愚极而垢。"但越人对自己的文化富于自信。史书曾记孔子往见越王勾践，曰："丘能述五帝三王之道，故奉雅琴至大王所。"勾践答曰："夫越性脆而愚，水行而山处，以船为车，以楫为马，往若飘风,去则难从,锐兵任死,越之常性也。"态度异常坚决地谢绝了孔子:"夫子异则不可!"此虽非信史,但"这两种地域文化具有相当程度的异质性。二千年后的鲁迅非孔,原因很多,但也不能完全排除这种地域文化因缘"。① 嵇康"非汤武而薄周孔",鲁迅称赞他"嵇康的论文,比阮籍更好,思想新颖,往往与古时旧说反对"。王充著《论衡》,以"实事疾妄"为指导思想,严厉地批判了当时流行的"天人感应"等虚妄迷信。徐渭自谓"几间东倒西歪屋,一个南腔北调人"。章学诚生在乾嘉之世,他激烈批评的正是"乾嘉学风":"达人显贵之所主持,聪明才隽之所奔赴,其中流弊必不在小。载笔之士不思救挽,无为贵著述矣。苟欲有所救挽,则必逆于时趋……"他提出的"六经皆史也",诚如侯外庐所言:"大胆地把中国封建社会所崇拜的六经教条,从神圣的宝座上拉下来。"而马寅初之《新人口论》,则更是大逆"时趋"。越文化的叛逆性,历来为统治者所头痛,雍正曾言:"朕向来谓浙江风俗浇漓,人怀不逞……谤讪悖逆,甚至民间氓庶,亦喜造言生事。"乾隆亦屡谕:"此等笔墨诋毁之事,大抵江浙居多。"诚如梁启超所言,"满廷最痛恨的是江浙人,因为这地方是人文渊薮,舆论的发踪、指示所在"。

以上三点,笔者以为可以把它们看作越地名士文化中的"DNA",它们在鲁迅身上得到了集中的表现。鲁迅对中国新文学的贡献和取得的成就,世所公认,无人可及。鲁迅《狂人日记》等小说,以其"表现的深切和格式的特别",成为中国新文学的奠基之作。鲁迅又是中国现代杂文的奠基人,中国现代散文诗的鼻祖,《野草》至今还被认为是散文诗的经典之作。甚至鲁迅文学史学术研究著作《中国小说史略》,其水平至今也无人能超越。而鲁迅之精神气质,一个"硬"字当可概括。毛泽东说"鲁迅

---

① 杨义:《杨义文存》(第四卷),人民出版社1998年版,第4期。

的骨头是最硬的,他没有丝毫的奴颜和媚骨",面对黑暗努力,他横眉冷对,决不折腰,不管是"公理正义的美名,正人君子的徽号,温良敦厚的假脸,流言公论的武器,吞吐曲折的文字",还是"拉大旗作虎皮""化了装从背后给一刀",或者换掉姓名射来的"暗箭"。至于鲁迅对所谓正统、传统的理论、观念的反叛和批判意识,则更是众所周知的鲁迅的思维特征。鲁迅在1925年给许广平的信中,曾说到自己的"习性":"每不肯相信表面上的事情。"在《我要骗人》一文中又说:"中国的人民是多疑的,无论那一国人,都指这为可笑的缺点。然而怀疑并不是缺点。"他曾借"狂人"之口,振聋发聩地喊出:"从来如此,便对么?"从而对中国几千年历史从满篇"仁义道德"字面背后,看出"满本都写着两个字是'吃人'!"

越文化中的这种"基因",最早形成于越族史前时期漫长的岁月中,构成了荣格所谓的"集体无意识",渗透于代代相沿的越人血脉之中。此后,同样漫长的历史时期中,在这块文化土壤上,一些杰出人物先后涌现,在他们身上集聚了越文化优秀精华,隐性的文化基因得到了显性的张扬,又因此成为后人可以有意识地仿效的楷模,这种良性的循环造成了越地特殊的文化名人链,也可谓之"文脉"。因越地地理历史条件相对稳定,此"文脉"千年流淌,乃形成了特殊的"名士乡"现象。地理历史条件具体说有以下三点。

首先,越族是文明起源最早的中国古部族之一。在绍兴偏西约100公里之建德山地发现的距今约5万年之"建德人",可能是迄今为止所发现之越人最早的祖先。在绍兴偏东近70公里发掘出来的河姆渡遗址,于距今7000—5000年,被视为越文化之嚆矢。绍兴西边之余杭所发掘的距今约5000年之良渚文化遗址,可能也是越人当年的一个部落聚居中心。特别引人注意的是河姆渡文化,鉴于河姆渡文化以及别的一些文化遗址的新发现,以至于1999年有100位海内外著名史学教授联名建议,重写中华古史:"过去中华文明一直被误认为单纯的农业文明,起源于西北黄土高原,是一种封闭的大陆文明。其实不然。考古发现生活在东南沿海'饭稻羹鱼'的古越人,在六七千年前即敢于以轻舟渡海;河姆渡古文化遗址出土的木桨、陶舟模型与许多鲸鱼、鲨鱼的骨骼,都表现了海洋文明的特征""过去认为黄河流域是中华文明之源,一切重要的发明创造都先产生于北方,然后才向南方传播。试举一例:直到现在有些历史书中仍说养蚕缫丝为黄帝正妃嫘祖发明,但在黄帝之前的两千年,河姆渡古文化遗址中已经有丝织工具的图像,足证古书记载失实。近年来,考古发现与民俗调查的许多研究成果说明,中华大地上的农耕文明与海洋文明均先兴于南方。我们承认在三代以下,黄河文明已经形成中华文明主流;但是也应该承认,就文明的起源而言,南方更早于北方这一历史事实。"① 确实,越文化在它的史前时期,就显示了在此后历史时期中一脉相传的敏于发现,善于创造,勇于开拓,敢于创新的"精英"特征。

其次,根据历史地理学、第四纪学、古气候学、古生物学等学科的综合研究,从晚更新世以来,在今宁绍平原一带,曾经发生过三次海进和海退。约2.5万年前的第二次海退后,背山面海,水土资源丰富,又属于温暖湿润的亚热带气候的宁绍平原上,形成了河姆渡文化。但又发生了第三次海进,于距今六七千年前达到了最高峰,原来在这片自然环境非常优越之地繁衍生息的越人,被迫开始了大规模的部族迁移,而最后大部分越人随着平原环境的恶化不断向南部山区移动,最终会稽山成为越人聚居的中心。与山会平原相比,会稽山地水土贫瘠,越人不得不在生产上从种植业为主倒退到农猎并举,如《吴越春秋》所记"随陵陆而耕种,或逐禽鹿以给食",即刀耕火种。在非常艰难的环境下,为求生存,越先民面对现实,

---

① 《文史杂志》1999年第4期。

显示了坚忍不拔、顽强拼搏的精神。在洪水的包围之中，越人在会稽山地居住了3000多年，漫长岁月中造就的这种艰苦卓绝的奋斗精神，必然深深地融入于这一民族的血液之中、意识深处，形成该民族的文化"基因"，成为一种集体无意识。这集中反映在他们创造的"大禹治水"的神话传说中。早在20世纪30年代，史学家顾颉刚在他的《古史辨》中就推断："禹是南方民族神话中的人物""这个神话的中心在越。"当代著名历史地理学家陈桥驿也持同样观点，他在《吴越文化和中日两国的史前交流》一文中提出："禹的传说就因为卷转虫海侵而在越族中起源，然后传到中原。"在《越族的发展和流散》又说："越族居民在会稽、四明山的山麓冲积扇顶端，俯视这片茫茫大海，面对着这块他们祖辈口口相传的，如今已为洪水所吞噬的美好故土，当然不胜感慨，他们幻想和期待着有这样一位伟大的神明，能够驱走这滔天洪水，让他们回到祖辈相传的这块广阔、平坦、富庶、美丽的土地上去。"[①] 神话传说中的"胼手胝足""三过家门而不入"的禹，其实是曲折地反映了越先民与"汤汤洪水方割，荡荡怀山襄陵，浩浩滔天"的恶劣的自然环境搏斗的精神和他们的期盼。维柯在《新科学》中认为，原始人类还没有抽象思维能力，用具体形象来代替逻辑概念是当时人们思维的特征。例如，他们没有勇猛、精明这一类抽象概念，却通过想象创造出希腊神话中的阿喀琉斯和尤里塞斯这样的英雄来体现，所以他认为神话英雄都是"想象性类概念"，是某一类人物概括起来产生的形象。维柯认为，是人按自己的形象创造了神，神话是"真实的叙述"，不过它和诗一样，不能照字面直解，它是古代人类认识事物的特殊方式，是隐喻，是对现实的诗性诠释。当我们透过这种"隐喻"，确实可以发现越族中特别是其代表性人物形成的"名士文化"中始终存在，此后仍不断

[①] 《吴越文化论丛》，中华书局1999年版，第46页。

显露的那种极硬、极韧、顽强不屈、百折不挠的精神特征，在与自然环境的斗争中如此，在以后的社会斗争中也同样如此。

最后，特殊的历史地理环境也决定了越文化在思维方面的批判性特征。越文化的思维特征其基础是崇实。上文已提到，越先民在非常困难的自然环境中求生存，这决定了他们实事求是的基本思维特征，诚如丹纳在谈到古代的日耳曼民族来到自然条件恶劣的尼德兰时说："为了要生存，要有得住、有得吃、有得穿、要防冷、防潮气、要积聚、要致富，他们没有时间想到旁的事情，只顾着实际和实用的问题。住在这种地方，不可能像德国人那样耽于幻想，谈哲理，到想入非非的梦境和形而上学中去漫游，非立刻回到地上来不可；行动的号召太普遍了，太急迫了，而且连续不断；一个人只能为了行动而思想。几百年的压力造成了民族性，习惯成为本能，父亲后天学来的一套，在孩子身上变做遗传。"① 崇实必反对虚妄迷信，二者相伴相生，故强烈的批判意识必然也是越人的重要文化基因。所以，越文化名人多是中国思想文化史上的杰出的批判家。当然，除了史前时期造成的"遗传"方面的原因之外，还有其他三个原因：一是越地在中原文化圈之外，曾被视为"南蛮"，从而造成文化上的逆反心理，正统的文化濡染相对也少；二是历史上曾有数次南北文化大交汇，思想较开放；三是越位于东海之滨，史前时期即具海洋文明特性，明清以来，又首先承接"西风东渐"，思想不僵化。

越文化中的这种"DNA"，在众多越"名士"身上都或多或少地留有印痕，而鲁迅当为最有代表性的一位，其越人特征颇令人注意。当年他初去日本，在弘文学院读书期间，同学就有评语："斯诚越人也，有卧薪尝胆之遗风。"1926年与"现代评论派"的论争，陈源以散布"某籍某系"

---

① 丹纳：《艺术哲学》，人民文学出版社1983年版，第162页。

的流言，并嘲讽周氏兄弟"都有他们贵乡绍兴的刑名师爷的脾气"，其实也说明他们亦注意到了鲁迅与越文化之内在的深系。还值得一提的是，1961年为纪念鲁迅八十寿辰，毛泽东曾作七绝二首，其一曰："博大胆识铁石坚，刀光剑影任翔旋。龙华喋血不眠夜，犹制小诗赋管弦。"其二曰："鉴湖越台名士乡，忧忡为国痛断肠。剑南歌接秋风吟，一例氤氲入诗囊。"前一首说的是鲁迅的胆识，后一首却转而赞誉鲁迅的故乡绍兴名士的爱国主义传统。显而易见，毛泽东也甚注意以鲁迅为代表的越地名士身上一脉相承的越文化印痕。

越地名士身上的越文化影响，既有如荣格所说的作为一种集体无意识的"遗传"所致，更有后人对本区域文化中优秀传统的有意识的汲取和追求。还以鲁迅为例，他在1907年所写的《文化偏至论》中曾主张，中国的文化应"外之既不后于世界之思潮，内之仍弗失固有之血脉"。鲁迅对中国传统文化整体上有一种强烈的反叛意识，在某些特定语境中有时更语出惊人，不无偏激，但也只是"文明无不根旧迹而来，亦以矫往事而生偏至"。其实，对中国传统文化，鲁迅在整体性的反叛之中，依然还存在着一种寻根意识，以求"取今厚古，别立新宗"，如鲁迅很赞赏汉唐的宏放和雄大的魄力。但鲁迅清醒地认识到，中国自宋元以降，"恃着固有而陈旧的文明，害得一切硬化，终于要走到灭亡的路"，他确认以儒学为核心，儒道释三位一体构成的中国正统的文化"老调子已经唱完"，鲁迅关注的"固有之血脉"，其实应包括某些地域文化，本文指的主要是越文化。由于多种原因，某些地域文化尚未完全为正统文化所同化而"硬化"，恰恰是在这种地域文化之中，还多少保留有"固有之血脉"的生气、野气和活力。杨义曾把战国时期的越文化概括为"剑文化""所谓剑文化，蕴含着复仇、尚武、砺志自强的精神素质"。杨义敏感地注意到："也许鲁迅已经隐约地感受到：古越文化是他所见到的国民庸懦心态的解毒良剂。"① 鲁迅在写于几乎和《文化偏至论》同时的《摩罗诗力说》中提出了一个重要观点:"中国之治,理想在不撄。"这是中国传统文化的死症。孔子是"强以无邪,即非自由。许自由于鞭绊之下,殆此事乎?然厥后文章,乃果辗转不逾此界"。而"《老子书》五千语,要在不撄人心;以不撄人心故,则必先自致槁木之心,立无为之治;以无为之为化社会,而世即于太平"。鲁迅认为这种传统文化造成"天下太平",终于使屈原这样敢于"放言无惮"的诗人也受到影响,在诗篇中"亦多芳菲凄恻之音,而反抗挑战,则终其篇未能见"。鲁迅说:"特生民之始,既以武健刚烈,抗拒战斗,渐进于文明矣,化定俗移,转为新儒。"面对中国正统文化的"硬化",要破不撄之治,重振武健刚烈,"剑文化"不啻是值得继承、发扬之文化精髓。鲁迅在绍兴渡过了他一生的1/3时间,在故乡他同时开始接受了中国传统文化和作为区域文化的越文化的启蒙教育和影响。鲁迅出生于书香、官宦家庭,幼时的鲁迅比较规范地读完了四书五经。但身为越人,尤其是因家庭变故而感受过一种特殊的人生体验,对世俗的、区域的文化更有深切的感受和深层的联系。李欧梵曾经提出过"小传统"和"大传统"两个概念:"鲁迅的'反传统'的倾向与他对通俗故事、寓言、民间宗教仪式、神话社戏等'小传统'的爱好密切相关。……他的一篇较长的回忆录《从百草园到三味书屋》,富有诗意地回顾了他的孩提时代的两个世界:以花园象征着浪漫有趣的小传统世界和以私塾先生的书屋为代表的索然无味大传统世界。"② 李欧梵所谓的"小传统",显然主要蕴含了区域文化的内涵,而"大传统"则无疑是以儒学为核心的中国正统的传统文化。李欧梵这段话,提示了两种文化传统的并存现象和对立性,以及鲁迅明显的情感倾向。应该指出,越文化也同样存在

---

① 丹纳:《艺术哲学》,人民文学出版社 1983 年版,第 162 页。
② 乐黛云:《国外鲁迅研究论集》,北京大学出版社 1981 年版,第 102 页。

着一个鲁迅所说的"硬化"的问题。在现实的层面上，鲁迅对故乡的一切并不赞赏，甚至不无厌恶。当年正因为深感世态炎凉，看透了家族内外"世人的真面目"而决心"走异路，逃异地，去寻求别样的人们"。他对S城人的憎恶让人震惊："S城人的脸早经看熟，如此而已，连心肝也似乎有些了然。总得寻别一类人们去，去寻为S城人所诟病的人们，无论其为畜生或魔鬼。"但在当时的中国，这种寻找事实上似乎是"上穷碧落下黄泉，两处茫茫皆不见"。1910年，他不得已又回到故乡，故乡的人事仍然让他厌恶，这清楚地表现在他其时写给许寿裳的一些信中："越中理事，难于杭州。伎俩奇觚，鬼蜮退舍。近读史数册，见会稽往往出奇士，今何不然？甚可悼叹！上自士大夫，下至台隶，居心卑险，不可施救，神赫斯怒，湮以洪水可也""越中棘地不可居""越中学事，惟从（纵）横家乃大得法，不才如仆，例当沙汰。"而在小说中，"鲁镇""未庄"里也未见有什么可以让人首肯的人、事。然而，在历史的层面上，鲁迅对越文化的优秀传统充满了一种自豪之情，仅王思任的一句"会稽乃报仇雪耻之乡，非藏污纳垢之地"在鲁迅《全集》中就先后多次提及了。鲁迅甚至很坦率地表白，"大概是明末的王思任说的罢：'会稽乃报仇雪耻之乡，非藏污纳垢之地！'这对于我们绍兴人很有光彩，我也很喜欢听到，或引用这两句话"。越文化历史上的优秀传统，才正是鲁迅所要追寻的"固有之血脉"。

鲁迅与故乡文化的联系，以后并未因时间、空间的间距增大而疏淡，恰恰相反，随着视野的开阔，对中、外文化整体了解的深入，而转变为一种有意识的对越文化精髓的"寻根"，特别是对历史上越地先贤精神的追寻。1909年鲁迅从日本回国，至1918年在北平绍兴会馆发出《狂人日记》这一声"呐喊"，在这十年中，我们可以明确地发现他挖掘故乡地域文化精髓的执着的追寻轨迹。从1911年起，鲁迅开始辑录《会稽郡故书杂集》，此书辑录八部有关古会稽郡的史传和地方志佚文，1915年以周作人名义刊行。他在《〈会稽郡故书杂集〉序》中说:"会稽古称沃衍,珍宝所聚,海岳精液,善生俊异,而远于京夏,厥美弗彰。……幼时,尝见武威张澍所辑书,于凉土文献,撰集甚众。笃恭乡里,尚此之谓。而会稽故籍,零落至今,未闻后贤为之纲纪。乃创就所见书传,刺取遗篇,絫为一集。中经游涉,又闻名哲之论,以为夸饰乡土,非大雅所尚。谢承、虞预且以是为讥于世。俯仰之间,遂辍其业。十年以后,归于会稽。禹勾践之遗迹故在。士女敖嬉,睥睨而过,殆将无所眷念,曾何夸饰之云,而土风不加美。是故叙述名德,著其贤能,记注陵泉,传其典实,使后人穆然有思古之情……用遗邦人,庶几供其景行,不忘于故。"显然,鲁迅此举,并非是"夸饰乡土"而已。1913年3月,鲁迅辑成6卷本《谢承后汉书》,并作序。此书在1912年4月,鲁迅在南京已做过第一次校抄,后在北京又对照不同版本抄录、校订。1913年9月,鲁迅又有意于整理《嵇康集》,23日,他遍寻琉璃厂各书肆,未见一本《嵇康集》。一周后,在京师图书馆借到吴宽丛书堂钞本10本,即抄作底本。自此至1935年,前后校勘《嵇康集》长达23年。

《新生》之夭折,使鲁迅曾有过的"梦"破碎了,他自此经历了"未尝经验"的"无聊"和"寂寞"。然而,"这经验使我反省""使我沉入于国民中,使我回到古代去"。在这一文化追寻的"转向"之中,无疑,"越文化"成了他关注的重点。鲁迅的"呐喊",并不始于南京初读《天演论》之后,也不在更广泛接触了"新学"之日本时期。一个令人深思的现象是:当鲁迅"别求新声于异邦"后他却陷入了"寂寞"之中;然而,在近十年的沉默之后,在"S会馆"中"回到古代去"的"麻醉法"下,他却爆发了!对1918年《狂人日记》石破天惊的问世,除了外部历史原因之外,我们难道能无视鲁迅十年沉默期中对越文化的追寻与这一声"呐喊"之间的因果联系吗?

历史学中"年鉴学派"代表布罗代尔认为:长期的连续性和短期的急剧变化之间的相互作用才是历史本质的辩证关系。所谓长期的连续性是指"几乎不发生变化的"历史,即人类同地球表面环境进行斗争的历史,而短期的急剧变化像一阵又一阵冲击着岩石的海浪一样,将长期的连续性冲破了,并且产生了从一个世界向另一个世界的过渡,这是一场非常壮观的人间戏剧,从中我们可以发现杰出人物。[1]

研究绍兴的"名士文化"现象,从历史学和区域文化学的角度来讲,确实应该注意"长期的连续性"和"短期的急剧变化"这两个方面。绍兴多名士,而许多名士正出现于急剧变化着的历史转折时期,特别如明末清初、清末民初,而鲁迅这位杰出人物,正出现在新旧世纪之交,出现于"五四"新文化运动之际。越文化有着"长期的连续性",这在中国各个区域文化中是非常突出的,它有着特别悠久、丰厚的文化积淀,这是"名士文化"的基础性条件;而"短期的急剧变化",是给了"长期的连续性"的文化积淀积聚的能量,提供了因高速碰撞而释放的契机,如强烈的历史责任感、高度的爱国主义精神、坚贞不屈的品性气质、聪颖过人的天赋等,因历史的碰撞而光彩夺目,正有利于我们从中把握越文化的精髓之所在。

(原文刊登于《绍兴文理学院学报》2005年第1期)

---

[1] [英]杰弗里·巴勒克拉夫:《当代史学主要趋势》,杨豫译,上海译文出版社1998年版。

近代旅沪绍兴帮钱庄研究

陶水木[*]

摘　要：绍兴帮是上海钱业的开创者，并在近代上海钱业发展中始终具有举足轻重的地位和影响；绍兴帮钱庄之所以能持续发展，主要是因为有旅沪浙江商帮的强大实力作经济基础，有所经理钱庄庄东的雄厚资力为后盾，而绍帮钱业中盛行的带有"宗法"性质的经理人员任用制度，却是绍兴帮钱庄长盛不衰的重要原因。

关键词：绍兴帮；钱庄业；绍兴商人

绍兴帮是指由旧绍兴府属的山阴、会稽、萧山、诸暨、余姚、上虞、新昌、嵊县（今嵊州）八县籍人经理的，以地缘、血缘和业缘为纽带结成的钱庄金融势力。绍兴帮钱庄是浙江钱业集团的核心，在近代上海金融界具有重要地位，但长期以来学术界对之缺乏深入研究。文章拟对鸦片战争后至抗日战争前钱庄在上海钱业界地位及兴盛原因做些考察。

---

[*] 陶水木（1961—　），男，浙江富阳人，杭州师范学院历史系副教授，博士。

一 绍兴帮与近代上海钱庄业

绍兴地区位于杭州湾南侧，这里为古越国之地，自古经济文化较为发达。这里的人文思想也有崇商传统。春秋战国时期的越国谋士计然就提出过"农末（商）俱利"的思想。越国大夫范蠡，在辅佐越王勾践灭吴兴越后，弃官从商，累金巨万，世称"陶朱公"，被后世商人称为始祖。明代绍兴府余姚籍著名思想家王阳明，注重事功，重视商业，提倡商贾往来。明清之际，浙东学派一代宗师黄宗羲（余姚人）更明确提出了"工商皆本"的思想。这些对绍兴地区风俗习惯以很大的影响。加之绍兴北部地区多为水乡泽国，南部地区多山，人稠地疏，使绍兴人自古多外出经商。笔者在检索有关绍兴文献时，常发现"吾越素称泽国，人浮于地"；① 绍兴"素称泽国，多谋食于他帮，由是童而习业，壮而远游"这样的记载。②

明中期后上海逐渐兴起，绍兴商人约在明清之际开始旅沪经商，主要从事柴炭业、锡箔业、豆米业、绍酒业、染坊等。乾隆（1736—1795）初年，绍兴商人经营的柴炭店开始兼营货币存放业务，一般认为这是上海钱庄的"鼻祖"。③ 此后上海的钱庄获得较快发展，至乾隆中后期已形成一个具有相当规模的独立行业，从1776—1796 年加入钱业公所即内园的钱庄已有106 家。④ 虽然我们还无法查清内中绍兴帮经营的钱庄数，但绍兴帮经营的不在少数，当是无疑的。钱业领袖秦润卿（慈溪人）曾说，"论者谓

---

① 《浙绍永锡堂征信录》，藏于上海市图书馆。
② 同上。
③ 秦润卿：《五十年来上海钱庄业之回顾》，中国通商银行编：《五十年来之中国经济》。
④ 中国银行上海市分行：《上海钱庄史料》，上海人民出版社1960 年版。

上海之钱业,自筚路蓝缕,开辟草莱,迄于播种耕耘收获,无时无地莫不由宁绍两帮中人之努力为多"①。

上海被正式辟为通商口岸后,钱庄因很快适应了对外贸易的需要而获得发展。19世纪50年代初,上海南北两市的汇划钱庄还不过寥寥数家,1876年已达105家,达到前所未有的兴盛时期。特别是绍兴帮钱庄,多以经商起家,他们占据上海通商口岸优势,凭借手中财力,到绍兴等地收购老酒、茶叶、丝绸、锡箔等商品,经上海转运出口,资本积累形成良性循环。咸丰、同治年间(1851—1874),绍兴人董庆章在沪、杭、甬等地经营丝、茶、典当,积资累万,先后在绍、杭、沪开设"镒"字号钱庄。同治、光绪年间,绍兴人张广川,"其先人以生意起家,绍兴之开店铺者,多行其资本"②。此后因金融风潮的影响,上海钱庄家数曾几度下降,但很快得到恢复、重振,而且总体呈波浪式上升趋势。1903年上海钱庄为82家,1905年恢复到102家,1908年增至115家。③

由于缺乏经理人员资料,笔者难以弄清这一时期确切绍兴帮钱庄数。但有关文字资料可以说明:绍兴帮钱庄是这一期间上海钱庄业的主体,在上海钱业界起着举足轻重的作用。20世纪30年代,王孝通在《中国商业史》一书中说:"清代钱庄,绍兴一派最有势力,当时阻止票号势力(山西票号)不得越长江而南者,此派之力也。浙人性机警,有胆识,具敏活之手腕,特别之眼光,其经营商业也,不墨守成规,而能临机应变,故能与票号抗衡,在南中独树一帜。其营业区域,在长江南北,且利用交通之便利,浸而蔓延各地。其大本营在上海、汉口二处,而南京、镇江、芜湖、九江等处,也在势力范围之内。"④ 著名银行家陈光甫也曾说,"绍兴

---

① 秦润卿:《五十年来上海钱庄业之回顾》,中国通商银行编《五十年来之中国经济》。
② 任桂全等:《绍兴市志》,浙江人民出版社1996年版,第1322、1323页。
③ 中国银行上海市分行:《上海钱庄史料》,上海人民出版社1960年版。
④ 王孝通:《中国商业史》,商务印书馆1936年版。

帮钱庄足以与票号抗衡，以上海为大本营，伸展于长江南北两岸，其业务随上海贸易渐次发展而逐步扩展"。并说只是"至光绪末叶，有义源善、源丰润等钱庄翘然独出，代理道库县库，遂分绍帮钱庄之势，而称为南帮票号"。① 可见，晚清时期绍兴帮钱庄在整个长江流域都具有重要影响，而上海是其大本营，在南帮票号兴起前，绍帮钱庄几乎垄断了上海传统金融业。

在 19 世纪后半叶至 20 世纪初上海钱庄业起伏发展过程中，涌现出一批叱咤风云的绍兴籍钱业领袖人物，如经芳洲（上虞）、胡小松（余姚）、屠云峰（上虞）、陈笙郊（上虞）、谢纶辉（余姚）、王冥生（余姚）、陈一斋（上虞）、刘杏林（上虞）、陈乐庭（绍兴）等。他们是上海钱业界"备受众望"的杰出代表，"举凡安定市面，救济工商，团结内部，改进业务，或福被社会，或泽遗后人"，在上海钱业界具有重要影响。② 绍兴帮还是上海北市钱业会馆的主要创办者，并在上海南北市钱业组织中占据重要地位。上海钱业早在乾隆中期就在南市邑庙创设同业组织钱业公所，上海开埠后，由于租界地区商业贸易的快速发展，上海钱业重心也由南市逐渐移至北市。南市钱业为重整雄风于 1883 年另建南市钱业公所，以协调南市诸钱庄业务。北市钱业则筹资 12 万两，于 1889 年创设占地 16 亩的北市钱业会馆。上海钱业自此出现了南公所与北会馆并立的局面，但实际上以新型进出口贸易为主要业务的北市钱业已居于领导地位，不但钱庄数量和资本额超过南市，银拆、洋厘行情也以北市为据。③ "巍巍宫阙耸崇垣，会馆恢弘此独尊"的北市钱业会馆成了上海钱业的业务协调中心和领导中心。④ 而该会馆主要是由绍兴帮发

---

① 陈光甫：《五十年来之中国金融》，中国通商银行编《五十年来之中国经济》。
② 秦润卿：《五十年来上海钱庄业之回顾》，中国通商银行编《五十年来之中国经济》。
③ 中国银行上海市分行：《上海钱庄史料》，上海人民出版社 1960 年版。
④ 余姚颐安主人：《沪江商业市景词》卷一，清光绪三十二年石印本。

起兴建的,上海北市钱业会馆碑记说:"其创事者,余姚陈淦(陈笙郊)、董役者,上虞屠成杰(屠云峰),余姚王尧阶(王冥生)、谢纶辉,慈溪罗秉衡、袁鎏(袁联清),鄞县李汉绶(李墨君)。"① 绍兴帮陈笙郊、屠云峰、王冥生、谢纶辉成了北市钱业会馆主要领导人,后曾任六届钱业公会会长的秦润卿称陈是北会馆缔造者,屠"守正不阿,为同业所信任。凡有争执,得屠一言立解"②,可见他们在同业中的威望之高、影响之大。在北会馆的历任董事中,绍兴帮也占了相当比重。笔者依据藏于上海市图书馆的《浙绍永锡堂征信录》、藏于上海社科院中国企业史研究中心的《上海市钱业调查录》等资料查得,在北会馆31名历任董事中,绍兴帮董事至少有经莲珊(上虞)、经芳洲、胡小松、屠云峰、叶丹庭(余姚)、陈笙郊、陈乐庭、王冥生、谢纶辉、陈一斋、胡秾芗(余姚)11人,占35.5%。但实际上肯定不止此数,因为限于资料,有的董事的籍贯已无法查考。

绍兴帮在这一时期上海钱业界的重要地位,还可从北市钱业会馆的先董祠得到进一步说明。在气势恢宏的北市钱业会馆后面,专门建有一先董祠,专"祀耆旧巨子之有成劳于斯业者,以报功也"③。每年元宵节前后,上海各钱庄执事必齐集会馆,举行"仪式隆重"的公祭,这一仪式直至中华人民共和国成立前夕"行之弗替"。④ 祠内陈列着"功绩尤著之先董"前辈12人,笔者查得绍兴帮竟占了一半,即有经芳洲、胡小松、屠云峰、陈笙郊、谢纶辉、胡秾芗6人,可见其地位和影响。

---

① 《上海碑刻资料选辑》,上海人民出版社1980年版。
② 秦润卿:《五十年来上海钱庄业之回顾》,中国通商银行编《五十年来之中国经济》。
③ 《上海碑刻资料选辑》,上海人民出版社1980年版。
④ 秦润卿:《五十年来上海钱庄业之回顾》,中国通商银行编《五十年来之中国经济》。

二 1912年至抗战以前绍兴帮在上海钱业中的地位

清王朝寿终正寝后，民国政府比较注重振兴实业，制定了一系列旨在推动农工商矿牧渔各业全面发展的政策法令，加以第一次世界大战期间西方资本主义国家输华商品大量减少，民族工商业获得了持续快速发展，其发展余势一直持续到20年代中期。

与此相应，上海钱庄业也从辛亥革命后的低谷得到迅速恢复和发展。1912年，上海汇划钱庄只有28家，1917年增至49家，1920年为71家，1926年达87家，[①] 达到这一时期的最高数。以后由于西方经济危机对中国的冲击、新式银行的快速发展及"九一八"事变等因素的影响，上海钱庄数逐渐下降，但资本总额有所增长。绍兴帮钱庄在这时仍占举足轻重的地位（见表1）。从中可以看出：辛亥革命以后至抗战前夕，绍兴帮钱庄家数在上海钱业中占50%左右，大部分年份在45%以上，其中1921年达到55.1%；绍兴帮钱庄的正附资本额大部分年份占上海钱庄资本总额的45%左右，绍兴帮几乎撑起了上海钱业的半壁江山。再从钱庄及资本额的增长趋势看，1912—1934年上海钱庄数从28家增加到62家，增长121.44%，正附资本额从110.8万两增至1783.5万元，增长12.94倍；期间绍兴帮钱庄家数从14家增加到31家，增长121.43%，与上海钱庄增长率持平，但绍帮钱庄正附资本额从49.4万两增加到787.9万元，增长14.94倍，高于上海钱庄资本的平均增长率，绍兴帮仍执"钱业之牛耳"。[②] 就个别钱庄而论，绍兴帮钱庄的资本增长更快，如一直由绍兴帮陈一斋、田祁原经营的

[①] 中国银行上海市分行：《上海钱庄史料》，上海人民出版社1960年版。
[②] 任桂全等：《绍兴市志》，浙江人民出版社1996年版，第1322、1323页。

由著名绍兴籍钱庄主陈春澜开设的永丰庄,自 1889 年至 20 世纪 30 年代初资本增长 20 达倍;① 长期由绍兴王若菜、王鞠如父子及徐长椿经营的镇海方家安裕庄,从 1879 年创办到 20 世纪 30 年代初资本增长达 25 倍。这说明上海钱庄及其资本有向绍兴帮集中的趋势。

表1　1912—1934 年绍兴帮钱庄数及资本额（资本额单位：万两,1932 年后为万元）

年份	户数	绍兴帮户数、占比(%)		资本总额	绍兴帮钱庄资本额及占比(%)	
1912	28	14	50	110.8	49.4	44.6
1921	69	38	55.1			
1924	83	32	38.5	1004.3	423.5	42.2
1926	87	34	39.2	1357	503.3	37.1
1928	80	33	41	1256.3	496	39.5
1930	77	37	48.1	1364	653	47.9
1932	72	35	48.6	1529	730	47.7
1933	72	37	50.7			
1934	62	31	50	1783.5	787.9	44.2

资料来源：1912 年、1921 年、1933 年庄名、资本、经理姓名据《上海钱庄史料》第 193—194、770—771 页；1924 年相关资料据《总商会月报》第 3 卷第 7 号《南北市钱业》表；1926 年、1928 年、1930 年相关资料据徐寄庼《最近上海金融史》统计（1926 年版、1932 年第 3 版）；1934 年相关资料据上海市商会商务科编《上海市商会商业统计·金融业》统计（台湾文海影印本,第 145—182 页）。所列各年钱庄经理的籍贯据上海市档案馆藏"上海市钱商业同业公会档"S174-1-10、12、13,及上海社科院中国企业史研究中心藏《上海市钱业调查录》、秦润卿《五十年来上海钱庄业之回顾》等资料汇总。

---

① 中国银行总管理处：《上海市钱业调查录》,上海社科经济研究所中国企业史研究中心藏档,1934 年。

这一时期，绍兴帮中涌现出一批在上海钱业界有影响的杰出英才，如曾任钱业公会总董的永丰庄经理田祈原（上虞），曾任钱业公会主席的同余庄经理邵燕山（诸暨），曾任钱业公会主席的滋康庄经理何衷筱（上虞），曾任钱业公会副主席的安裕庄经理王鞠如（绍兴），曾任钱业公会副董的承裕庄经理谢韬甫（余姚），钱业常委裘云卿（上虞）、王怀廉（余姚）等。他们大多从小习业于钱庄，年富力强时担任了钱庄经理，具有丰富的钱业经营经验和卓越的经营才能。田祈原系同乡陈春澜创设的永丰庄学徒出身，随绍帮钱业领袖陈一斋习业多年，民国初年继任该庄经理。他阅历、经验丰富，经他擘画经营，该庄成为上海钱业界翘楚，"信誉则居第一流地位"①。田氏本人也连任多届钱业公会副会长、会长。邵燕山幼年就在南市嘉惠庄习业，继至北市汇康庄服务，而立之初时经南市商会会长王一亭引荐，出任甬商李云书创设的同余庄经理。他阅历丰富，"勤俭谨慎，不尚虚荣"，经理该庄30余年，虽历经风潮而一帆风顺，邵氏本人也因此成为上海钱业界的风云人物。② 王鞠如系南市震安庄习业出身，为该庄经理陈冶卿（绍兴人）的高足，继在南北市涵春、元泰、永盛、承裕等多家钱庄服务，后任镇海方氏家族安裕庄经理，"于同业中颇露头角，终为业中翘楚"③。上虞人田子馨出身于镇海方家安康庄学徒，继任该庄跑街，30岁出任山东颜料巨商张颜山独资开设的义生庄首任经理，由于他"在同业中颇占势力"，使该庄颇有信誉。④ 相对于他们的父辈们，这批钱业英才较少保守性，更具开拓性。他们大多不仅限于钱业经营，而是积极向银行、保险、信托等新式金融

---

① 中国银行总管理处：《上海市钱业调查录》，上海社科经济研究所中国企业史研究中心藏档，1934年。
② 同上。
③ 同上。
④ 同上。

业及工矿交通等行业拓展。例如1921年，绍兴帮工商业巨子48人联合发起创办中央信托公司，额定资本达1200万元，先收300万元，其规模为当时沪上信托公司之最，绍帮钱业经理、副经理16人名列发起人，并有永丰庄经理田祁原、副经理李济生、义生庄经理田子馨、同丰庄经理裴云卿、怡大庄经理胡熙生、永余庄经理李菊亭、安裕庄经理王鞠如7人进入该公司董监事会。① 不久，中央信托公司又创设会计独立的保险部，至1936年其实收资本也达300万元，也为当时华商保险公司魁首。② 据笔者不完全统计，仅1934年就有16位绍帮钱庄经理同时在银行等新式金融企业的董事会、监事会中任职，其中裴云卿、李济生的兼职都达5家，这就直接沟通了银行和钱业资本，便于相互间资金挹注，提高整体实力，促进上海金融业的发展（见表2）。

表2　　1934年绍兴帮钱庄经理在银行等近代金融业中的兼职

姓　名	籍　贯	经理庄	银行等业兼职
裴云卿	上虞	同春	绸业、浦东、太平银行董事，中央信托公司及其保险部董事
胡熙生	余姚	怡大	绸业银行、中央信托公司董事
谢韬甫	余姚	承裕	中和银行董事长，华安保险公司董事
楼怀珍	绍兴	大赉	惠中银行董事
祝善宝	上虞	鸿丰	亚东银行监察

① 中国银行上海市分行：《上海钱庄史料》，上海人民出版社1960年版。
② 《保险年鉴》，中国保险年鉴社1936年。

续表

姓 名	籍 贯	经理庄	银行等业兼职
胡涤生	上虞	信孚	信通银行董事
田子馨	上虞	义生	中央信托公司及该公司保险部董事
陈焕传	上虞	衡通	中央信托公司及该公司保险部董事
李济生	上虞	滋丰	浦东商业、恒利银行董事，中和银行监察，中央信托公司及其保险部董事
胡纯芗	余姚	信孚督理	华安银行董事兼总经理，中央信托董事
赵文焕	上虞	信孚	煤业银行董事，中央信托及其保险部监察
刘祝三	上虞	德昶	民孚银行总经理，五华实业银行董事
沈晋镰	绍兴	春元	上海亚东银行董事长
陈笠珊	上虞	宝昶	大康银行监察
田祈原	上虞	永丰	中央信托公司及该公司保险部董事长
沈景梁	绍兴	宝丰	中央信托公司及该公司保险部董事

资料来源：钱业中任职及籍贯据藏上海社科院中国企业史研究中心《上海市钱业调查录》（1934）；银行、信托公司兼职据《上海市钱业调查录》及《上海市商会商业统计（金融业）》（1932—1934）第15—112页汇总；保险会司中兼职据《保险年鉴》（1935）

与绍兴帮钱庄的发展相适应，绍兴帮在这一时期上海钱业同业组织中仍然占据重要地位（见表3）。

表3　　　　　　　　　绍兴帮在上海钱业公会中的地位

类别 届期	会长 姓名	会长 籍贯	副会长 姓名	副会长 籍贯	会董（董事、委员、执委）人数	会董 绍兴帮人数	绍兴帮占（%）
第一届 1917年	朱五楼	吴兴	秦润卿 魏福昌	慈溪 余姚	无	无	0
第二届 1919年	朱五楼	吴兴	王鞠如 盛筱珊	绍兴 慈溪	无	无	0
第三届 1920年	秦润卿	慈溪	田圻原	上虞	3	叶丹庭（余姚）	33
第四届 1922年	秦润卿	慈溪	田祈原	上虞	10	叶丹庭、王鞠如、谢韬甫（余姚）、王蔼生（余姚）、蒋福昌（余姚）	50
第五届 1924年	田祁原	上虞	秦润卿	慈溪	10	叶丹庭、王鞠如、谢韬甫、王蔼生、蒋福昌	50
第六届 1926年	秦润卿	慈溪	谢韬甫	余姚	10	田圻原、王鞠如、胡熙生（余姚）、蒋福昌、沈朔笙（上虞）、	50
第七届 1928年	秦润卿	慈溪	无	无	14	谢韬甫、田祈原、王鞠如、胡熙生、蒋福昌、裴云卿（上虞）、赵文焕（上虞）、	50
第八届 1931年	秦润卿	慈溪	裴云卿、胡熙生、俞佐廷、严均安（外）		10	谢韬甫、王鞠如、李济生（上虞）、王怀廉（余姚）	40
第九届 1933年	秦润卿	慈溪	裴云卿、王怀廉、俞佐廷、席季明（外）		10	胡熙生、张梦周（上虞）、邵燕山（诸暨）、刘午桥（绍兴）、陈笠珊（上虞）、严大有（上虞）	60
第十届 1935年	何衷筱（后为邵燕山）	上虞 诸暨	邵燕山、刘午桥、陆书臣（外）、席季明（外）		10	张梦周、陈笠珊、严大有、张文波（上虞）、沈景梁（绍兴）、	50

资料来源：1922年、1924年、1926年、1935年据上海市档案馆藏"上海市钱商业同业公会档"S174-1-12、13，其他年份名单据《上海钱庄史料》第647—651页历届钱业会会委员名录；籍贯系笔者据前述钱业公会档及《上海市钱业调查录》《上海总商会同人录》等资料查得。绍兴帮人员第一次出现注明籍贯，再次出现不再注明，外帮人员不注明具体籍贯，概注以"外"。

上海钱业在清光绪中叶形成南北两会馆名义上并立、实际上以北市钱业为主的组织机构。光绪末年，北市钱业以绍帮谢纶辉经理的承裕庄余屋为会所成立了钱业会商处，作为钱业集议之所，每遇业中对内对外大事，钱业诸领袖就此会议议决。该机构也是钱业对外联络机关，此后对外联系即以钱业会商处名义。从钱业会商处的设立地点看，谢纶辉在该机构的创立和运作过程可能起了决定性作用。1917年，北市钱业以会商处为基础成立北市钱业公会，同月南市钱业也加入公会，上海钱业形成了统一的组织钱业公会。钱业公会设立时为会长制，设会长1人、副会长2人主持一切。绍兴帮魏福昌、王鞠如、田祁原任第一、二、三届副会长。1922年改总董制，设董事12人，由董事互选总董、副董各1人。绍兴帮田祁原、谢韬甫任第四、五届副董，田祁原还任第五届总董；绍兴帮在第四、五、六届董事中均占50%。1928年钱业公会废董事制为委员制，设委员14人，由委员互选主席1人。1931年改为设主席1人，常委4人，执行委员10人。绍兴帮在委员中都占40%以上，其中第七届占60%，在各届常委中，绍兴帮均占50%，何衷筱还出任抗战前最后一届主席。何故世后，1936年3月补选邵燕山为主席。

三　绍兴帮钱庄持续发展的原因

为什么绍兴帮钱庄能在近代上海得到持续发展？这有以下三个方面的原因。

第一，沪上浙江商帮在工商业中的强大实力是绍兴帮钱业发展的经济基础。钱庄是商品经济发展的产物，又是经济发展的枢纽。从根本上说，钱庄的发展与工商业的繁荣密不可分。近代绍兴帮钱庄能历经风潮而曲折发展，正是上海工商业高速发展的产物。而浙江商帮在上海工商业中的强大实力与绍帮钱庄的兴盛具有更直接的关系。

在上海工商界，浙帮人数最众、势力最雄。据不完全统计，20世纪初仅宁波帮、绍兴帮、钱江帮、金华帮工商业者就有23万余人。① 这还不包括人数肯定多于绍兴、钱江、金华等帮的湖州帮及其他地区的商人。1920年上海百余万人口中，仅旅沪的宁波人就达50万。② 浙江商帮不仅人数众多，而且在许多行业如洋布、棉纱、五金钢铁、医药、颜料、煤炭、丝业、茶业、砂糖、钟表眼镜、银楼、服装、缫丝、丝织、火柴、造纸、橡胶、卷烟、航运以及城市公用事业等行业中都具有举足轻重的地位，并执其中大多数行业之牛耳。这使绍帮钱庄具有广泛的业务对象和雄厚的经济基础。因为在浓厚的乡域观念影响下，绍帮钱庄一般总是给予有同乡关系的工商企业资金融通，钱业有困难时，各业浙帮也协力予以解决。例如，钱庄出身的余姚人王槐山被聘为汇丰银行首任买办后，开创了外资银行向钱庄的拆票制度，这对绍帮钱庄的发展有很大影响。笔记史料载："当王在职时，以钱庄与银行有直接营运关系，而王又深悉钱庄之苦况，故凡沪上钱业向王求援者，王无不如其愿以去，即有不甚可靠之钱庄乞助，王亦必拨派一知友为之料理店务，俾不至失败。王为绍兴人，故当时派出之人亦以绍籍为多，故今日钱业中绍人仍占有优胜之势力者，历史上实王为之提倡云。"③

第二，绍兴帮钱庄庄东的雄厚财力是绍兴帮钱庄发展的后盾。由于钱业组织属无限公司性质，股东负无限责任，所以庄东资产实力成为钱庄信誉、抗风险能力即钱庄发展的决定性因素之一。绍兴帮经营的钱庄，庄东

---

① 杨荫杭：《上海商帮贸易之大势》，《商务官报》1906年（12）。
② 《宁波同乡会征求宾会记》，《申报》1920年4月17日。
③ 姚云鹤：《上海闲话》，商务印书馆1933年版。

多为旅居沪上的巨富，不但有本省著名的钱业资本家家族集团，如镇海柏墅方氏家族、镇海小港李氏家族、鄞县秦氏家族、上虞陈春澜家族、慈溪徐庆云家族，以及湖州许（春荣）家、绍兴孙（直斋）家、镇海严（如龄）家、宁波薛（文泰）家等；而且有外省巨富望族，如苏州程氏（觐岳、程芴庭）家族、潮州帮郑氏（郑培之、郑建明、郑其亭、郑友松）家族、潮帮郭氏（子彬）家族，及江苏吴县贝（润生）家、江苏江阴薛（宝润）家、山东张（颜亮）家等。他们主要经营商业，如食糖、沙船、丝业、茶业、五金、颜料、参药、木材、烟土、棉纱、洋布、南北货、绸缎布匹、食盐、典当、地产、标金等，范围极其广泛，地域遍及东南各城市。他们也涉足近代工矿、金融业，如棉纺、缫丝、面粉、榨油、火柴、化工、卷烟及银行、信托、保险、证券、交易所等。他们拥资少则上百万，多则数千万。① 绍帮钱庄有这些富商巨族庄东为后盾，自然提高了实力和抵御风险的能力。这些巨商多在上海开设有多家钱庄，并在原籍和其他城镇设有钱庄，而且多互为连号，如镇海方家的"康"字、"裕"字连号庄；镇海李氏家族的"余"字庄；上虞陈家的"丰"字庄；鄞县秦家、慈溪徐家的"恒"字庄；潮州郭家、郑家的"鸿"字庄；苏州程家的"康"字、"源"字庄等。连号庄不仅在营业上共其进退，而且资金互为挹注，这都提高了绍帮钱庄的竞争力。

第三，带有"宗法"性质的钱业经理人员选用制度，是绍兴帮钱庄长盛不衰的重要原因。上海绍帮钱业（也包括宁波帮等他帮钱业）中盛行"易子而教"的传统，甲庄经理子弟送乙庄当学徒，乙庄经理子弟送甲庄习业成为习惯。而钱庄经理多父子相传，叔侄相继，即使无子侄继业，也多传于亲戚同乡。这些习俗带有封建落后性，但对绍兴帮钱庄的持续发展

---

① 中国银行总管理处：《上海市钱业调查录》，上海社科经济研究所中国企业史研究中心藏档，1934 年。

起了重要作用。30年代初，有人在探讨上海钱庄经理为什么特多宁绍帮时指出："其所以独多宁绍帮者，盖钱业之进用人才，首重介绍，父子相承，传为世业，旁及戚娅，故以同乡人为多，至于进用陌生之人，苟非真有才识，甚不多见也。"① 这一不成文制度不但使绍兴帮钱庄占据数量优势，而且使绍兴帮钱业形成诸多著名的钱业经营家族，如余姚胡家（胡小松、胡莼芗、胡穉芗、胡熙生、胡涤生等）、上虞田家（田祈原、田子馨、田子松等）、余姚谢家（谢纶辉、谢韬甫、谢光甫）、上虞张家（张容洲、张文波、张梦周、张启梅）、绍兴王家（王若菜、王鞠如、王调甫、王允中）、上虞陈家（陈甘棠、陈梅伯、陈静涛、陈裁峰）、绍兴沈家（沈晋镛、沈晋梁、沈浩生、沈久余）、上虞祝家（祝永康、祝善宝、祝鼎臣）、上虞陈家（陈涣传、陈玉堂、陈鸿卿）、上虞刘家（刘兆科、刘祝三、刘钟孚）、余姚王家（王蔼生、王怀廉等）、上虞何家（何梁甫、何晋元）、上虞李家（李济生、李仲选）、绍兴陶家（陶宝渊、陶善梓）等。余姚胡氏家族就是三代钱业董事的大经营家族，其奠基者胡小松，曾任南市钱业公所、北市钱业会馆董事；其子胡莼芗，先任洽余庄经理，继创办信孚庄并任经理、督理，后又兼任怡大庄经理；另一子胡穉芗任兆丰庄经理，北市钱业董事；其孙胡熙生为怡大庄经理，钱业董事；另一孙子胡涤生则继其叔胡莼芗为信孚庄经理。② 上虞张氏家族也是如此，张蓉洲为沪上老资格的存德庄（创设于1874年）经理，故世后由其子张文波继任经理，文波之弟梦周则任五丰庄经理，兄弟俩同时任钱业公会执行委员、常务委员达15年之久，为上海钱业界绝无仅有，张文波之子张启梅后又继任存德庄经理。③ 上虞陈氏家族的陈甘棠曾任鸿顺庄经理，其子陈梅伯先后参与创设源安、

---

① 魏友斐：《十年来上海钱庄事业之变迁》，《钱业月报》（13）：1。
② 中国银行总管理处：《上海市钱业调查录》，上海社科经济研究所中国企业史研究中心藏档，1934年。
③ 同上。

信成钱庄，并任经理，1930年因年事已高，改任永兴庄督理，又由其子陈静涛任经理，陈甘棠之侄陈裁峰1925年任由陈甘棠之孙陈荻洲独资创设的义兴庄督理。① 上虞田氏家族也颇有势力，田祈原长期担任永丰庄经理，曾任钱业公会总董，并连任两届钱业公会副会长。其次子田达夫任宝丰庄协理。其族人经营钱业颇多，如田子馨为义生庄经理，钱业候补执行委员；田子松为著名的安裕庄协理；田子伟则任著名的福康庄协理。② 上列其他经营家族也莫不是父子相传、叔侄相继、祖孙相袭，使绍帮钱庄长盛不衰。

通过以上简略考察，我们可以得出这样的结论：绍兴帮是上海钱业的开创者，并在近代上海钱业发展中始终具有举足轻重的地位和影响；绍兴帮钱庄之所以能持续发展，主要是因为有旅沪浙江商帮的强大实力做经济基础，有所经理钱庄庄东的雄厚财力为后盾，而绍兴帮钱业中盛行的带有"宗法"性质的经理人员任用制度，虽然具有封建落后性，却是绍兴帮钱庄长盛不衰的重要原因。

（原文刊登于《绍兴文理学院学报》2001年第1期）

---

① 中国银行总管理处：《上海市钱业调查录》，上海社科经济研究所中国企业史研究中心藏档，1934年。
② 同上。

清末民初绍兴商业合伙形态研究[*]

颜 志[**]

摘　要：绍兴商会档案保存了一批能够反映清末民初绍兴商业合伙形态的材料。通过这批材料，可以发现清末民初绍兴的商业合伙制度已经相对成熟，但在某些方面仍然不完善。从合伙商号的成立到日常运作，再到股东的退伙，其间已形成一套成型的制度，显得较为成熟。但这套合伙制度在其运行过程中，又弊病迭现，既定的规章常常无法约束股东，显然这套制度还有待完善。

关键词：清末民初；绍兴商业；合伙制；经济制度；经理人

---

[*] 基金项目：本文系2015年浙江省文化研究重点工程课题"绍兴商会档案整理"（项目批准号：15WHNL 03）的阶段性成果。

[**] 作者简介：颜志（1988—　），男，江苏泗阳人，浙江大学历史系中国近现代史专业在读博士生。

一 引言

合伙制是近世工商业中的一种组织方式，由于其在融资、管理等方面具有优势，因此广泛存在于明清工商业中。目前，史学界对近世合伙制的研究，已经取得了相当丰硕的成果，既有对手工业中合伙制的探讨，也有对商业合伙制的考察。[①] 不过，从目前学界取得的成果来看，关于合伙制的研究，尚存在相当多的空白，各家述论之间，还有一定的分歧。

学术界对近世合伙制的研究虽然成果繁多，但是在研究时段和研究对象的选取上，仍然缺乏多样性：一是这些研究过多地集中于20世纪之前，以民国时期工商业合伙形态为对象的研究较少；二是从研究对象来看，过去的研究主要以徽商、西商以及自贡盐业为研究对象，较少涉及其他商帮或地区工商业的合伙经营。

学界关于近世合伙制形态的分歧，主要集中在劳动能否作为资本参与合伙这一问题上。部分学者认为在中国近世合伙制度中，存在以劳动为资本参与合伙的现象，"身股""力股"即这种资本形态的指称。罗东阳认为，资本与人力的结合，是合伙组织的主要形式。[②] 刘俊、刘健生也认同

[①] 关于近世合伙制的研究，相关的论著有：刘根秋《中国古代合伙制初探》，人民出版社2007年版；杨国桢《明清以来商人"合本"经营的契约形式》，《中国社会经济史研究》1987年第3期；徐建青《清代手工业中的合伙制》，《中国经济史研究》1995年第4期；罗冬阳《清中叶陕西工商业的合伙经营》，《东北师大学报》（哲学社会科学版）2003年第1期；刘秋根、谢秀丽《明清徽商工商业铺店合伙制形态——三种徽商财簿的表面分析》，《中国经济史研究》2005年第3期；王雪梅《清末民初契约自由在自贡盐业契约中的体现》，《四川师范大学学报》（社会科学版）2008年第6期；刘建生《从一批晋商契约析清代合伙经营》，《中国社会经济史研究》2014年第1期等。

[②] 罗冬阳：《清中叶陕西工商业的合伙经营》，《东北师大学报》（哲学社会科学版）2003年第1期。

劳动作为资本参与合伙的观点。①

张忠民不认为劳动可以作为合伙要素，他认为"身股"只是一种收益股份，而"收益股份并不完全代表真正资本意义上的股份"，劳动这一要素，并未真正参与合伙。②

笔者以为，对于目前存在的分歧，最优的解决方案是通过挖掘新史料，进行经验的考察，将两派论点付诸检验。笔者通过翻查绍兴商会档案，发现其中集中于清末民初这一时段的"商事裁断"类文件，保存有相当数量的涉及合伙制的材料。笔者尝试通过分析这些史料，来揭示清末民初绍兴地区的商业合伙形态，并将学界有分歧的观点付诸检验。

二 合伙类型的划分

通过翻阅相关档案，笔者认为，清末民初绍兴的合伙制，应划分为非正规合伙与正规合伙。非正规合伙与正规合伙的主要区别是，前者不具有完备的合伙手续，后者履行了一套完整的手续。正规合伙，按照商家资本是否以"股"为单位进行计算，分为合股合伙与非合股合伙。下面分为三部分予以论述。

（一）非正规合伙

非正规合伙，是指商人基于利益的考量，在未履行严密手续的情况下，合资进行商贸活动。与正规合伙相比，这种合伙的最大特点是手续不

---

① 刘俊、刘建生：《从一批晋商契约析清代合伙制》，《中国社会经济史研究》2014 年第 1 期。
② 张忠民：《略论明清时期"合伙"经济中的两种不同实现形式》，《上海社会科学院学术季刊》2001 年第 4 期。

齐全（如未立议单），较为随意。这种类型的合伙，之所以缺乏必要手续，乃是因为合伙当事人只是暂时的结合，并无长期共营的打算。

绍兴商会档案记录的一件发生于 1918 年的合伙事例，便属于非正规合伙。

> 兹缘素相认识之单灌章，于本年三月间，突来瑞店徐福源，与瑞磋商买卖生意，并嘱瑞何种生意可做，随时注意。于四月初上，适有马鞍乡俞福记来城，相遇谈及棉花生意可茇与否，俞答可茇。即托其代办四百包。俞福记遂下乡，与各地户口头订约，四月初十日，写立成单，每包百斤，计洋十三元八角五分。当时成交洋四百元，订明九月重阳银货两交，盈亏各听天命。次日，单灌章又来店，瑞与之陈述上事，及二人劈分等语。灌章则谓，资本无几，只以一百五十包足矣，毋庸另立议约，成单上各签名押，以省手续。爰是于成单上遂填写多寡之数，亲笔签押，以表信用。灌章应派付款成交洋一百五十元。①

引文中的"瑞"，全名徐瑞卿，他与单灌章合伙，做 400 包棉花的投机生意，其中 250 包属徐，150 包属单，所获之利二人劈分。双方之所以合伙投机，只是因为当时"棉花日缺，需用日繁，求过于供，堪以囤积""新花时，花价之俏，不言而喻"②。他们并无长期贸易棉花的打算，为了减省手续，未专门签订议单，只是在货单（成单）上各自签名。这样的合伙，缺乏周密的手续，显示出非正规性。

---

① 《徐瑞卿具说帖》，1918 年 8 月 5 日，绍兴商会档案 140 - 4 - 367，绍兴市柯桥区档案馆藏。
② 《单灌章具说帖》，1918 年 8 月 7 日，绍兴商会档案 140 - 4 - 358，绍兴市柯桥区档案馆藏。

（二）正规合伙

与非正规合伙不同，正规合伙是商人为了长久地获取利润，结成稳定的经济团体进行商业活动的行为。这样的合伙，需要立订正式的合伙议单。

如下文件是1918年绍兴县柯桥镇裕生和记米行的合伙议单：

> 立合同议单人，朱子良、朱锡齐、□丙生、季□记、陶馥堂。彼此意气相投，在柯镇东关塘下岸，开设裕生和记米行。朱子良认定三股，出资本洋三千元；朱锡齐认定三股，出资本洋三千元；□丙生认定两股，出资本洋二千元；季□记认定两股，出资本洋二千元；陶馥堂认定两股，出资本洋二千元，共合成十二股，计资本英洋一万二千元。公请沈赞臣君经理，议定资本按月八厘起息，其息洋至年终支取，议定三年为期，除行中盘核外，各有盈余计十四股分派，内提一股，归经理酬劳，尚有一股，归各友酬劳。自议之后，各友公心，以图永远，庶几利有攸归，厚望无尽，为此公立议单五纸。各执一纸存照。
>
> 一议行中事务，应放应收账目，朋友进出等情，统归沈赞臣君经理。并照。
>
> 一议行中司友及各修金，每月给付，不得预支。并照。
>
> 一议行中邀请司友以及修金多寡，并零星杂用，统归沈赞臣君承值。并照。
>
> 一议行中为盘核过，有盈则照十四股分派，绌则东股听认。并照民国七年阴历二月立合同议单。
>
> 经理
>
> 议中
>
> 朱子良押

朱锡齐押

□丙生押

季□记　押

陶馥堂押

沈赞臣押

莫雨辰押

冯纪亮押

马海门押

陈元奎押

朱绛轩押

各位股东在议单中写明各自所出资本数额,讲明利润、亏耗的分配方式,规定经理的职责。签订了这样的议单,能将各股东的责权确定下来,减少股东之间的摩擦。正规合伙,按照资本是否按"股"计量,可分为合股合伙与非合股合伙。

1. 合股合伙

合股合伙是那种将资本等分成若干"股""份"的合伙模式。[①] 从上文的裕生和记米行议单可知,裕生和记是以合股合伙的方式组织起来的。该米行共有资本12000元,分成12股,每股1000元。各股东资本额,不仅按货币额计量,还按"股"数计量,如朱子良认定3股,朱锡齐认定3股。

2. 非合股合伙

非合股合伙是相对于合股合伙而言的。非合股合伙是那种未将资本刻

---

① 参见张忠民《略论明清时期"合伙"经济中的两种不同实现形式》,《上海社会科学院学术季刊》2001年第4期;马勇虎、李琳琦《晚清徽商合伙经营实态研究——以徽商商业文书为中心的考察》,《安徽师范大学学报》(人文社会科学版)2012年第4期。

意划分为若干"股""份"的合伙形态。下述引文中的聚茂衡记杂货线店，就是非合股合伙，店中各股东的资本，只是简单地按照货币数量来计算，并未按"股"计算。

  聚茂衡记杂货线店议单：

  立合伙议据人周清远、吴念兹、陈恒轩、何锡龄、周桂芬。

  缘桑梓旧识，心契相投，信义从公，和衷共济，各出资本。何锡龄出资本洋三百元，周清远出资本洋三百元，吴念兹出资本洋一百五十元，陈恒轩出资本洋一百五十元，周桂芬出资本洋一百元，共合洋一千元，顶替开设聚茂衡记杂货线庄，坐落东关镇湾井头开张。公请周桂生经理一切店务，均凭经手人承值，议定官息长年一分，周年支取，倘有折耗，照股听认。能有盈余，俟三年满账，作十二股分派，内提一股，以酬经□人之劳，又一股给众友花红，凭经手人按劳分送，互相允洽，各无异言。立此合同议单五纸，各执一纸，存照。

  光绪二十一年桃月　日

  立议单人：周清远、何锡龄、吴念兹、陈恒轩、周桂芬

  议中：林锦泰、周霞轩、陈吉人

  代书顾森斋[①]

（三）对劳动作股的考察

  如引言所述，学界对劳动是否可以作为合伙要素存在争议。笔者认为，清末民初的绍兴不存在将劳动作为合伙要素的情况。从前文所引裕生和记与聚衡茂记合伙议单中可知，经理与伙友这样的劳动者，虽然能够分

---

① 《聚茂衡合股议单》，1895年，绍兴商会档案141-1-30，绍兴市柯桥区档案馆藏。

得一定的盈余作为酬劳,但是他们并非股东。理由有以下三点。

第一,股东的姓名、资本额,在议单开头,便已写明。分得盈余的经理、伙友的姓名,并不在其中。

第二,股东与经理之间的关系是雇佣与被雇佣关系,并非合伙关系。例如,裕生和记的经理沈赞成,聚茂衡记的经理周桂生,是股东们聘来的,"公请沈赞臣君经理""公请周桂生经理一切店务"。

第三,经理、伙友这样的劳动者对于商号的义务,与股东对于商号的义务是不同的。商号如有外债,股东是要按股负担的。"集股经营,立有议单,盈亏理当按股听认。"① 而经理、伙友这类不出资本的劳动者,是不承担商号的外债的。显然,分得盈余的经理、伙友并非股东。

从上述讨论中可知,清末民初绍兴商业中的合伙制,按其履行合伙手续的程度,分为非正规合伙与正规合伙。正规合伙,按其是否用"股""份"来划分资本金,分为合股合伙与非合股合伙。清末民初的绍兴商业,并不存在劳动参与合伙的情况。

三 利润的分配

从整体上看,绍兴地区的正规合伙商号,普遍实行的是正余利制。"正利,又称官利,不论商号盈利情况如何,是股东必须获得的利益。正利分配后有余,谓之余利。"② 在清末民初的绍兴,正利或者官利被称为"官息",余利被称作"盈余"。

---

① 《恒大药行说帖》,1910 年 4 月 11 日,绍兴商会档案 141 - 1 - 51,绍兴市柯桥区档案馆藏。

② 马勇虎、李琳琦:《晚清徽商合伙经营实态研究——以徽商商业文书为中心的考察》,《安徽师范大学学报》(人文社会科学版) 2012 年第 4 期。

（一）官息

商号的官息，一般是一年给付一次。裕源协记是"议定官息长年一分，按年照给"①，聚茂衡记也是"议定官息长年一分，周年支取"②，恒丰泰记土栈亦是"官息按年腊终支取"③。但是有材料显示，部分商号存在不向股东按年给付官息的情况。九泰鞋店从开张到闭歇，四年之内从未向股东付过官息，"开店之后，四年官利不给"④。开设于绍兴飞笔坊的恒大药行，亦有不付官息的情况。"乙巳、丙午两年并无官利，尚亏洋二千零三十六元。丁未年，不给官利，得余洋九百元。戊申年无官利，亏缺洋一千一百零九元。"⑤ 从1905—1908年这四年间，股东并未得到官利。

绍兴合伙股东的官息，一般是年息一分，如上文的裕源协记和聚茂衡记。裕生和记米行是"资本按月八厘起息，其息洋至年终支取"⑥，这月息八厘，换算成年息，其实也是一分。但也有商号不是按年息一分的利率来支付官息的。绍兴商会档案记录了安昌镇乾泰祥米行发放官息的一些信息。这家店有两个股东，周锡龙股本1500元，孙廷秀500元，周锡龙官息每年225元，孙廷秀每年75元。⑦ 据此，可计算出乾泰祥米行的官息为年息一分五厘。可见，清末民初绍兴的合股商号，官息数额一般是年息一分，但也有不是此数的。

---

① 《福源协记议单》，1903年，绍兴商会档案141-1-30，绍兴市柯桥区档案馆藏。
② 罗冬阳：《清中叶陕西工商业的合伙经营》，《东北师范大学学报》（哲学社会科学版）2003年第1期。
③ 《徐文瑞退股单》，1906年3月，绍兴商会档案140-4-28，绍兴市柯桥区档案馆藏。
④ 《九泰鞋店案商会决议记录》，1915年5月20日，绍兴商会档案140-4-353，绍兴市柯桥区档案馆藏。
⑤ 《恒大药行说帖》，1910年4月19日，绍兴商会档案141-1-51，绍兴市柯桥区档案馆藏。
⑥ 《裕生和记米行合股议单》，1918年3月，绍兴商会档案140-4-380，绍兴市柯桥区档案馆藏。
⑦ 《周锡龙说帖》，1917年4月19日，绍兴商会档案140-4-350，绍兴市柯桥区档案馆藏。

（二）盈余

绍兴合伙商店的盈余，一般分为两部分，一部分按股分派给各股东，另一部分作为经理和伙友的酬劳。以绍兴一家名为元泰米行的合伙商店为例，"盈利作十四股分"除去股东所得十二股外"一股酬劳经理，一股酬酬诸友"①。前文所引的聚茂衡记杂货线店议单，也规定所得盈余，要分一股给经理人，一股给伙友作花红。开设于柯桥的裕生和记米行同样如此，"议定三年为期，除行中盘核外，各有盈余计十四股分派，内提一股，归经理酬劳，尚有一股，归各友酬劳"②。

但是，并不是所有商号都分盈余给经理和伙友的。有的商号不给经理额外酬劳。恒丰泰记烟店，按期盘账，得洋2135元，4位股东共分得洋1800元，"其余三百三十五元，作为各友花红，匀派分给"。③ 这家商店，并没有将盈余分出一部分专门作为经理的酬谢款。另一家名为陈合义的铜店，则是从不向伙友发花红，其经理声称，"小号向不分给花红"④。

清末民初的绍兴合伙商号按正余利制分配利润。官息一般按年息一分，一年分派一次，但存在例外情况。商号的盈余一般分为两部分，一部分归股东，一部分给经理和伙友，但部分商号并不向经理或伙友分派盈余。

---

① 《元泰米行议单》，1904年，绍兴商会档案141-1-30，绍兴市柯桥区档案馆藏。
② 《裕生和记米行合股议单》，1918年3月，绍兴商会档案140-4-380，绍兴市柯桥区档案馆藏。
③ 《王永潮具说帖》，1909年1月15日，绍兴商会档案140-4-28，绍兴市柯桥区档案馆藏。
④ 《商会集理陈合义议案记录》，1915年4月9日，绍兴商会档案140-4-353，绍兴市柯桥区档案馆藏。

四 合伙商号的内部运行

绍兴合伙商号均设有"经理"一职,经理的事权很大,统领店内事务。裕源协记规定,"诸事以及用人等项,均祈从节俭,经理是所□托"①,即将所有的经营事项,都托付给经理。聚茂衡记也是如此,要求经理"经理一切店务"②。下面分三部分予以论述。

(一) 经理类型

在清末民初的绍兴合伙商业组织中,按经理是否同时为股东,可将经理分为专职型经理与股东兼任型经理。文章中提到的裕生和记与聚茂衡记,它们的经理都是专职型经理。另外的商号,它们的经理,由股东兼任。笔者将绍兴商会档案清末民初文件中有资本额和经理类型记录的商号整理如表1所示。

表1

序号	商铺	资本额	经理类型
1	同源和记钱铺	30000元	专职型经理
2	裕生和	12000元	专职型经理
3	裕源协	10000元	专职型经理
4	恒大药行	8000元	先股东兼任型经理,后专职型经理

① 《福源协记议单》,1903年,绍兴商会档案141-1-30,绍兴市柯桥区档案馆藏。
② 《聚茂衡合股议单》,1895年,绍兴商会档案141-1-30,绍兴市柯桥区档案馆藏。

续　表

序　号	商　铺	资本额	经理类型
5	通裕钱庄	8000元	股东兼任型经理
6	元泰米行	6000元	专职型经理
7	人和昌记水果山货行	4800元	先专职型经理，后股东兼任型经理
8	恒丰庄	3000元	股东兼任型经理
9	成泰源	3000元	股东兼任型经理
10	九泰鞋店	2000元	股东兼任型经理
11	乾泰祥米行	2000元	股东兼任型经理
12	乾大南货店	1000元	股东兼任型经理
13	聚茂衡	1000元	专职型经理
14	阜昌米行	1000元	专职型经理
15	怡和肉铺	800元	股东兼任型经理
16	聚和杂货店	700元	股东兼任型经理

从表1中可以看出，资本额在10000元及以上的合伙商号，其经理全部为专职型经理；资本额从4800—8000元的合伙商号共4家，其中3家使用或曾使用专职型经理；资本额在3000元及以下的合伙商号共9家，只有2家使用专职型经理。显然，在清末民初的绍兴，资本额越大的合伙商号，越倾向使用专职型经理。

（二）经理制的运作

刘俊、刘健生认为，经理制的运行，使经营权能够与产权相对分离，使合伙商号有可能具备较高的管理水平。① 从逻辑上讲，这种观点是有道理的。但是经营权与产权相对分离后，掌握经营权的经理，便有可能利用职务之便，侵占商号财物，侵犯股东权益。而且，经理制的实行，是否真能使商号获得较高的管理、经营水平，其间有太多的不确定性。

清末民初的绍兴合伙制商号，发生了大量经理舞弊案件。

先举专职经理舞弊的事例。义和染坊的经理，是专职经理，"店中银钱、货物，统归经理独揽"。义和染坊的经理余光裕在店中上下其手，将存货以少报多，捏造虚假户名，骗取商号借款，明挂暗宕，侵占商号财物。待到股东发觉，亲往店中盘账，商号已亏损1500余元。②

再举股东兼任型经理舞弊的案例。乾泰米行开设于绍兴安昌镇，其经理由股东周锡龙兼任。周锡龙的经营水平很好，米行逐年获利。但是"周一味营私，行中伙友，均系私人，其子炳炎，又大权独揽"，并且暗地里将"行中花地、市屋契据，及押款、首饰、绸疋等物"转移至自己家里，黑吞店产。另一股东孙廷秀久病在家，回到店中，局面已无法挽回，被迫无奈，只得请安昌商务分所出面协调，商量散伙事宜。③

显然，清末民初绍兴合伙商号的经理，无论是专职型经理，还是股东兼任型经理，都存在贪污舞弊的情形。从前两例亦可以看出，这种局面是股东缺乏对经理的有效监督造成的。义和染坊的股东，平时并不留心店中

---

① 刘俊、刘建生：《从一批晋商契约析清代合伙制》，《中国社会经济史研究》2014年第1期。
② 《山阴县为照催事》，1910年6月28日，绍兴商会档案141-1-42，绍兴市柯桥区档案馆藏。
③ 《孙廷秀具说帖》，1915年5月，绍兴商会档案140-4-350，绍兴市柯桥区档案馆藏。

账目，直到发觉有异后，才到店中盘账，这时账面已亏1500余元。乾泰米行是因为股东孙廷秀久病在家，使经理周锡龙有机可乘。

经理制是否一定就会提高绍兴合伙商号的经营水准呢？对于这一问题，笔者以为，经理制是有利于经营水平的提高的，否则便不能解释为什么许多资本雄厚的商号，倾向于高薪聘请经理。但是，经理制并不必然带来经营水平的提高，其间有太多的不确定性。

例如，绍兴的三阳泰南货栈，其原来的经理为"该业中之翘楚""人多悦服，故营业极为发达"。后来经理更替，新任经理刚愎自用，与伙友、栈司，屡起冲突，以致该店内部混乱，势近垂危。[①]

1909年绍兴一名绅商的禀词表明，当时南货业经理人存在着普遍的怠职行为，经理"任所欲为，并不极意经营，以图报称。一届新正盘账，亏耗无算，东人盘诘，俯首无词"。当时南货业甚至出现了经理跑路的情况。"有身居业董，背东人而脱身潜逃者，如信大之潘幼安是也；又有老成经手，望重同行，背东人而脱身潜逃者，如福号之雷子帆是也。"[②]

可见，使用经理制的商号，其经营水平未必有提高。而且，产权与经营权分离后，总理商号事务的经理，易借职务之便，贪污腐败。

（三）股东与财务

除了抽取盈余外，如果遇到商店亏损，股东还需按股添加不敷资金。绍兴的谢天顺烟店规定，"如有盈亏，照股盈提输补"。[③] 山会商务分会（绍兴县商会的前身）亦持同样观点，"集股经营，立有议单，盈亏理当按

[①] 《商店股东之殷鉴》，《越铎日报》1912年7月19日。
[②] 《程丙臣禀请南货业整规事》，1909年6月22日，绍兴商会档案141-1-42，绍兴市柯桥区档案馆藏。
[③] 《沈谢氏具说帖》，1908年6月18日，绍兴商会档案141-1-23（1），绍兴市柯桥区档案馆藏。

股听认"。①

股东的私财与合伙商号公财之间的界限问题，也是一个重要议题。刘根秋认为，在明清徽商合伙商业中，股东的私财与商号的公财之间，没有严格的区分，"家财与经营资本的界限并不很清晰"②。对于这一问题，笔者以为，在清末民初的绍兴，股东私财与商号公财之间的界限已经形成。在商号的对外经济交往中，商号并不为股东的私债承担义务。但这一界限，又并不是特别明确，这一点在股东对商号账务的挂欠上有突出体现。

在绍兴合伙商号的对外交往中，股东私财与商号公财之间是存在界限的。绍兴南货业商号同仁泰行的股东兼协理周国芳负欠泰孚栈私债，诱约不还。泰孚为了避免损失，就利用与同仁泰有生意来往的两家支店，将同仁泰的公款扣下，抵充周国芳的私债。对此，同仁泰坚决反对。同仁泰在致山会商务分会的说帖中写了这样一句话："行中朋友甚多，适有外面交葛，向例与行无涉，此事同业咸诏。该店无理牵连，枝节横生，今古罕见，殊除情理之外。"③ 由此事可知，在当时绍兴商号的经济交往中，股东的私财与商号的公产，是被区分开的。

但是在商号内部，股东私财与商号公财之间的界限又不是特别明确。在绍兴合伙商号内部，存在着大量的股东挂欠商号钱款的情形，这里仅举恒顺肉铺一例。恒顺肉铺的股东在1909—1910年，支取大量公款。"股东陈得发提去洋七百六十二元，又钱五百另四千文；诸允记名下提去洋六百廿余元，又钱卅千九百零；谢齐记名下提去洋八十元，又钱一百廿五千九百另，又龙洋五十二角；戴林记名下提去洋六百四十八元九角另；我家谢

---

① 《恒大药行说帖》，1910年4月19日，绍兴商会档案141-1-51，绍兴市柯桥区档案馆藏。

② 刘秋根、谢秀丽：《明清徽商工商业铺店合伙制形态——三种徽商账簿的表面分析》，《中国经济史研究》2005年第3期。

③ 《吴桂芬具说帖》，1908年，绍兴商会档案141-1-24，绍兴市柯桥区档案馆藏。

浒记名下只提洋九十元，又小洋六百角。"外间这样形容这家肉铺："该铺股东，均有提用股本，且有过于原出股本之数者，内容极其腐败。"① 股东挂欠商号账目，表明股东视商号为私产，未严格区别私产与公产。

绍兴的合伙商号，普遍实行经理制，经理分为专职型经理与股东兼任型经理两类。经理制的实行，虽然在理论上有利于商号经营水平的提高，但事实上，使用经理制的商号，其经营水平未必很高。经理制下经理权力的集中，使经理有机会贪污公款。当时股东的私财与商号的公产，有了较明晰的分化，但这种分化仍不彻底。

五 股东的退股

对于股东的退股，学界的关注点集中在退股是否受限这一问题上。陈支平、卢增荣认为，在清代合伙制工商行号中，任意退股的现象是长期存在的，到20世纪初，不少合约文书开始规定股东不得随意退股。② 笔者认同这一说法，但是笔者要补充的是，虽然清末民初的绍兴出现了不得随意退股的规定，但是退股依然是比较随意的事。之所以如此，乃是为了保护股东的利益。

(一) 退股的原因

从绍兴商会档案可以看出，股东退股，一般有两个原因：一是因为股东另有他图，退出资本，做其他投资；二是因为商店的经营出现了问题，

---

① 《颐昌源四庄说帖》，1911年3月14日，绍兴商会档案141-1-56，绍兴市柯桥区档案馆藏。
② 陈支平、卢增荣：《从契约文书看清代工商业合股委托经营方式的转变》，《中国社会经济史研究》2000年第2期。

股东为了避免更大的损失，不得不抽回股金。

恒丰泰记股东徐文瑞的退股，属于第一种情况。恒丰泰记的效益很好，1902年徐氏以700元入股，至1905年退股，徐氏共获官息、盈余，计420元，获利可谓丰厚。1907年徐文瑞"另图别业，不愿再品，将伊名下一股，以及店底生财，出退于合股之金静斋顶受，股本照数提还过割"。①

为了避免资本受损而退股的事例，在绍兴商会档案中不胜枚举。兹以前文曾提及的安昌乾泰祥米行为例。股东孙廷秀因为周锡龙大权独揽，而且周氏欲黑吞店产，为了避免损失，孙不得不"呼本地乡警到场检视，雇人将行中存米搬出一百五十一石，存本镇瑞茂花行，以为自顾血本之计"。②

可以想见，如果商人预见自己所投股本很可能会受损，即使之前签订过不得任意退股的协议，他们会自始至终地遵守协议，不去想方设法，把股本抽回吗？笔者恰好找到了一个这样的案例，商人为了避免损失，不得不破坏协议，抽出资本金。

绍兴商人顾培恒、陈祥泰等五人于1905年合股开设成泰源鞋店，"议明三年派拆，平时不得私自抽归，倘若亏短，应由各股东补足"。但是成泰源经营并不成功，开业两年，已亏损1400余元。"顾培恒以累亏后患堪虞，决计认亏拆股"。商号经理陈祥泰当然不会同意顾氏的举动。陈氏认为，顾氏此举不仅违反了协议，更是"于骑虎难下之时，作独善其身之计"。③ 后来，此事由商会裁断，准许顾培恒退股。商会的判决，实际上认可了顾氏为自保本金践踏协议的做法。显然，清末民初的绍兴合伙商号，

---

① 《王永潮具说帖》，1909年1月15日，绍兴商会档案140-4-28，绍兴市柯桥区档案馆藏。
② 《孙廷秀具说帖》，1915年5月，绍兴商会档案140-4-350，绍兴市柯桥区档案馆藏。
③ 《陈祥泰等具说帖》，1908年4月16日，绍兴商会档案141-1-32，绍兴市柯桥区档案馆藏。

虽然对退股有一定限制性的规定，但是股东为了自保资本，并不严格遵守，退股依然很随意。

(二) 退股的程序

绍兴合伙商号股东的退股，需要经历一定的程序。这个退股程序在清末民初，经历了一个逐渐社会化的过程。

起初，股东退股，只需与商号内部诸人协调即可。当时退股需要两首手续：其一，退股需要得到众股东的同意。山会商务分会在一个案件的卷牍上留下如下批语："凡合资营业，遇有亏绌及意见各异之时，其拆合归并，事所恒有，惟必经同意而后举行。"[1] 这里的拆合归并，即指商号内部股东的退股与并股。其二，退股的股东需要揭清与商号的钱账往来，立下退股单据，将"既有资本，当经如数照股，一并收足清楚"，并声明以后店中账目、盈欠，与自己"一概无涉"。[2]

进入民国后，有时股东退股会登报声明，以便社会公众知晓商号股权变动情况。祥泰丰布庄股东退股时，便在当地报纸上发布公告。"查该商及沈维善股开祥泰丰布庄号，既经立有退股单据，又由经理人陈子慎代表全体股东，准其退股，复经登报声明，手续业已完备。"[3] 1917 年在泰升线店倒闭引起的钱债交涉中，债权人以该号前股东俞周于拆股时，未登报声明为由，否认其拆股程序，要求其负担一定债务，"以俞周当日拆股，尚未登报声明，否认其拆股"。[4]

到了 1919 年的 11 月份，退股程序的社会化进一步加强，不仅需要登

---

[1] 《秦宝臣具说帖》，1913 年 4 月 6 日，绍兴商会档案 140－4－324，绍兴市柯桥区档案馆藏。
[2] 《徐文瑞退股单》，1906 年 3 月，绍兴商会档案 140－4－28，绍兴市柯桥区档案馆藏。
[3] 《绍兴县商会公函商字第十二号》，1919 年 3 月 30 日，绍兴商会档案 140－4－380，绍兴市柯桥区档案馆藏。
[4] 《钱猢狲之马鞭政策》，《越铎日报》1917 年 5 月 4 日。

报声明，还需到商会备案，否则，退股便不能发生效力。"嗣后如有退股及让与商号营业情事，务须报告商会备查，并登报声明，否则对于第三者，不能发生效力在案。"①

清末民初绍兴合伙商号中股东退股原因有二：一是股东另有他途，退出股本；二是股东为了减少损失而退出股本。虽然当时已对退股做出了一些限制，但实际上退股依旧很自由。从清末到民初，退股程序有一个社会化的过程。起初退股仅是商号股东间的私事，后来股东退股要登报声明，还要到商会备案。

六 结语

如果将清末民初绍兴商业合伙制，置于近世合伙形态演变的历时性过程中进行比较，可以发现，此时绍兴的商业合伙形态已经相对成熟。从正规合伙的成立，到股东的退股，都需要履行手续，而且这一手续还在不断地完善；合伙组织内部产权和经营权明显地分离开来；股东的私财与商号公财也得到了区分。

但是清末民初的绍兴商业合伙制仍欠完善。虽然合伙商号已有限制退股的规定，但退股仍旧随意；虽然有了将商号公产与股东私财相区别的意识，但仍有股东视商号为私财，任意挂欠；虽然商号普遍实施经理制，但这些采用经理制的商号的经营水准，却未必很高，而且大权独揽的经理可能对商号上下其手，中饱私囊。

这是一个较为成熟的制度，也是一个仍需完善的制度。当合伙商号无

---

① 《绍兴县商会公函商字第七十五号》，1919年11月，绍兴商会档案140-4-381，绍兴市柯桥区档案馆藏。

法依靠自身的力量走出制度困局之时，它们便会寻求外力的介入。南货业商号在内部经营方面遇到了瓶颈，便提出通过整顿行规的方式来摆脱商业危机。[①] 合伙商号因内部管理不善而出现纠纷时，商人会要求山会商务分会及各镇商务分所出面协调。即是说，当时绍兴商业合伙制度的不完善，要求官厅、商人社团这样外部力量的介入。

《越铎日报》1917 年 5 月 4 日

（原文刊登于《绍兴文理学院学报》2016 年第 3 期）

[①] 《程丙臣禀请南货业整规事》，1909 年 6 月 22 日，绍兴商会档案 141 - 1 - 42，绍兴市柯桥区档案馆藏。